Tupoka Ogette wurde 1980 in Leipzig als Tochter eines tansanischen Studenten der Landwirtschaft und einer deutschen Mathematikstudentin geboren. Kurz vor der Wende wanderte ihre Mutter mit ihr nach Westberlin aus, wo Ogette bis zu ihrem Abitur lebte. Sie hat einen Magister in Afrikanistik und Deutsch als Fremdsprache von der Universität Leipzig und einen Master in International Business von der Graduate School of Grenoble. Seit 2012 ist Tupoka Ogette bundesweit als Beraterin und Trainerin im Bereich Rassismuskritik tätig. In dieser Funktion leitet sie in Deutschland, Österreich und der Schweiz Workshops und Fortbildungen, tritt als Speakerin auf, berät Teams und Organisationen. Ihr im März 2017 erschienenes Handbuch *exit RACISM. Rassismuskritisch denken lernen* ist ein SPIEGEL-Bestseller. Im Jahr 2019 wurde Ogette vom Magazin Edition F als eine der 25 einflussreichsten Frauen des Jahres ausgezeichnet. SPIEGEL Online nahm sie als eine von zehn Frauen in den Bildungskanon zum Thema Theorie und Politik auf. 2021 wurde sie von About You zum »Idol of The Year« gewählt. Sie lebt mit ihrem Mann, dem Künstler und Bildhauer Stephen Lawson, und ihren Kindern in Berlin.

Außerdem von Tupoka Ogette lieferbar:
Ein rassismuskritisches Alphabet
Tag für Tag aktiv gegen Rassismus. Dein Journal

www.penguin-verlag.de

TUPOKA OGETTE

UND JETZT DU.

Zusammen gegen Rassismus

PENGUIN VERLAG

»Anti-Racism is simply the muscle that says
that humans are human. That's it. It's the one that says:
I love you, because you are you. Period.«

Jason Reynolds

Dieses Buch ist für Rebecca. Für Mel, May,
Ana, Nzitu, Lotta, Mike, Ika, Vera, Theodor,
Gabriele, Oury.
Es ist für alle, die nicht mehr sind und dennoch
für immer weiterleben.

Inhalt

Prolog

Es ist ein Herbsttag 2012. Der Pippi-Langstrumpf-Spielplatz liegt vor mir. Meine Augen suchen ihn nach einem bekannten Gesicht ab. (Der Name des Spielplatzes irritiert mich jedes Mal ein wenig*, aber er ist schön groß, und es gibt tolle Klettergeräte für meinen Jüngsten). Ich bin zweiunddreißig Jahre alt und noch nicht lange wieder in Deutschland, nach sechs Jahren Studium und Arbeit in Südfrankreich. Mit meinem knapp dreijährigen Sohn nutze ich die Gelegenheit, noch etwas Zeit an der frischen Luft zu verbringen, bevor wir wieder nach Hause müssen, wo mein großer Sohn auf uns wartet. Ich sehe keine anderen Eltern, die mir bekannt vorkommen und mit denen ich ein bisschen quatschen könnte, während mein Dreijähriger in für mich schwindelerregender Höhe am Klettergerüst hängt. Beflissen packe ich die Bio-Apfelschnitze aus, die ich noch hektisch geschnippelt habe, um die kritischen Blicke der anderen oft so ernährungsbewussten Eltern zu vermeiden, denn eigentlich steht mein Kind total auf Schokoriegel. Ich auch. Aber das nur am Rande.

Auf einmal sitzt mein Sohn neben mir. Sein Gesichtsausdruck ist ernst. Zu ernst für dieses quirlige Kind.

»Was ist los?«, frage ich.

Er zeigt auf zwei ins Spiel vertiefte *weiße* Kinder, circa zwanzig Meter von uns entfernt. »Sie sagen, meine Haare

---

* Das Buch Pippi Langstrumpf bedient sich einer kolonialrassistischen Perspektive und reproduziert viele Rassismen.

sind nicht normal. Und meine Haut ist hässlich. Und braune Kinder riechen schlecht.«

Seine Lippe zittert, während er das sagt. Er schaut mich wütend an, und ich sehe, wie seine Augen sich mit Tränen füllen. Ich nehme ihn fest in die Arme. Mehr schaffe ich in diesem Moment nicht. Meine Gedanken rasen. Das Klettergerüst, die Apfelschnitze, die ernährungsbewussten Eltern – alles verschwimmt. Plötzlich bin ich wieder fünf Jahre alt. Ich spüre ein nur allzu bekanntes Gefühl der inneren Lähmung. Ich will mein Kind nehmen und zu denen gehen, die das zu ihm gesagt haben. Will die Eltern, die danebensitzen, zur Verantwortung ziehen. Ihnen sagen, nein, über den Spielplatz schreien, dass es doch nicht sein kann, dass mein Kind das Gleiche erleben muss wie ich – siebenundzwanzig Jahre später!

Ich ziehe meinen Jungen noch fester an mich. Eine Minute brauche ich, bis ich mich wieder gefasst habe. Ich bin nicht mehr fünf Jahre alt. Ich bin eine erwachsene Frau, die längst Worte hat für das, was da passiert. Die nicht ausgeliefert ist und ohnmächtig, sondern die längst verstanden hat, dass das Problem der gesellschaftliche Rassismus ist und nicht die Haut eines kleinen Schwarzen Kindes. Und ich bin Mutter. Was bedeutet, dass es eine meiner wichtigsten Aufgaben ist, meine Schwarzen Kinder in diesen Situationen zu begleiten, sie vorzubereiten und sie aufzufangen.

Ich atme tief durch, knie mich hin, um meinem Sohn in die Augen blicken zu können. Ich fasse ihn an beiden Schultern und sage ihm: »Es tut mir leid, dass das passiert ist. Ich verstehe so sehr, dass dich das traurig und wütend macht. Denn das, was die Kinder da gesagt haben, ist nicht nur gemein, sondern auch falsch. Und es ist rassistisch.

Und Rassismus, weißt du, ist immer falsch. Erinnerst du dich an den Spruch, den wir jeden Morgen gemeinsam sagen, bevor wir aus dem Haus gehen?«

Mein Sohn kaut nachdenklich auf seiner Lippe herum. Eine einzelne Träne hängt noch in seinen Wimpern. Er fragt flüsternd, fast unhörbar: »Ich bin richtig, ich bin wichtig?«

»Genau«, sage ich. »Und meinst du, du kannst das auch noch mal etwas lauter sagen?«

Er räuspert sich und sagt diesmal deutlich bestimmter: »Ich – bin – richtig, ich – bin – wichtig.«

Ich gebe ihm einen Kuss und frage: »Und meinst du, wir schaffen es so laut, dass der ganze Spielplatz wackelt?«

Er grinst jetzt von einem Ohr zum anderen, stellt sich breitbeinig hin, stemmt die kleinen Fäuste in seine Hüften. Wir zählen bis drei, und er brüllt los: »ICH BIN RICHTIG, ICH BIN WICHTIG!«

Alle Kinder um uns herum halten in ihrem Spiel inne. Wir beide fallen uns lachend in die Arme. »So«, sage ich. »Und jetzt gehen wir mal hin und sagen ihnen, dass das nicht okay war, was meinst du?«

»Ja, Mama, das machen wir!«

Ich bin erleichtert, dass es meinem Kind erst einmal besser geht. Aber gleichzeitig ist mein Herz unfassbar schwer. Denn ich weiß, dies ist nicht das Ende eines kitschigen Romans, sondern der Anfang eines Lebens, in dem er noch viele solcher Situationen erleben wird. Ebenso wie sein älterer Bruder, wie Generationen von Schwarzen Menschen und People of Color (PoC) vor ihm. Er wächst als Schwarzes Kind in einer rassistisch geprägten Gesellschaft auf. Er wird Strategien entwickeln müssen, mit diesem Rassismus umzugehen. Und ich werde ihn nur bedingt und eigentlich gar nicht davor schützen können. In mir nagt die Wut. Und dies nicht erst seit diesem Tag, sondern seit Jahren. Auf Rassismus. Und auf das, was Rassismus mit dieser Welt und den Menschen auf dieser Welt gemacht hat.

Zum gefühlt hundertsten Mal in den letzten Wochen kommen mir die Worte der Schwarzen Schriftstellerin und Autorin Maya Angelou in den Sinn: »Du sollst wütend sein. Du darfst nicht verbittert sein. Bitterkeit ist wie Krebs. Sie frisst den Wirt auf. Sie tut dem Objekt ihres Missfallens nichts. Also nutze diese Wut. Schreib sie auf. Male sie. Tanze sie. Marschiere sie. Wähle sie. Tu alles. Sprich sie. Hör niemals auf, sie zu sprechen.«

Ich stehe auf, straffe mich und nehme Kurs auf die Eltern. Das Gespräch wird nicht leicht, das weiß ich aus Erfahrung. Während ich durch den Sand stapfe, fasse ich einen Entschluss: Ich werde meine Wut nicht mehr in mich hineinfressen. Ich werde sprechen. Zuallererst mit anderen Eltern von Schwarzen Kindern. Vielleicht ein kleiner Workshop zum Austausch und um gemeinsam Strategien zu entwickeln. Das muss doch gehen. Und dann … mal sehen.

Ich schüttle mich noch einmal leicht, spüre die kleine warme Kinderhand in meiner, hebe den Kopf, atme tief ein und sage: »Guten Tag, Ihr Kind war gerade in eine Situation verwickelt, über die möchte ich kurz mit Ihnen sprechen.«

Rassismuskritische Memory Lane

Es ist der 19. Oktober 2020. In den letzten acht Jahren durfte ich Tausende Menschen in Deutschland, der Schweiz, Österreich, Südtirol und Luxemburg auf ihrer rassismuskritischen Reise begleiten. Ich habe Hunderte Workshops geleitet, in Panels diskutiert, Reden gehalten, Individuen und Institutionen beraten. 2017 habe ich das Buch *exit RACISM. Rassismuskritisch denken lernen* geschrieben. Meine Hoffnung, einige Menschen zu einer rassismuskritischen Auseinandersetzung zu motivieren, wurden deutlich übertroffen. Das Buch wurde ein Bestseller, und Hunderttausende Menschen hörten den Text in der Hörbuchfassung. Seit 2016 berate ich gemeinsam mit meinem Mann Stephen Lawson große Medienunternehmen, Werbeagenturen, Sportvereine, staatliche Fernsehsender, Energiekonzerne, Anwaltskanzleien, Staatstheater und Entwicklungsorganisationen zum Thema Rassismus. Ich mache viel Pressearbeit und beschäftige seit Anfang 2020 ein Team aus vier Mitarbeiterinnen. Stephen und ich haben einen monatlichen Podcast namens *tupodcast – Gespräche unter Schwestern,* und wir haben ein Atelier, in dem immer wieder empowernde, also stärkende, Projekte stattfinden. Wir haben die TUPOKADEMIE, eine rassismuskritische Online Academy (www.tupokademie.de), gelauncht, und wir sind dabei, Menschen in rassismuskritischer Bildungsarbeit auszubilden, damit wir die Flut der Anfragen weiterhin bewältigen können. Auch meine Kolleg*innen können sich – spätestens seit Sommer 2020 – nicht vor Anfragen retten.

Ich bin dankbar für den Erfolg, dafür, dass immer mehr *weiße* Menschen rassismuskritische Angebote wahrnehmen und sich auf diese – nicht immer einfache – Auseinandersetzung einlassen. Don't get me wrong. Ich feiere das. Aber diese Bereitschaft kommt nicht von ungefähr. Und sie liegt auch nicht (nur) daran, dass ich gut bin in dem, was ich tue. Sie steht immer auch im Zusammenhang mit gesellschaftlichen Ereignissen und Bewegungen.

Daher nehme ich dich jetzt ein Stück mit »down Memory Lane«: Noch vor Kurzem befanden wir uns sowohl in vielen privaten, aber auch in öffentlichen Debatten um Rassismus in einer quälenden Endlosschleife des Filmklassikers *Und täglich grüßt das Murmeltier.* Immer wieder stürzte man sich mit einer gänzlich unzulänglichen Definition von Rassismus, die zudem gepaart war mit einem, wie ich ihn nenne, Betroffenenvoyeurismus, in heftige Diskussionen. Wir diskutierten Rassismus fatalerweise sowohl im privaten als auch im öffentlichen Diskurs unter drei Prämissen: Individuum, Moral und Vorsatz. Diese Vorstellung von Rassismus bezieht sich 1. auf ein bestimmtes Individuum, welches 2. mit moralisch verwerflicher Absicht 3. bewusst rassistisch spricht oder handelt. In dieser Logik konnten also nur moralisch bösartige Individuen situativ rassistisch agieren. Dies war und ist einerseits schlicht falsch. Andererseits verhinderte es erfolgreich immer wieder den so notwendigen Dialog. Übrigens, keine Sorge: Warum das falsch war und wie sich Rassismus definiert, erkläre ich dir gleich, wenn wir richtig loslegen.

Diskussionen hängten sich demnach immer wieder daran auf, ob etwas überhaupt als rassistisch bezeichnet werden darf, weil das absolute individuelle Selbstbild von dem Urteil rassistisch/nicht rassistisch abhing. Rassistisch = schlecht. Nicht rassistisch = gut.

Dann gab es einen rassistischen Übergriff, wie zum Beispiel 2018 die Hetzjagden rechtsextremer Demonstrant*innen auf Schwarze Menschen und PoC in Halle. Menschen, die von Rassismus betroffen sind, begannen – wie schon viele Male zuvor –, in der Öffentlichkeit von ihren Erlebnissen zu sprechen. Direkt im Anschluss gab es in Kommentarspalten und Artikeln, aber auch in Talkshows und Radiosendungen einen Aufschrei aus der gesellschaftlichen Mitte. Nicht etwa ein allgemeines Entsetzen darüber, dass so viele unserer Mitbürger*innen täglich Alltagsrassismus ausgesetzt sind, sondern Diskussionen darüber, ob diese Erfahrungen denn überhaupt valide seien. Ob Rassismus überhaupt benannt werden darf. Ob diese Menschen nicht vielleicht doch zu emotional und übersensibel seien. Ob sie überhaupt ein Recht darauf haben, ihre Erfahrungen zu benennen.

Und dann begann eine nicht enden wollende Diskussion, in der die einen immer wieder fragten: »Ach, ihr erlebt wirklich Rassismus? Seid ihr sicher, dass es Rassismus war?« Und wenn die Gefragten dies dann bestätigten, hieß es: »Das ist aber übertrieben. Das müsst ihr erst einmal beweisen. Wir sind doch keine Rassisten!« Dann dauerte es nicht lange, und es hüllte sich wieder ein medialer Mantel des Schweigens über das Thema. Die einen schwiegen, weil sie ein weiteres Mal nicht gehört worden waren, obwohl sie sich durch das Teilen ihrer persönlichen und schmerzhaften Erfahrungen verletzlich gemacht hatten, die anderen schwiegen, weil sie sich nicht länger sagen lassen wollten, dass sie »Rassist*innen seien«. Und auch (Sarkasmus an), weil sie oft diejenigen sind, die in den Schaltzentralen sitzen und Diskurse an- und abschalten können, wie es ihnen beliebt (Sarkasmus wieder aus). Kurz: Es war frustrierend. Und das Schlimmste war: Es brachte uns weder individuell noch als Gesellschaft auch nur einen Schritt weiter.

Das Schlimmste? Nicht zu voreilig, Tupoka. Denn dann passierte

- Halle. Am 9. Oktober 2019 – an Jom Kippur, dem höchsten jüdischen Feiertag – versuchte ein Rechtsextremist in Halle in eine Synagoge einzudringen, um die dort versammelten Menschen zu töten.
- Hanau. Am 19. Februar 2020 wurden neun People of Color von einem Rechtsextremisten erschossen.

Doch weder hatten People of Color und Schwarze Menschen Zeit zu trauern und dieses Trauma auch nur ansatzweise zu verarbeiten, noch bekam es gesamtgesellschaftlich die angemessene Aufmerksamkeit.

Denn im März 2020 geriet die gesamte Welt in einen vorher nie gesehenen Ausnahmezustand: Die COVID-19-Pandemie versetzte uns in den Lockdown und legte die Weltwirtschaft und das öffentliche Leben fast vollständig lahm. Und dann, mitten in diesem Ausnahmezustand, ging am 25. Mai 2020 ein Video weltweit viral, in dem die Festnahme und die anschließende grausame Ermordung eines Schwarzen Mannes namens George Floyd durch einen Polizisten von Passant*innen dokumentiert wurde. 8 Minuten und 46 Sekunden kniete der *weiße* Polizist Derek Chauvin auf dem am Boden liegenden gefesselten George Floyd. Das Video zeigt George Floyds Betteln und Bitten, sein immer schwächer werdendes Flehen, bis er schließlich verstummt und stirbt.

In meiner Verzweiflung schreibe ich folgenden Instagram-Post:

»TW*: Rassistisches Trauma, Gewalt: Ich habe gestern schlecht geschlafen. In einem Halb-Traum-halb-Wachsein-Delirium sah ich vor meinem inneren Auge immer wieder Ausschnitte aus dem Video, in dem George Floyd brutal ermordet wird. Der *weiße* Polizist, der in wissender Überlegenheit auf sadistische Art und Weise genüsslich sein Knie auf den Hals des wimmernden, sterbenden Mannes drückt. Die hilflose Menge drum herum, die nichts anderes tun kann, als den demütigenden, grausamen Tod des Mannes zu filmen. Ich möchte weinen und schreien. Aber etwas verschließt mir den Mund, schnürt mir die Kehle zu. Vor das Gesicht von George Floyd schieben sich die Gesichter meiner geliebten Brüder, meines Mannes, meiner Söhne. Immer wieder meine Söhne.
Meine Augen füllen sich mit Tränen, ich will zu ihnen laufen, sie halten. Ihnen zurufen, bloß ruhig zu bleiben. Dann wird alles gut ... Wird es das?
Ich sehe meine Schwestern, meine Geschwister, rufend, bettelnd, wütend, seit Jahrhunderten kämpfend, immer kämpfend. Ihre verzweifelten Gesichter. Lasst uns atmen. Let us breathe. Ich bekomme immer noch keine Luft. Eine unsichtbare Hand drückt meine Kehle zu. Ich will ihnen zurufen: Seht ihr nicht, dass wir Menschen sind, dass wir um unsere Kinder trauern, so wie ihr? Dass wir lachen wollen, leben wollen? Sein wollen? Seht ihr nicht, was dieses System – *white*

---

* TW =Triggerwarnung. Der Hinweis, dass in dem folgenden Text ein Begriff oder ein Thema aufgegriffen wird, das für bestimmte Menschen triggernd – also schmerzhaft bis retraumatisierend – sein kann.

supremacy – mit euch gemacht hat? Was sagt es über euch, wenn ihr uns anschaut und keine Menschen seht?
Mein Magen dreht sich, mir wird schwindelig, die Knie sinken ein. Ich will atmen. Let me breathe, denke ich. Doch die Hand drückt weiter zu. Ich schrecke hoch, schweißgebadet, fasse mir an den Hals, nehme mehrere tiefe Atemzüge. Was für ein Albtraum, denkst du? Unser Leben, sage ich. #blacklivesmatter #georgefloyd #saytheirnames.«

Weltweit saßen der Schmerz und die Wut tief. Es entbrannten zahlreiche Proteste, sowohl online als auch offline. Im Namen der Black-Lives-Matter-Bewegung, die sich in den USA bereits 2013, nach dem Mord an dem siebzehnjährigen Trayvon Martin formiert hatte[1], gingen Tausende auf die Straße. Aber dabei blieb es nicht. In mehr als sechzig Ländern[2] protestierten Menschen jetzt gegen Polizeigewalt an Schwarzen Mitbürger*innen.

Diesem weltweiten Aufschrei folgten konkrete Forderungen von Schwarzen Organisationen und Aktivist*innen. So forderte die Black Music Coalition die sofortige Auseinandersetzung mit Rassismus innerhalb der eigenen Reihen der Musikindustrie.

Auf ZEIT ONLINE stellten Daniel Gyamerah und Saraya Gomis von dem Community-basierten Bildungs- und Empowerment-Projekt »Each One Teach One e.V.« einen Forderungskatalog für eine Antirassistische Agenda auf. Die Politikerin und Vizepräsidentin des Schleswig-Holsteinischen Landtags Aminata Touré forderte gemeinsam mit dem Parteivorsitzenden Robert Habeck, dass der Begriff Rasse im Grundgesetz ersetzt werden solle durch einen zeitgemäßeren und vor allem rassismuskritischeren Begriff.

Alle Menschen, die zum Thema Rassismus arbeiteten oder eben auch lediglich Betroffene von Rassismus waren, wurden mit Presseanfragen überhäuft. Gibt es Rassismus wirklich? Haben wir in Deutschland ein Rassismusproblem? Was erleben Sie denn?

Als mich die vielen Hunderte Anfragen dieser Art erreichen, platzt mir der Kragen. Auf Instagram verfasse ich folgenden Text:

»Ich erhalte dieser Tage Hunderte Presseanfragen. So wie alle meine Kolleg*innen. Die meisten beginnen mit: ›Gibt es Rassismus in Deutschland, und was sind Ihre Rassismuserfahrungen?‹ No. I. AM. DONE. Wir hängen in Deutschland immer wieder in der gleichen elenden Endlosschleife. Ich wurde mit exakt diesen Fragen angerufen nach Hanau, nach Chemnitz. Jedes verdammte Mal kommen die gleichen Fragen. Guess what: Es ist rassistisch zu fragen, ob es in Deutschland noch Rassismus gibt. Es ist ein Schlag ins Gesicht jeder einzelnen BIPoC-Person, die in diesem Land mit Rassismus zu kämpfen hat. Es ist ein Hohn für alle Eltern, die ihre Schwarzen Kinder oder Kids of Color abends ins Bett bringen, wohl wissend, dass sie sie nicht vor Rassismus schützen können. Es ist ein Spucken auf die Gräber von A. Adriano, O. Jalloh, W. Mbobda oder die mehr als 183 Todesopfer rechter Gewalt seit 1990.

Es ist Ignoranz gegenüber Organisationen und Einzelpersonen, die seit Jahren rassismuskritische Arbeit in Deutschland leisten.

Und die voyeuristische Erwartung, dass wir wieder und wieder unsere schmerzhaften Erfahrungen erzählen, in einer Art ›racism-porn‹. Dass wir in die Bringschuld sollen, beweisen sollen, uns entblößen und unsere Narben preisgeben. Nur damit wir in arenaähnlichen Talkshows dann darüber fachsimpeln können, ob unsere Erfahrungen legitim seien? Nur um dann nach kurzer Zeit achselzuckend wieder in ein kollektives Vergessen zu fallen und bei dem nächsten rassistischen Mord dieselben Fragen zu stellen.

Ich könnte verzweifeln. Wären da nicht die wenigen, aber immer häufiger werdenden Anfragen von Journalist*innen, die neue, progressivere Fragen stellen. Zum Beispiel, was wir tun können, um als Gesellschaft rassismuskritischer zu werden. Wie wir mit Kindern über Rassismus sprechen können oder wie wir als Gesellschaft eine Gesprächskultur entwickeln können, die uns aus dieser Endlosschleife herausbringt. Und wären da nicht die vielen, vielen Menschen, die sich als Individuen auf die so wichtige rassismuskritische Reise begeben. Ihr gebt mir Hoffnung. An Euch denke ich. Euch danke ich.«

Der Beitrag erhielt mehr als 30 000 Likes, er wurde über 3000-mal geteilt, und darunter gab es über 500 Kommentare. Er schien einen Nerv getroffen zu haben. Und tatsächlich veränderten sich die Anfragen danach. Sie wurden zaghafter, vorsichtiger, bewusster. Nach den Presseanfragen kamen die Buchungsanfragen. Große Konzerne aus den Medien, der Werbung, dem Energiesektor, der Telekommunikation, alle wollten »etwas gegen Rassismus im eigenen Unternehmen tun«. Auf einmal hatte ich CEOs am Telefon, die mir versicherten, dass Rassismus bei ihnen überhaupt kein Thema sei, dass sie selbst schon immer antirassistisch gewesen seien. Einer erzählte mir, dass er bereits zwei Schwarze Freundinnen gehabt habe, um mich davon zu überzeugen, dass er keinen Rassismus kenne. Aber es sei eben so wichtig, gesellschaftlich gesehen, jetzt da was zu tun. So hielt ich im zweiten Halbjahr 2020 viele Stunden Online-Keynotes.

»Lovelies. The things I am thinking when I'm smiling at you:
Ich bin heute etwas frustriert. Wir haben in den letzten vier Wochen mehrere Keynotes für sehr große Unternehmen gehalten. Im Bereich Musikindustrie, im Bereich Telekommunikation, im Bereich Energie- und Stromversorgung etc. In den Keynotes saßen bis zu 1000 Menschen. Am Ende jeder Keynote gibt es eine Fragerunde. Fragen, die ich erwarte bzw. erhoffe, sind: Was können wir konkret tun, um rassismuskritischer zu werden? Wie können wir Barrieren abbauen, sodass

mehr BIPoC in Führungspositionen kommen? Welche Mechanismen können wir etablieren, um alle Mitarbeitenden zu sensibilisieren? Wie entwickeln wir einen rassismuskritischen Code of Conduct?
Realität ist: Die Frage, die uns mit Abstand am meisten gestellt wird, ist: Warum ist die Frage ›Woher kommst du?‹ problematisch, und wie kann ich sie stellen, ohne einen Rassismusvorwurf dafür zu bekommen?
Wie kann das die wichtigste und erste Frage sein? Wie Menschen kategorisiert werden können? Wie sie so bequem weiterhin kategorisiert werden können, dass es dafür keine Kritik gibt?
Ich wünsche mir, dass sich mehr tut. Dass Menschen sich intensiver und nachhaltiger mit diesem Thema auseinandersetzen. Es ist nicht nur die Verantwortung, sondern auch eine Chance, innerhalb eines Unternehmens rassismuskritische Wege zu gehen. People, we can do better than that!«

Die Frage, die mir in der Folge am häufigsten gestellt wurde, war: »Wird es jetzt besser? Hält diese Welle an Vorwärtsbewegung an?« Well, let me tell you: Das ist eine Frage, die du mir beantworten musst und kannst. Ja, genau, du. Denn Aktivist*innen und Menschen im rassismuskritischen Bildungsbereich werden weiterhin gegen das rassistische System kämpfen müssen. Mit medialem Rampenlicht oder ohne. Ob das Thema weiterhin in Familien und Institutionen diskutiert wird, hängt vor allem von den *weißen* Menschen in diesen Familien und Institutionen ab.

Also zum Beispiel von dir. Denn Rassismuskritik ist kein Trend und keine Phase. Es ist ein Kampf um Gerechtigkeit und Freiheit, der seit vielen Jahrhunderten gekämpft wird. Ein Kampf gegen *weiße* Vorherrschaft und die Unterdrückung von Schwarzen Menschen, indigenen Menschen und People of Color.

Dieser Kampf ist nicht nur so alt wie das rassistische System selbst, er ist auch genauso vielfältig wie die Individuen und Bewegungen, die ihn kämpfen. Und Kämpfe verändern sich. Sie passen sich an das Gesicht der Unterdrückung an. So waren es zur Zeit der Maafa – dem transatlantischen Sklavenhandel – die Underground Railroad, die Abolitionist*innen die für das Ende der Sklaverei kämpften. Zu Zeiten der Bürgerrechtsbewegung ging es um das Recht zu wählen, die Aufhebung der »Rassentrennung«.

Rückblickend wirken diese Unterdrückungen offensichtlich und klar. Die meisten Menschen, die ich kenne und kennenlerne, würden sagen: »Ja, natürlich sollten alle Schwarzen Menschen wählen dürfen.« Natürlich ist der Gedanke einer Trennung in Bussen und Restaurants absurd. Geschweige denn die Versklavung von Menschen. Interessant ist aber, dass die Menschen, die von der Unterdrückung profitierten und nicht negativ davon betroffen waren, schon damals die Aufregung um die Forderung nach Gerechtigkeit nicht verstanden. Zu jedem Zeitpunkt in der Geschichte waren Bemühungen und Kämpfe um Freiheit und Gerechtigkeit begleitet von Backlash, Kritik und Gegenwehr.

Die Gesichter des Rassismus heute in Deutschland sind die Gesichter der NSU-Morde, des Terrors in Hanau, in Chemnitz und Halle. Es sind die über 200 Todesopfer rechter Gewalt seit 1990[3]. Es sind die über 22 000 Delikte mit rechtsextremem Hintergrund allein im Jahr 2019[4]. Aber dies ist nur die Spitze des grausamen Eisbergs. Darunter liegen viele Schichten und eine über Generationen weitergegebene rassistische Struktur. So tief verankert, dass sie in jedem Bereich wirkt. Sie wirkt über institutionelle Ausschlüsse, über die Verteilung von Ressourcen, über verwehrten Zugang, über Auslassung, über Unterrepräsentanz.

Natürlich ist heute vieles besser. Natürlich sind wir auf dem Weg schon weit gekommen. Wir haben die Möglichkeit, über Rassismus in der Sprache zu sprechen, wenn Schwarze Menschen zwei Generationen vor mir noch Angst davor hatten, im KZ umzukommen. Natürlich ist das ein Fortschritt. Und ich bin dankbar für all die, die Kämpfe bereits vor mir ausgetragen haben, sodass ich sie heute nicht mehr kämpfen muss. Dennoch erleben in dieser Minute Hunderttausende BIPoC in Deutschland Alltagsrassismus. Sie bekommen den Job oder die Wohnung nicht. Ihre Kinder erhalten schlechtere Noten. Täglich sind sie schmerzhaften Mikro-, oder Makroaggressionen ausgesetzt. Sie werden übersehen, nicht mitgedacht, ausgegrenzt. Sowohl individuell als auch strukturell. Wir sind weit entfernt von einer rassismusfreien Gesellschaft.

Und deshalb bin ich froh, dass du in diesen Minuten dieses Buch in den Händen hältst! Denn gemeinsam können wir im Kleinen und im Großen dafür sorgen, dass unser Alltag und dadurch auch unsere Gesellschaft jeden Tag ein wenig gerechter wird.

I.

Lass uns anfangen

Warum dieses Buch?

exit RACISM habe ich geschrieben, um Menschen zu motivieren, sich auf eine rassismuskritische Reise zu begeben. Es ist eine Einladung zu einem Gespräch über Rassismus in unserer Gesellschaft. Rassismuskritisch denken zu lernen bedeutet, einen ersten Perspektivwechsel vorzunehmen, um Rassismus als Konstrukt zu verstehen. Mehr noch, um zu verstehen, was dieses Konstrukt mit dir als *weißem* Menschen zu tun hat. Auch dann, wenn du dich selbst für nicht rassistisch hältst und Rassismus ablehnst. Du solltest verstehen, dass diese Ablehnung nicht reicht. Die Erkenntnis, dass es um ein aktives Entlernen von rassistischen Denkmustern geht, und ein bewusstes Aufmachen auf die eigene rassismuskritische Reise sind die ersten Schritte hin zu einer Gesellschaft, in der Rassismus an Macht verliert.

Denn auch wenn ich dir zu Anfang dieses Spaziergangs down Memory Lane mit einem hoffnungsvollen Präteritum begegnet bin, ist es natürlich so, dass der Diskurs um Rassismus immer wieder Vorwärts- und Rückwärtsbewegungen unterliegt. Ja, es gab 2020 einen großen Schritt nach vorn. Mit »nach vorn« meine ich eine Art Anschub, einen Meilenstein, eine Tür, die sich öffnete. Und gleichzeitig ist es natürlich so, wie es oft mit offenen Türen ist: Es gibt eine Person, die sie wieder schließen will. Weil es zieht. Weil es ungemütlich wird für die, die im Raum sitzen. Vor allem für die, die es bequem haben in diesem Raum. Es entsteht ein Backlash, ein Aufbäumen gegen Veränderungen. Denn Veränderungen bedeuten immer auch Unsicherheit und Angst. Menschen mögen Veränderungen gar nicht. Vor allem, wenn sie das Gefühl haben, durch diese Veränderung etwas aufgeben zu müssen. Etwas zu verlieren. Mag Alteingesessenes vielleicht schief und krumm sein, vielleicht altbacken und überholt. Aber es scheint auch sicher. Verlässlich. Bekannt. Zumindest für die, die von der vermeintlichen Sicherheit profitieren. Der Slogan »Make America Great Again!« hat Millionen von US-Amerikaner*innen dazu bewegt, einen offensichtlichen Rassisten, Frauenfeind und Betrüger in das Präsidentenamt zu wählen. Mit dem Versprechen von einer alten heilen Welt, in der alles in Ordnung schien.

Denn Veränderungen bedeuten ein Rütteln am Status quo. Veränderung ist Bewegung, sie ist unbequem. Wir müssen uns an Neues gewöhnen und Altbewährtes hinterfragen.

Aber genau in dieser Veränderung liegt auch eine große Chance. Unsere Chance. Als Gesellschaft, als Weltbevölkerung und als Individuen. Denn was ist, wenn ich dir sage, dass wir alle etwas zu gewinnen haben, wenn wir die Tür aufhalten? Wenn wir den Raum renovieren, die Vorhänge aufziehen, durchlüften oder gar Wände einreißen für einen größeren Raum? Einen, in dem wir alle Platz finden?

Hinter Tradition und Alteingesessenem liegt nicht nur die Erinnerung an Omis leckeren Apfelkuchen oder die nebulöse Vorstellung einer heilen Welt wie in Bullerbü. Im Alteingesessenen liegen starre Machtstrukturen und Unterdrückung. Jahrhundertelange Erfahrungen von Gewalt, Trauer und Schmerz. Die bewusste Entscheidung, rassismuskritisch denken zu lernen und ein rassismuskritisches Leben leben zu wollen, bedeutet, diese Machtstrukturen sehr kritisch zu hinterfragen.

Ich weiß, das klingt groß und gewagt und unmöglich. Es erschreckt vielleicht auch. Weil, wie etwas verändern, was seit Hunderten Jahren weltweit wirkt? Selten wird mir selbst meine winzige Existenz in diesem Universum so bewusst, wie wenn ich an die Größe dieser Aufgabe denke. Aber dann denke ich an die Teilnehmenden in unseren Workshops, die mich mit großen, erschreckten Augen ansehen oder hilflos die Schultern hochziehen, wenn ihnen die Größe und der Umfang der Aufgabe bewusst werden. Ihnen sage ich das, was ich auch dir an dieser Stelle sagen möchte:

Atmen. Ein- und ausatmen. Die schlechte Nachricht ist: Wir werden keine rassismusfreie Gesellschaft erleben. Und so wie es aussieht, unsere Kinder wahrscheinlich auch nicht.

Die gute Nachricht ist: Wir haben die Möglichkeit, eine rassismuskritische Gesellschaft zu schaffen. Und noch besser: Jede Person – also auch du – kann an dieser Vision mitarbeiten. Denn das, was groß scheint und ist, sitzt auch im Kleinen. Und genau da müssen und können wir ansetzen, um letztendlich große Veränderungen herbeizuführen. Denn Systeme, Institutionen und Strukturen bestehen aus Individuen. Und diese Individuen sind wir. Du und ich. Und die Menschen in deinem Umfeld, in deinem Alltag. Daher müssen wir dort beginnen. Bei dir und den deinen. In den Worten von Margarete Stokowski:

»Wir können untenrum nicht frei sein, wenn wir obenrum nicht frei sind. Und andersrum. (…) Es geht um die kleinen, schmutzigen Dinge, über die man lieber nicht redet, weil sie peinlich werden könnten, und um die großen Machtfragen, über die man lieber auch nicht redet, weil so vieles unveränderlich scheint. Es geht darum, wie die Freiheit im Kleinen mit der Freiheit im Großen zusammenhängt, und am Ende wird sich zeigen: Es ist dieselbe.«[5]

Dieses Buch soll dir dabei helfen, die Vision voranzutreiben. Es soll dir Anregungen liefern, wie aus rassismuskritisch denken rassismuskritisch leben werden kann. Ich möchte mit dir gemeinsam in deinen Alltag gehen und schauen, an welchen Stellen du die Möglichkeit hast, aktiv etwas dazu beizutragen, Rassismus in deinem Umfeld zu dekonstruieren. Ich möchte die Institutionen beleuchten, in denen du dich bewegst oder mit denen du zu tun hast, und Fallstricke aufzeigen, dich zum Perspektivwechsel einladen und dir Werkzeuge an die Hand geben, mit denen du deinen Teil dazu beitragen kannst, dass deine Welt rassismusärmer wird.

Das Buch ist kein Regelwerk, nach dem du strikt vorgehst, und dann ist alles gut. Es ist eine Mischung aus Alltagsanekdoten, Kommentaren, Transfer auf eine gesellschaftskritische Analyseebene und Vorschlägen und Anregungen für (d)einen rassismuskritischen Alltag. Die Eröffnung von Denkräumen.

Es darf kein starres Regelwerk sein, weil Starre und Unflexibilität Stillstand bedeuten. Das, was du hier liest, ist ein Ausschnitt. Eine Momentaufnahme. Denn so, wie die Gesellschaft in Bewegung ist, ist es auch die Rassismuskritik. Eine Selbstbezeichnung, die heute passend ist, wird es morgen nicht mehr sein. Denn es geht um das Streben nach rassismusfreien Begegnungen und Räumen. Und dabei geht es mehr um das Streben selbst als um den zu erreichenden Zustand. Quasi: Der Weg ist das Ziel.

Diesen Weg musst du gehen. Bei einem Marathon gibt es Wasserstationen, und die Läufer*innen nehmen Vitamine zu sich. Es gibt Richtungsanweisungen. Das Buch ist die Wasserstation und die Richtungsanweisung. Zumindest für eine gewisse Etappe.

Die Person, die den Marathon läuft, bist du.

Wer schreibt dieses Buch?

Bevor wir weitermachen, finde ich es wichtig, mich so gut es geht zu positionieren.

Ich bin Tupoka. In der Zeit, in der ich das Buch schreibe, bin ich vierzig Jahre alt. Geboren wurde ich 1980 in Leipzig. Also zur Zeit der DDR. Mein Vater ist ein Schwarzer Tansanier und meine Mutter eine *weiße* Deutsche. Beide Akademiker*innen. Meine Mutter war seit meinem vierten Lebensjahr mit mir alleinerziehend. Als ich acht Jahre alt war, wanderten wir zusammen nach Westberlin aus. In dieser Zeit lebte meine Mutter in einer Beziehung mit einer Frau. In den ersten Jahren hatten wir große Geldsorgen, aber ich habe nie in meinem Leben um Wohnung oder Essen bangen müssen. Ich bin *light-skinned,* habe also einen hellbraunen Hautton. Ich war immer schon ein pummeliges Kind und bezeichne mich heute als mehrgewichtig oder dick. Ich mag Sport, bin aber nicht sonderlich sportlich. Ich bin heterosexuell und cis-gender[*]. Ich bin Akademikerin, verheiratet und habe zwei leibliche Kinder, die 1998 und 2010 geboren sind. Ich war lange alleinerziehend. Seit 2016 bin ich verheiratet mit dem wunderbarsten Mann, den ich mir vorstellen kann.

Ich erzähle dir all dies, damit du eine ungefähre Vorstellung davon bekommst, aus welcher gesellschaftlichen Po-

---

* Was heißt, dass mein biologisches und mein soziales Geschlecht zusammenpassen.

sition heraus ich auf diese Welt und die Themen in dieser Welt schaue. Ich schreibe das an dieser Stelle auf, um klarzumachen, dass meine Perspektive nicht objektiv oder neutral ist. Sie ist geprägt durch meine Erfahrungen, meine gesellschaftlichen Positionen. Sie ist aber ebenso geprägt durch Auslassungen und Dinge, die ich nicht erfahren habe. Ich erlebe Rassismus, Sexismus und Bodyshaming bereits mein Leben lang. Damit einher gehen sowohl ein emotionales Wissen als auch ein konkretes Erfahrungswissen über diese Diskriminierungsformen. Auch in ihrer Verschränkung.

Gleichzeitig verfüge ich über gesellschaftliche Privilegien und bin Teil der dominanten Gruppen, wenn es zum Beispiel um Heteronormatismus, Klassismus oder Colorism* geht. Damit einher geht, dass ich eben kein Erfahrungswissen darüber habe, wie es sich anfühlt, in diesen Bereichen individuell oder strukturell diskriminiert zu werden. Ich muss meine Privilegien erkennen lernen, weil sie ein normalisierter und in weiten Teilen ein unhinterfragter Teil meines Seins sind.

Ich positioniere mich, weil ich fest daran glaube, dass dies für das Sprechen oder Schreiben über gesellschaftliche Schieflagen essentiell ist. Keiner von uns ist in der Lage, neutral oder irgendwie »über den Dingen schwebend« auf Themen wie gesellschaftliche Diskriminierung oder Privilegierung zu schauen. Wir alle, die wir in dieser

* Colorism ist die Diskriminierung innerhalb der Schwarzen Community aufgrund des Hauttons (auch Gesichtsform oder Haarstruktur). Sie ist ein Produkt von *weißer* Vorherrschaft, die diese Trennung eingeführt hat, wird aber auch innerhalb Schwarzer Communitys reproduziert. So werden Menschen mit hellerem Hautton (lighter skinned) privilegiert und Menschen mit dunklerem Hautton (darker skinned) benachteiligt. Colorism zieht schmerzhafte Trennlinien durch Schwarze Communitys. Er führt ebenso dazu, dass darker skinned Menschen stärkeren Rassismus erfahren, mehr Ausschluss, weniger Repräsentation und mehr rassistische Gewalt.

Welt geboren sind und hier sozialisiert wurden, sind durch diese Sozialisierungen geprägt. Und das betrifft auch dich. Es sei denn, du bist in einem Vakuum groß geworden, hast nie eine Institution durchlaufen (Kita, Schule, Ausbildung, Uni etc.), nie eine Zeitung gelesen, einen Film geschaut, ein Buch gesehen. Nie gesprochen und nie mit anderen Menschen interagiert. Dann, und nur dann wärst du frei von gesellschaftlicher Prägung und hättest die Möglichkeit, rein objektiv auf das Thema zu schauen.

Ich positioniere mich auch, weil es wichtig ist anzuerkennen, dass wir alle in vielen Bereichen immer Lernende sind und Lernende bleiben werden. Heute, fast zehn Jahre, nachdem ich meine Freiberuflichkeit mit Workshops zum Thema interkulturelle Kommunikation begonnen habe, weiß ich ein paar Dinge ganz sicher und zwar:

- Dass ich noch so vieles nicht weiß.
- Dass Mensch sein immer auch politischer Mensch sein bedeutet.
- Dass ich mein Lebtag Lernende sein werde und möchte!
- Dass ich nie perfekt und fehlerfrei sein werde, was meinen Umgang mit gesellschaftlichen Diskriminierungen und Privilegien betrifft.
- Dass ich immer Unsicherheiten spüren werde.
- Dass ich mich nie auf diesen Unsicherheiten ausruhen werde und mir meiner Verantwortung als politischer Mensch möglichst oft bewusst bin.

Ich habe einen Magister in Afrikanistik und Deutsch als Fremdsprache von der Universität Leipzig und einen Master in International Business von der Grenoble Graduate School of Business, Frankreich. Ich bin also keine Rassismus-Wissenschaftlerin. Eine Expertise habe ich darin, vor allem *weiße* Menschen auf einen rassismuskritischen Weg zu bringen und darauf zu begleiten. Diese Begleitung besteht aus Vermittlung von Input, aber auch aus emotionaler Unterstützung. Ich habe Methoden entwickelt, die meinen Workshopteilnehmer*innen durch den mitunter schwierigen und steinigen, aber so wichtigen und lohnenden Prozess helfen. Dabei geht es vor allem um die eigene Positionierung innerhalb des Konstrukts Rassismus.

Meine Kompetenz habe ich einerseits durch intensives Selbststudium und Fortbildung, aber vor allem durch zehnjährige Leitung von Hunderten von Workshops, Inputs, Keynotes mit Tausenden von Menschen, in Hunderten Institutionen in der gesamten DACH-Region und in allen gesellschaftlichen Bereichen erlangt. Wie vorn schon erwähnt, gehören zu unseren Kund*innen Eltern Schwarzer Kinder, Bildungseinrichtungen, Fernsehsender, Medienunternehmen, Redaktionen von Tageszeitungen und Magazinen, Staatstheater, Kunsthallen, Silicon-Valley-Unternehmen, kleine und mittelständische Firmen, Start-ups, NGOs, Wohlfahrtsverbände, Stiftungen, Vereine.

Vor diesem Hintergrund schreibe ich dieses Buch. Ich habe dabei die Fragen und Bedürfnisse der Menschen im Kopf, denen wir in Workshops und anderen Veranstaltungen begegnen. Ich denke an die unzähligen Diskussionen auf Social Media und an die Mails, die uns täglich erreichen. Ich greife auf Erfahrungen und Erlebnisse aus unseren Workshops zurück, betrachte sowohl den privaten als auch den öffentlichen Raum – kurz alle Bereiche, in denen gesellschaftliche Begegnungen stattfinden und Gesellschaft geprägt wird. Dabei haben die Kapitel zu den Themen Schule und Medien einen besonderen Stellenwert für mich, da dies Bereiche sind, in denen und durch die wir als Individuen und als Gesellschaft besonders geprägt werden.

Disclaimer

Liebe Geschwister,
dies ist ein Disclaimer und eine allgemeine Triggerwarnung. Ich habe dieses Buch geschrieben, um *weißen* Menschen Anregungen zu geben, was sie tun können, um aktive Verbündete im Kampf gegen Rassismus zu werden. Immer mit dem Hintergedanken und der Hoffnung, dass dann die Räume, die diese Menschen betreten, rassismusärmere Räume für meine BIPoC-Geschwister sind.
Natürlich bist du eingeladen, dieses Buch zu lesen. Bitte tu mir aber den Gefallen und achte während des Lesens gut auf dich. Mach Pausen, wenn es dir zu viel wird, oder leg es ganz beiseite.

Liebe alle,
noch etwas: Mir ist bewusst, dass Schwarz sein in Deutschland nicht EINE homogene Erfahrung ist und dass die Auseinandersetzung mit Rassismus ein Group Effort aus vielen verschiedenen Perspektiven und Positionen ist. Ich habe längst nicht alle Antworten. Ich spreche auch nicht für alle Schwarzen Menschen. Mir ist bewusst, dass Erfahrungen, die ich beschreibe, auch kollektiv sind. Aber dass es darüber hinaus noch viele andere Erfahrungen gibt, über die ich nicht sprechen kann und werde. Auch deshalb ist meine

Positionierung oben so wichtig. Daher lade ich dich ein, möglichst viele weitere Perspektiven kennenzulernen. Ein Buch, das ich dir an dieser Stelle zum Beispiel empfehlen kann, ist *Schwarz wird großgeschrieben*, herausgegeben von Evein Obulor. Darin kommen viele unterschiedlich positionierte Schwarze Perspektiven zu Wort. Die Lösungsansätze, die ich in *Und jetzt du.* beschreibe, stammen aus meiner zehnjährigen Arbeit mit *weißen* Menschen in fast allen gesellschaftlichen Bereichen. Sie stammen aus den Erzählungen von Hunderten von Schwarzen Menschen/People of Color, die ich treffen durfte. Und sie stammen aus eigenen Lebenserfahrungen. Da ich täglich dazulerne, werde ich auch nachdem das Buch geschrieben ist neue Erkenntnisse haben, die nicht Teil des Buches sein werden.

Bye Bye Happyland

Wir beginnen unsere Reise mit einem Abschied. Das müssen wir. Dieser Abschied mag dir zunächst hart vorkommen, aber er ist essentiell, denn er legt die Basis für alles, was danach kommt: Der Abschied aus Happyland.

Gegen Ende eines Workshops in Südtirol sagte die dortige Leiterin der Caritas zu mir: »Tupoka, du hast meine tektonischen Platten im Gehirn grundsätzlich verschoben und neu geordnet. Wie erschreckend. Und wie befreiend.«

Happyland ist kein Land im eigentlichen Sinne. Es ist ein Bewusstseinszustand. Aber weil ich metaphorische Wortspiele mag, habe ich diesen bestimmten Bewusstseinszustand, dieses Denkmuster Happyland getauft. In Happyland ist die Definition von Rassismus unvollständig und unzulänglich: Wir, die wir uns als Teil der gesellschaftlichen Mitte oder auch der Linken sehen, haben von klein auf gelernt, dass Rassismus schlecht ist. Wir haben gelernt, dass es ganz wichtig ist, Rassismus moralisch zu verurteilen, und dass wir uns klar gegen Rassismus positionieren müssen. Wir müssen Gesicht zeigen, Stellung beziehen. Stolz tragen wir die Fahne des Antirassismus.

Gleichzeitig lernen wir aber auch, dass diese Haltung allein dafür sorgt, dass wir Rassismus nicht reproduzieren können. Wir sind der festen Überzeugung: Rassismus? Das sind die Anderen. Aber das ist noch nicht alles. Das Verurteilen von Rassismus gibt uns auch eine Art Freifahrtschein für alles, was danach gesagt oder getan wird. In Happyland wird Rassismus unter drei Prämissen diskutiert, nämlich Situativität, Intention und Moral. Demnach bezieht sich »happyländischer Rassismus« immer auf eine ganz konkrete Begebenheit, die auch nur dann wirklich unter Rassismus einzuordnen ist, wenn eine klare und zwar moralisch verwerfliche Absicht dahinter steht.

In dieser Logik könnten also nur moralisch bösartige Menschen rassistisch sein. Andersherum betrachtet: Rassismus läge nur dann vor, wenn eine böse Person vorsätzlich beschlossen hat, dass das, was sie tut oder sagt, rassistisch ist. Das heißt, in Happyland steht die Intention über allem. Wer es nicht rassistisch meint, ist nicht rassistisch. Punkt.

Ein ganz anschauliches Beispiel aus dem Jahr 2019 ist die Firma True Fruits. In mehreren Kampagnen griff die für ihre gemischten Saftgetränke bekannte Firma zu rassistischen und auch sexistischen Mitteln in ihrer Werbung. Sie formulierte Slogans wie: »Das ist unser Quotenschwarzer« oder »Schafft es nur selten über die Grenze«, die dazu noch provokativ bebildert wurden.

Der Shitstorm und die Kritik ließen nicht lange auf sich warten. Die Reaktion von True Fruits kam als direkte Nachricht aus Happyland:

> »… Uns erreichen zurzeit über die sozialen Netzwerke einige Nachrichten und auch Kritik. Man wirft uns Rassismus, Sexismus oder gar die Förderung von ›Rape Culture‹ vor. Wir sind das regelmäßige Lamento einiger Zwangsempörter gewöhnt und entschuldigen uns bei allen, die davon ebenfalls zu Recht gelangweilt sind. (…) Wir finden Rassismus genauso zum Kotzen wie alle Formen der Diskriminierung. Außer Leute, die Schlager hören, die sollten wirklich nicht am Radio rumfummeln dürfen. Aber ernsthaft zu glauben, dass ein öffentliches Unternehmen unserer Größe Interesse daran haben könnte, rassistische Propaganda zu betreiben, um daraus Kapital zu schlagen, zeugt

von wenig Geistesschmalz. Grundsätzlich möchten wir Euch aber darauf hinweisen, dass wir auch zukünftig Werbung betreiben werden, die ein gewisses Maß an Intelligenz und Humor voraussetzen wird. Ihr werdet bei uns also immer wieder auf diese Art der Kommunikation stoßen, die dumme Menschen falsch verstehen könnten.
Aber wir wollen nicht nur spalten, sondern haben uns konstruktiv mit der Kritik auseinandergesetzt. Daher haben wir uns entschieden, zukünftig jegliche Kommunikation, die wir betreiben, zum Schutz einer vermeintlichen Minderheit (den Dummen), mit dem Warnhinweis ›Achtung, diese Werbung könnte von dummen Menschen missverstanden werden!‹ zu versehen.«[6]

Die Analyse dieser Reaktion ist übrigens auch hilfreich, wenn wir sie unter dem Aspekt der *White Fragility* betrachten. Aber dazu kommen wir später.

Die Reise aus Happyland heraus anzutreten, war die große Aufgabe, die ich in *exit RACISM* gestellt habe und die ich hier aber noch einmal voranstellen möchte. Denn sie ist essentiell und die Basis für alles, was danach kommt. Es ist ein wegweisender Schritt, den wir als Individuen, aber auch als System und Gesellschaft, brauchen, um darüber nachdenken zu können, Rassismus zu dekonstruieren.

Denn natürlich gibt es offen rassistische Menschen. Menschen, die bekennende Neonazis sind und rechtspopulistischen Strömungen angehören. Aber diese Menschen und ihre Einstellungen sind lediglich die Spitze des Eisbergs. Und sie speisen ihren Rassismus aus einem System und einer Gesellschaft, deren Fundament von Rassismus durchdrungen ist. Es ist eine gesellschaftliche Schieflage, in die wir alle hineingeboren werden und die wir dementsprechend alle einatmen. Im Kleinen und im Großen. Von dem Moment an, an dem wir diese Welt betreten.

Die Ausbeutung und Versklavung von Millionen afrikanischer Menschen und die anschließende Kolonialisierung durch westliche Eroberer waren so grausam und schrecklich, dass die Erfinder*innen dieses Systems eine Erklärung brauchten, die ihre Gräueltaten verharmloste, normalisierte und legitimierte: Dies war die Geburtsstunde der kruden Rassentheorien und die Geburtsstunde Happylands. Das Konstrukt des Rassismus ist der (gelungene) Versuch, von Unterdrückung zu profitieren und sich gleichzeitig dafür nicht schämen zu müssen oder schuldig zu fühlen. Dieses Konstrukt ist so groß und wirkmächtig, dass es bis heute in allen Systemen, Institutionen und eben auch in uns Individuen sitzt. *Weiße* Menschen profitieren von diesem Konstrukt seit Jahrhunderten, und Schwarze Menschen, indigene Menschen und People of Color sind negativ von dessen Ausschlüssen betroffen.

Rassismus als Struktur verwehrt Menschen Zugänge und Ressourcen. Er sitzt in Kinder- und Schulbüchern. Wir reproduzieren ihn in Witzen. Er befindet sich in unseren Denkmustern und in unserer Sprache. Und er wird immer wieder zementiert durch Botschaften, die wir über »uns« und die vermeintlich »Anderen« erhalten. Und das von klein auf. Genau deshalb ist er schwer zu dekodieren, schwer zu verstehen, nachzuvollziehen, zu begreifen und zu erkennen. Vor allem für die, die nicht negativ von dem Ausschluss, der Erniedrigung, der Unterrepräsentanz betroffen sind. Der Dichter Scott Woods beschreibt dies so:

»Das Problem ist, dass *weiße* Menschen Rassismus lediglich als bewussten Hass sehen, wenn Rassismus in Wirklichkeit viel größer als das ist. Rassismus ist ein komplexes System sozialer und politischer Hebel und Rollen, das vor Generationen eingerichtet wurde (...) Ja, Rassismus sieht aus wie Hass, aber Hass ist nur eine Erscheinungsform. Privilegien sind eine andere. Zugang ist eine andere. Ignoranz ist eine andere. Apathie ist eine weitere. Und so weiter. Obwohl ich also den Leuten zustimme, die sagen, dass niemand rassistisch geboren wird, bleibt es ein mächtiges System, in das wir sofort hineingeboren werden. Es ist wie mit der Luft, in die man hineingeboren wird: Man nimmt sie auf, sobald man atmet. Es ist keine Erkältung, die man überwinden kann. Es gibt keine antirassistische Zertifizierungsklasse. Es ist eine Reihe von sozioökonomischen Fallen und kulturellen Werten, die jedes Mal befeuert werden, wenn wir mit der Welt interagieren. Es ist eine Sache, die man immer wieder aus dem Boot des eigenen Lebens schöpfen muss, um nicht darin zu ertrinken. Das ist harte Arbeit, aber das ist der Preis, den man dafür zahlt, alles zu besitzen.«[7]

So, und nun pack mal ganz oben drauf eine große Portion Schuld, Scham und Verdrängung, und der Diskurs um Rassismus wird quasi unmöglich.

Wenn du an dieser Stelle merkst, dass dir historische Fakten fehlen und du noch mehr über die Entstehungsgeschichte von Rassismus und Happyland lernen und verstehen willst, finde ich das super und möchte dich dazu unbedingt ermutigen. *Exit RACISM* zu lesen oder als Hörbuch zu hören, ist eine von vielen Möglichkeiten, dies zu tun.

Gern kannst du das Buch an dieser Stelle unterbrechen und dann wiederkommen, wenn du dich bereit fühlst, einen Schritt weiterzugehen. Vielleicht wundert dich das. Aber ich bin der Überzeugung, dass Rassismuskritik eine Reise ist. Nicht selten spreche ich von einer lebenslangen Reise oder ziehe eben den Vergleich zum Marathon. Mir ist es lieber, dass du dir die Zeit nimmst, die du brauchst, und insgesamt aber durchhältst, als dass du alles auf einmal machen willst und dann frustriert abbrichst.

Hier kommen noch ein paar Anregungen meinerseits, wie die ersten Schritte aus Happyland heraus aussehen können und sollten. Viele Menschen sind diese Schritte bereits vor dir gegangen. Und daher kann ich dir sagen, dass ich, wenn der erste Schritt aus Happyland heraus getan ist, in Workshops oft in betroffene Gesichter schaue. Ich spüre Ohnmacht, Angst und Verunsicherung im Raum. Was nun? Können wir ein Konstrukt, welches seit über 500 Jahren weltweit in allen Systemen, Institutionen und Köpfen wirkt, bekämpfen? Abschaffen? Nicht selten höre ich an dieser Stelle die Frage nach Rezepten. Anleitungen. Leider gibt es diese nicht. Aber das heißt nicht, dass wir nichts tun können.

Was wir tun können und sollten, ist zu beginnen, uns selbst zu verstehen. Zu verstehen, wie tief Rassismus in unserer Sozialisierung steckt. Uns über die Entstehungsgeschichte des Rassismus zu informieren, über unsere deutsche Beteiligung am Sklavenhandel und am Kolonialismus. Wir können unsere geliebten Kinderbücher wie *Pippi Langstrumpf, Jim Knopf, Die kleine Hexe* (um nur ein paar zu nennen) mit einem rassismuskritischen Auge neu lesen und hinterfragen. Wir können unsere Schulbücher analysieren und verstehen lernen, wie stark wir durch Medien und stereotypisierte Bilder geprägt sind und täglich weiterhin geprägt werden. Wir können verstehen lernen, was *othering* bedeutet – zu Deutsch »Andern« oder »zum Anderen« machen. Eine rassistische Praxis, die Menschen in eine vermeintlich unsichtbare, individualisierte und zugleich sehr machtvolle Norm auf der einen

Seite und die sichtbaren, dämonisierten, exotisierten, stereotypisierten »Anderen« auf der anderen Seite teilt. Ein klassisches Beispiel dafür, welches wir in Workshops oft anbringen, ist die Aufforderung der Erzieherin einer Kita, beim Zeichnen nun den »hautfarbenen Stift« zu benutzen. Oder auch die immer wieder fast schon zwanghaft gestellte Frage nach den Wurzeln.

Was wir tun können, ist, unsere Sprache zu beleuchten, und zwar nicht auf der oft frustrierten und auch etwas beleidigten Suche nach dem, was wir »noch sagen dürfen«, sondern unter der Fragestellung, was wir sagen WOLLEN und vor allem, wofür wir Verantwortung übernehmen können. Damit wir mehr und mehr verstehen, wie der sprachliche Dualismus wirkt, der zu Zeiten der Aufklärung begann und Menschen bis heute in einer sprachlichen Gegensätzlichkeit der »Zivilisierten« einerseits und der »Unzivilisierten« andererseits, der »Modernen« und der »Veralteten«, der »Gesellschaft« und des »Stammes«, des »Bürgermeisters« und des »Häuptlings« gefangen hält. Damit wir verstehen, was Fremd- und was Selbstbezeichnungen sind und dass Sprache Wirklichkeit produziert und Wirklichkeit wiederum Sprache und dass Sprache Macht ist einerseits und Macht wiederum Sprache.

Was wir tun können, ist zu verstehen, wie stark *Weiß*sein als unsichtbare Macht überall und zu fast jedem Zeitpunkt wirkmächtig ist. Und dass die Unsichtbarkeit von *Weiß*sein und das Nicht-benennen-Müssen und das Nicht-wahrnehmen-Müssen von *Weiß*sein in sich selbst Privilegien sind. Was wir tun können, ist zu lernen, was genau gemeint ist, wenn von *weißen* Privilegien die Rede ist und wie diese Privilegien aussehen. Und auch, was die Kehrseite der Privilegien ist, nämlich Mikro- oder Makroaggressionen.

Immer wieder werde ich gefragt, ob nur *weiße* Menschen in Happyland wohnen. Meine Antwort ist ein klares JEIN. Nein, weil auch Schwarze Menschen, indigene Menschen und People of Color rassistisch sozialisiert werden. Weil auch ich lange geglaubt habe, dass Rassismus nur Rechtsterrorismus ist. Weil auch ich die Kinderbücher und Schulbücher voller Rassismen gelesen habe und die negativen Botschaften und Stereotypisierungen darin verinnerlicht habe. Allerdings richteten diese sich dann gegen mich selbst und gegen Menschen wie mich. Mein Auszug aus Happyland bestand und besteht darin, diese verinnerlichten Botschaften über mich selbst zu »entlernen«. Und daher ist die Antwort auf die Frage auch ein Ja, weil Happyland eben gar nicht happy ist für Menschen, die von Rassismus betroffen sind.

Eine weitere Frage, die dir vielleicht auf den Lippen liegt, ist: Ist ein vollständiger und endgültiger Auszug aus Happyland eigentlich möglich? Vielleicht ist Happyland gar kein Ort, den wir so ohne Weiteres hinter uns lassen können. Vielleicht ist Happyland eher der mentale Ist-Zustand, in dem wir uns befinden, sobald wir von einer bestimmten Machtstruktur profitieren. Und es braucht tägliche Kraft, Anstrengung und vor allem die bewusste Entscheidung, diesen Ist-Zustand zu hinterfragen, auf die Probe zu stellen und herauszufordern.

Übers Sprechen sprechen

Tatüütataaaa, die Sprachpolizei ist daaaa! Hast du vielleicht gedacht oder denkst du eventuell immer noch, wenn du über das Thema Sprache und Rassismus nachdenkst. Es wäre kein Wunder, denn immer wieder beschweren sich Menschen darüber, dass sie nichts mehr sagen »dürfen«. Und immer wieder muss ich dem entgegnen: Wir leben in einem Land, in der die Meinungsfreiheit ein hohes und wichtiges Gut ist. Wir dürfen alles sagen. Die Frage ist, ob wir es wollen. Und die Frage ist auch, ob du es willst. Oder ob du nach einem Weg suchst, um auch durch dein Sprechen Sprachräume entstehen zu lassen, in denen Menschen weniger verletzt werden, die inklusiv sind und alle mitdenken. Wenn dies der Fall ist, bist du hier richtig. Wir wissen, dass Sprache Macht ist und Macht Sprache. Dass Sprache Wirklichkeiten produziert. Und Wörter sind Werkzeuge, die befähigen und ermutigen können. Die aber auch erniedrigen und ausschließen können. Mir geht es in dieser Diskussion vor allem um Verantwortungsübernahme. So wie Menschen für ihre Taten in die Verantwortung genommen werden, sollten Menschen auch verantwortungsbewusst mit der eigenen Sprache umgehen.

In der Konsequenz bedeutet das für mich: Wenn du das N-Wort reproduzieren willst, musst du auch die Verantwortung dafür übernehmen, dass du damit Menschen bewusst verletzt. Du musst dafür geradestehen, dass du Rassismus jedes Mal, wenn du das Wort aussprichst, aufs Neue zementierst.

Eine Möglichkeit, über Verantwortung im Kontext von rassistischer Sprache nachzudenken, ist, zwischen Fremd- und Selbstbezeichnung zu unterscheiden. Eine Fremdbezeichnung ist zuallererst einmal eine Bezeichnung, die für eine Person oder eine Personengruppe gewählt wurde, ohne diese in die Entscheidung einzubeziehen. Nicht mehr, aber eben auch nicht weniger. Im Kontext von Rassismus ist eine Fremdbezeichnung aber doch noch ein ganzes Stück mehr. Denn eine rassistische Fremdbezeichnung ist in einer Zeit entstanden, in der

1. eine Gruppe, die sich selbst als die überlegene und übergeordnete Spitze der Menschheit betrachtete, andere Menschengruppen entmenschlichte, versklavte, ausbeutete, kolonialisierte und/oder Genozide an ihnen verübte,
2. diese Gruppe Menschen anhand von relativ willkürlich gewählten körperlichen Merkmalen und Eigenschaften wiederum zu Gruppen zusammenfügte,
3. diese dominante Gruppe eine Unterdrückungsstruktur aufbaute, die seit 500 Jahren weltweit wirkt, und
4. die dominante Gruppe die von ihr Unterdrückten im Zuge all dessen mit der von ihr gewählten Fremdbezeichnung beschrieb.

Das ist die Schwere, mit der eine rassistische Fremdbezeichnung einhergeht. Es sind seit damals neue Fremdbezeichnungen dazugekommen. Und auch diese tragen eine Schwere mit sich. Denn es ist wie alter Wein in neuen Schläuchen: Rassismus wirkt bis heute in allen Bereichen der Gesellschaft. Und somit haben auch die Fremdbezeichnungen nicht an negativer Kraft verloren.

Eine Selbstbezeichnung ist die selbst gewählte Bezeichnung einer Gruppe oder eines Individuums. Im Kontext von Rassismus ist sie noch ein wenig mehr. Das Wichtigste vorab: **Die Selbstbezeichnung ist die Reaktion auf die Fremdbezeichnung.** Menschengruppen werden seit Jahrhunderten entmenschlicht, unterdrückt, nicht repräsentiert, stereotypisiert, dämonisiert, exotisiert und kategorisiert. Daher ist es eine Form des Widerstands, wenn sich Menschen aus diesen Gruppen zusammenfinden, um sich in einem Prozess der Selbstermächtigung über ihre Erfahrungen auszutauschen und dafür selbst gewählte Begriffe entwickeln und nutzen, anstatt sich der gewaltvollen Fremdbezeichnungen zu bedienen.

Für mich nutze ich die Selbstbezeichnung »Schwarz«, die ich bewusst großschreibe, um darauf hinzuweisen, dass dies eine politische Selbstbezeichnung ist und nicht das Farbadjektiv »schwarz« meint. Diese Selbstbezeichnung Schwarz bezieht sich daher nicht auf den Hautton oder den Melaningehalt der Haut, sondern, und das ist wichtig: auf die gemachten Rassismuserfahrungen in einer *weißen* Dominanzgesellschaft einerseits und den gelebten Widerstand gegen Rassismus andererseits. Diese Selbstbezeichnung ist mir wichtig, denn sie eröffnet mir die Möglichkeit, über meine Erfahrungen als Schwarze Frau in Deutschland zu sprechen. Gleichzeitig verbindet sie mich mit Menschen, die ähnliche Erfahrungen machen. Ich weiß, ich bin nicht allein. Die Bezeichnung gibt mir Halt und Community. In diesem Begriff vereinen sich für mich auch alle gelebten Möglichkeiten des Widerstands gegen ein rassistisches System. Historisch gesehen und bis heute, in meinem Alltag. Sie stellt eine Verbindung her zwischen den verschiedenen Widerstandsstrategien im Kampf gegen Rassismus und für eine gerechtere Welt. »Schwarz« ist für mich ein *umbrella-term,* der nicht als eine einzige Erfahrung zu verstehen ist. Darunter vereinen sich viele verschiedene Erfahrungen und Umgangsweisen mit diesen Erfahrungen. Auch das darf man nicht außer Acht lassen.

Übrigens: Der Begriff *weiß* ist ebenso ein politischer Begriff und bezieht sich nicht auf die Hautfarbe. Oder hast du schon einmal eine *weiße* Person gesehen, die den gleichen Hautton hat wie dieses Blatt Papier? Der Begriff »*weiß*« definiert Menschen, die *weiße* Privilegien haben in Bezug auf Rassismus, also eine Person, die von Rassismus als System profitiert.

Weitere Selbstbezeichnungen sind zum Beispiel »PoC« – »People oder Person of Color« und »BIPoC« – »Black Indigenous People of Color«. Beides sind Begriffe, die ein solidarisches Bündnis ausdrücken sollen von Menschen, die vereint sind im Kampf gegen Rassismus, also alle Rassismuserfahrungen machen. »People of Color« wird in Deutschland zum Beispiel von Schwarzen Menschen, Menschen, die asiatisch gelesen werden, Menschen, die arabisch oder türkisch gelesen werden oder Rom*nja und Sinti*zze genutzt. Menschen, die nicht *weiß* sind und von Rassismus negativ betroffen. Der Begriff BIPoC versucht inklusiver zu sein, indem er sichtbar machen möchte, dass Schwarze Menschen und indigene Menschen eine jeweils spezifische Geschichte der Versklavung und des Genozids und jahrhundertelanger Unterdrückung haben.

»Wir verstehen, dass afrikanische und indigene Menschen unter dem Kolonialismus sehr unterschiedliche Erfahrungen gemacht haben«, sagt Dr. Nelson von der McGill-Universität. »Alles in einem zu vereinen, heißt auszulöschen, was die eigentliche Natur der genozidalen Praxis ist.«[8]

In den Rassismus- und Diskriminierungserfahrungen, den Mechanismen und der Geschichte der verschiedenen Gruppen, die Rassismus erleben, gibt es klare Unterschiede, aber auch Gemeinsamkeiten. Beides gleichermaßen anzuerkennen, halte ich für wichtig. Das Ernstnehmen und Analysieren der Unterschiede in den Erfahrungen ist wichtig, um Mechanismen und Ideen zum Abbau der Diskriminierungen entsprechend spezifisch entwickeln zu können. So brauchen wir in Deutschland eine Anerkennung und Aufarbeitung der Geschichte und Wirkmächtigkeit aller Rassismuserfahrungen und generell aller Diskriminierungsformen – und eigene Heilungsräume für sie.

Gleichzeitig halte ich es für maßgeblich, auch die Gemeinsamkeiten bestimmter Erfahrungen und Diskriminierungsmechanismen sichtbar zu machen und zu benennen. Das ist es, was uns in unseren solidarischen Bündnissen gegen Rassismus und alle anderen Diskriminierungsformen stärkt. Diese Gemeinsamkeiten und Unterschiede sind auch deshalb wichtig, weil es intersektional gesehen Überschneidungen gibt: So gibt es zum Beispiel Afro-Sintizze und Schwarze muslimische Menschen.

In Deutschland ist die Community der indigenen Menschen des amerikanischen oder australischen Kontinents nicht groß, aber es gibt sie. Wir alle wachsen mit rassistischen Fremdbezeichnungen für indigene Menschen und den stereotypisierten entmenschlichenden Bildern und Geschichten auf. Und wir finden sie bis heute als aktiven Teil unserer Karnevalskultur, unserer Festivals und in unseren Filmen und Büchern.

In diesem Buch benutze ich sowohl »Schwarz« als auch »Person of Color« und »BIPoC«, um von Rassismus betroffene Menschen zu bezeichnen.* Alle diese Begriffe haben Validität. Sie sind aber nicht in Stein gemeißelt. Und sie sind kontextabhängig. Denn Gesellschaft entwickelt sich weiter, und die nachkommenden Generationen von Menschen, die sich aktiv mit Rassismuskritik auseinandersetzen, werden immer wieder neue Begriffe prägen. Es gilt, flexibel und achtsam zu bleiben.

Wie helfen die Selbstbezeichnungen und politischen Begriffe im rassismuskritischen Alltag?

Diese Begriffe der Selbstbezeichnung eröffnen uns die Möglichkeit, über Rassismus zu sprechen und dabei die gemachten Erfahrungen innerhalb des rassistischen Systems in den Fokus zu nehmen, ohne auf rassistisches *Othering* oder Rassifizierung zurückzugreifen. Will heißen:

Wenn du zum Beispiel deiner Nachbarin davon erzählst, dass du dieses Buch hier liest, kannst du sagen: »Ich lese als *weiße* Person ein Buch über Rassismus, das von einer Schwarzen Frau geschrieben wurde.« Dann eröffnet dies ein Gespräch darüber, aus welcher gesellschaftlichen Perspektive heraus ich dieses Buch schreibe und aus welcher gesellschaftlichen Position heraus du das Buch liest und dich dem Thema näherst. Es eröffnet ein Gespräch über unsere unterschiedlichen Erfahrungen, die wir in dieser

---

* Dem Lesefluss zuliebe habe ich mich jeweils für einen oder zwei der drei Begriffe entschieden. Viele der von mir erlebten und (aus meinen Workshops) beschriebenen Erfahrungen beziehen sich vor allem auf Schwarze Menschen und People of Color.

Gesellschaft machen. Darüber, welche Perspektiven uns fehlen und letztendlich auch darüber, was wir tun können, um Rassismus zu dekonstruieren.

Warum nutzen nicht alle diese Selbstbezeichnungen?

Ob du es glaubst oder nicht, auch BIPoC wachsen in einer rassistisch geprägten Welt auf. Und es bedarf eines aktiven Prozesses, sich mit dieser Prägung auseinanderzusetzen. Ich selbst habe in meiner Kindheit und auch darüber hinaus Fremdbezeichnungen für mich selbst benutzt. Das lag daran, dass die Menschen um mich herum sie benutzten. Ich erinnere mich daran, dass mir diese Begriffe und Zuschreibungen immer wehtaten oder ich mich zumindest unwohl damit fühlte. Aber ich hatte keine Erklärungen parat, was mich daran störte. Es war einfach ein Gefühl. Ich erinnere mich sogar an einen Spaziergang mit einer Freundin namens Martina – ich muss um die acht oder neun Jahre alt gewesen sein. Jemand hatte mich mit dem N-Wort beschimpft. Mir kamen die Tränen und ich war aufgewühlt. Martina hielt mir daraufhin einen langen Vortrag darüber, dass meine Gefühle übertrieben seien, weil das englische N-Wort ja schlimm sei, das deutsche aber nicht. Die fatale Konsequenz, die ich daraus zog, war, dass mein Gefühl falsch sei und nicht das rassistische Wort.

Lange trug ich das mit mir herum. Mit Anfang/Mitte zwanzig traf ich dann auf andere Schwarze Menschen in meiner realen Welt, mit denen ich begann, mich auszutauschen. Durch diese Gespräche erhielt ich Zugang zu einer Auseinandersetzung mit dem Thema Rassismus. Ich begann Literatur zum Thema zu verschlingen. James Baldwin, Maya Angelou, Toni Morrison, Frantz Fanon. Als ich dann das Buch *Farbe bekennen* von Katharina Oguntoye und May Ayim fand, wurden mein Erleben und meine Erfahrung in Deutschland in einen kollektiven Rahmen gesetzt. Dadurch verstand ich: Rassismus ist das Problem, nicht ich. Ich fand Worte, fand eine Sprache und lernte, vergangene Situationen in einen größeren kollektiven Kontext zu setzen. Jetzt lernte ich auch Selbstbezeichnungen kennen. Zuerst »afrodeutsch« und dann »Schwarz«.

Was ich damit sagen möchte: Es bedarf auch bei BIPoC eines Prozesses, um die verinnerlichten Denkmuster zu entlernen, eine Sprache zu finden und Rassismus als System zu verstehen. Ich nenne diesen Prozess »Politisierung« oder auch »Schwarzes Coming-out«. Nicht alle BIPoC finden einen Zugang zu dieser Politisierung. Zum Beispiel dadurch, dass sie in sehr *weißen* Kontexten aufwachsen oder leben. Oder deshalb, weil auch dieser Zugang natürlich nicht frei von Barrieren ist. Das kann am Wohnort liegen – eine Großstadt wie Berlin oder Frankfurt hat mitunter eine aktivere politische Szene als ein Tausend-Seelen-Dorf in Schwaben –, aber auch an gesellschaftlichen Barrieren wie Klassismus, Linguismus, Colorism oder Ableismus – Diskriminierung aufgrund von sozialer Herkunft, Sprachfärbung, Hauttönung oder körperlicher oder geistiger Behinderung. Die wachsende Anzahl von Podcasts, Hörbüchern oder auch Social Media senken diese Barrieren, eliminieren sie aber nicht.

Zu guter Letzt gibt es natürlich auch BIPoC, die kein Interesse an dieser Auseinandersetzung haben. So wie es Frauen gibt, die sich aus welchen Gründen auch immer nicht mit Feminismus und feministischen Theorien auseinandersetzen wollen.

Als *weiße* Person ist es nicht an dir, BIPoC darüber zu belehren, wie sie mit Rassismus umgehen sollen. Wenn du eine wirklich gute Beziehungsebene zu einer BIPoC hast, kannst du aber zum Beispiel Möglichkeiten aufzeigen, wie die Person Zugang zu dieser Auseinandersetzung finden kann. Es liegt an der Person, diese anzunehmen oder auch nicht. Sei dabei achtsam und sensibel. Denn die Politisierung kann schmerzhaft und aufwühlend sein. Für BIPoC ist es mitunter eine enorm schwere, emotionale Zeit, die viel Kraft kosten kann. (Auf die besondere Position als *weißes* Elternteil oder *weiße* Lehrperson komme ich später im Buch zu sprechen.)

Gibt es keinen deutschen Begriff für People of Color?

Nein. Das liegt daran, dass es bis jetzt innerhalb der Community von People of Color und unter den Menschen, die sich mit Rassismuskritik befassen und den Diskurs nach vorne treiben, nicht die Notwendigkeit gab, diesen Begriff zu übersetzen oder einen deutschen zu etablieren. Ich erlebe oft große Irritation darüber bei *weißen* Menschen. Mit Groll im Unterton höre ich dann: Wie sie denn jetzt so einen schwierigen Begriff lernen sollen? Mhhh. Vielleicht wirst du das jetzt nicht mögen, aber mein Verdacht ist, dass das Unbehagen, diesen Begriff anzunehmen und in den eigenen Sprachgebrauch zu integrieren, mehr mit einem gewissen Trotz (hust hust – White Fragility) zu tun hat als mit der tatsächlichen Schwierigkeit, den Begriff auszusprechen. Gleichzeitig gibt es nämlich oft eine große Bereitschaft, andere Begriffe, die aus meiner Perspektive mindestens genauso große Zungenbrecher sind, auszusprechen, und dies sogar mit Leichtigkeit. Hier ein paar dieser Worte:

All-inclusive-Urlaub, Assessment Center, Cyber-Mobbing, Gouvernante, Rendezvous, Inkognito, Nonplusultra, Reproduktionszahl, Antiquitäten.

An dieser Stelle möchte ich auch eine Lanze für ältere Menschen brechen. Denn oft höre ich, dass es eben für ältere Menschen besonders schwer sei, diese »neuen« Begriffe zu lernen. Ich kann dazu sagen, dass ich in meinen Workshops, vor allem in Workshops für Bezugspersonen von Schwarzen Kindern, schon achtzigjährige Groß- und Urgroßeltern kennengelernt habe, die sich mit Leichtigkeit neue rassismuskritische Sprache aneignen konnten, sobald sie sich bewusst wurden, dass dies ein hilfreicher Baustein ist, um ihre Schwarzen (Ur-)Enkel zu unterstützen und zu stärken. Ich denke, die Frage ist an dieser Stelle daher eher: Möchtest du dich dem Thema rassismuskritische Sprache widmen? Und bist du bereit, die Deutungshoheit an dieser Stelle abzugeben?

Warum verändert sich das denn immer ständig?

Sprache unterlag schon immer Veränderung. Denn Sprache wird von Menschen geprägt. Das Wort »geil« zum Beispiel hatte in der Kindheit meines Großvaters eine andere Bedeutung, als wenn mein Sohn es heute benutzt.

Wenn wir an rassismuskritische Sprache denken, müssen wir uns Folgendes bewusst machen: Die Geschichte der Fremdbezeichnungen ist fast 500 Jahre alt. Die Geschichte der Selbstbezeichnungen ist in Deutschland ein bisschen über dreißig Jahre alt. Denn diese Diskurse finden in der

Vernetzung und im Zusammenschluss statt. Und auch sie unterliegen natürlich ständiger Bewegung und Veränderung. In Deutschland war zum Beispiel »afrodeutsch« die erste Selbstbezeichnung. Sie wurde entwickelt in einem Zusammenschluss von afrodeutschen Frauen wie Katharina Oguntoye, May Ayim, Ria Cheatom, Jasmin Eding und anderen, die sich durch die Autorin und Aktivistin Audre Lorde zusammenfanden und in diesem Prozess erstmals über kollektive Erfahrungen Schwarzer Menschen in Deutschland sprachen. Man könnte auch sagen, dass dieser Zusammenschluss Schwarzer lesbischer Frauen in dem Verein ADEFRA e.V. einen der wichtigsten Meilensteine des rassismuskritischen Diskurses in Deutschland abbildet. Der Diskurs um Sprache innerhalb von Communitys ist noch lange nicht beendet. Wir befinden uns in Deutschland mittendrin. Und wir sollten uns bewusst sein, dass dieser Diskurs natürlich aus vielen heterogenen Stimmen und unterschiedlichen Perspektiven besteht. Das ist normal, denn Schwarze Menschen oder PoC-Communitys sind – ebenso wie *weiße* Menschen – keine homogene Gruppe. Und: Diese Diskurse finden unter großem Druck von außen statt. Von einem *White Gaze, »weißen* Blick«, der diese Diskurse belächelt oder versucht zu diskreditieren.

Mein Mann Stephen erzählt in Workshops oft davon, dass er sich als Kind immer wieder gegen das N-Wort gewehrt hat und sagen musste, dass er so nicht genannt werden wolle. Dann aber nicht selten die Rückfrage kam: »Ja, wie wollt ihr denn DANN genannt werden?« Als er mit Anfang zwanzig die Initiative Schwarzer Menschen kennenlernte, begann er durch die Auseinandersetzung und die rassismuskritischen Perspektiven, zu denen er dort Zugang fand, die Selbstbezeichnung Schwarz zu nutzen.

Nun kam von *weißen* Leuten die Frage: »Warum nennt ihr euch Schwarz? Wir sind doch alle Menschen!«

Noch mal: Es ist wichtig zu verstehen, dass die Fremdbezeichnungen zuerst da waren. Und die Selbstbezeichnungen eine Reaktion darauf sind. Weil Menschen fremdbezeichnet und unterdrückt werden, etablieren sie für sich Selbstbezeichnungen, um die Erfahrungen, die sie in dieser Unterdrückung machen, besprechbar zu machen.

Trennt es denn nicht, immer über Schwarz und *weiß* zu sprechen? Damit betreibst du ja wieder Rassismus, indem du kategorisierst!

Stell dir eine Welt ohne Rassismus vor. Wie schön sie wäre. Kein Wort müssten wir mehr darüber verlieren. Du müsstest dich nicht durch Bücher wie dieses kämpfen, ich würde vielleicht als mittelmäßige Schauspielerin in einem Theaterensemble spielen. Jedenfalls müssten wir nicht mehr über Rassismus sprechen. Allerdings wache ich täglich in einer Welt auf, in der ich weiß, dass meine Kids, meine Schwarzen und PoC-Freund*innen heute wieder zahlreiche Rassismuserfahrungen machen werden. Und einen Großteil dieser Erfahrungen werden sie mit *weißen* Menschen oder in *weißen* Institutionen machen, die es gut meinen, die aber wenig bis keinen Plan von Rassismuskritik haben.

Solange du und ich morgens in so einer Welt aufwachen, brauchen wir eine Sprache, um die unterschiedlichen Erfahrungen benennen zu können. Die Realität ist: Das Ziel von Rassismus ist Trennung. Und ein Schritt in dem Versuch, dieser Trennung entgegenzuwirken, ist es, Rassismus sichtbar und besprechbar zu machen. Nur dann können wir ihn anschauen, die Mechanismen verstehen und überlegen, wie wir ihn abbauen können.

Kann ich als *weiße* Person Selbstbezeichnungen verwenden, wenn ich über Menschen spreche?

Ja. Bei Selbstbezeichnungen kannst du als *weiße* Person davon ausgehen, dass diese Begriffe im Widerstand gegen Rassismus entstanden sind. Bei Fremdbezeichnungen wirst du immer wieder Rassismus zementieren. Gleichzeitig ist es natürlich wichtig, Sprache kontextabhängig zu betrachten: Wenn du abfällig über Schwarze Menschen sprichst und dabei den »politisch korrekten« Begriff benutzt, ist es dennoch eine rassistische Aussage. Sprache ist nur eine Stellschraube in der Dekonstruktion von Rassismus. Wichtig ist, dass das System darunter sich mitbewegt. Dazu kommt, dass du als *weiße* Person natürlich Schwarzen Menschen nicht vorschreiben solltest, wie sie sich selbst zu bezeichnen haben, und individuelle Selbstbezeichnungen akzeptieren solltest.

Was Rassismus ist – und was nicht

Ich unterscheide zwischen individuellen und gesellschaftlichen Diskriminierungsformen. Individuell können Kinder zum Beispiel diskriminiert werden, weil sie Sommersprossen haben. Das ist schmerzhaft und kann – wenn es in aktives Mobbing ausartet – traumatisierende Folgen haben. Aber es gibt keine gesellschaftliche Diskriminierung aufgrund von Sommersprossen. Dir wird der Job oder die Wohnung nicht verwehrt, weil du Sommersprossen hast.

Dann gibt es gesellschaftliche Diskriminierungsformen. Diese haben oft eine lange Tradition – also eine historische Kontinuität. Und sie wirken auf allen gesellschaftlichen Ebenen. Im Gesundheitssystem, auf dem Wohnungsmarkt, im Bildungssystem. Wir finden sie in der Werbung, in Kinder- und Schulbüchern. Wir finden sie eingeschrieben in die Struktur unserer Gesellschaft. Dazu zählen zum Beispiel: Ableismus (Diskriminierung von Menschen mit Behinderung), Sexismus/Patriarchat, Homo- und Transfeindlichkeit – und eben auch Rassismus.

Hier eine kleine Checkliste, anhand derer du kontrollieren kannst, ob es sich bei einer Aussage oder Situation um eine individuelle oder gesellschaftliche Diskriminierungsform handelt:

1. Wirkt diese Richtung der Diskriminierung individuell von Person zu Person?
2. Wirkt diese Form der Diskriminierung institutionell – also wird die Personengruppe anhand der betreffenden Kategorie im Bildungs-

bereich, im Gesundheitssystem, auf dem Wohnungs- und Arbeitsmarkt, im Rechtssystem usw. diskriminiert?
3. Gibt es Sprache und Bilder in Werbung, Filmen, Zeitschriften, Büchern, Schulbüchern, die diese Form der Diskriminierung reproduzieren und zementieren?
4. Wirkt diese Form der Diskriminierung strukturell?
5. Gibt es eine lange Historie dieser Diskriminierungsform?
6. Gibt es eine Ideologie in Bezug auf diese Diskriminierungsform?

Wenn du die Fragen zwei bis fünf mit Ja beantworten kannst, handelt es sich um eine gesellschaftliche Diskriminierungsform.

Rassismus ist ursprünglich die Legitimierungsstrategie, die Europäer*innen brauchten, um die Ausbeutung, Versklavung und Unterdrückung von Millionen von Menschen vor sich selbst zu rechtfertigen. Das Ziel war die ökonomische Bereicherung und gleichzeitig die moralische Legitimierung dieser Bereicherung. In diesem Kontext wurde die Idee der Menschenrassen geboren und die Hierarchisierung derselben. Wobei *Weiß*sein an der Spitze dieser erfundenen Hierarchie stand und bis heute steht.

Wichtig: Menschenrassen gibt es nicht. Biologisch gibt es dafür keine Basis. Aber es gibt Rassifizierung. Denn dadurch, dass Menschenrassen erfunden und anhand dieser Erfindung ganz reale gesellschaftlich wirkende Barrieren aufgebaut wurden, erleben wir bis heute auf dieser Welt unterschiedliche Dinge aufgrund dieser eigentlich erfundenen Kategorien.

Ich vergleiche das manchmal mit Geld. Geld besteht aus Papier und Metall. Beides an sich nicht besonders wertvoll. Aber als Weltgemeinschaft haben wir diesem Papier und diesem Metall Wert zugesprochen. Demnach ist Geld haben oder nicht haben natürlich ganz entscheidend für unseren gesamten Lebensweg, für die Barrieren, auf die wir treffen, und für die Zugänge, die wir erhalten.

Also noch mal: Menschenrassen gibt es biologisch nicht. Aber als soziales Konstrukt – also als sozial wirksame Erfindung – gibt es Rassifizierung.

Es wurde kein Versuch ausgelassen, die steile These von der Existenz der Menschenrassen zu beweisen. Diese versuchte Beweisführung war so erfolgreich irreführend, dass wir sie bis heute in Schulbüchern finden. Sogar bis ins Grundgesetz hat es der Begriff der Rasse geschafft.* Die angestrebte Legitimierung von Menschenrassen hatte auch die Unterteilung in »wir« und »die Anderen« zur Folge. Die eigene Aufwertung musste einhergehen mit der Erfindung und der Konstruktion der Anderen. Durch Bilder und Sprache mussten die Anderen immer wieder zementiert werden. Die einen seien »zivilisiert«, die Anderen »unzivilisiert.« Die einen seien Abgeordnete und Bürgermeister*innen, während die Anderen »Stammesführer*innen« und »Häuptlinge« seien.

Hier ein Beispiel, an das ich immer denken muss, wenn ich über das Thema spreche: Vor einigen Jahren fuhren mein Mann und ich nach Tansania zur Hochzeit meines jüngeren Bruders. Erzählte ich hier vorab von der Hochzeit, bekam ich – relativ absurde – Fragen gestellt: »Oh, wie viele Frauen wird der denn heiraten?« Und: »Welche Stammesrituale werden da durchgeführt?« – »Seid ihr dann im Busch?« Dann denke ich an die Hochzeit. Sie ging über mehrere Tage und fand in unterschiedlichen Loca-

* In der Zeit, in der ich das Buch schreibe (Winter 2021) gibt es eine längst überfällige Debatte darüber, den Begriff durch einen passenderen Ausdruck zu ersetzen.

tions statt, eine schicker als die andere. Mehrere DJs legten auf, das Buffet war riesig, es gab ein Reporter*innenteam und eine große Traube an Fotograf*innen. Stephen und ich kämpften permanent mit dem Gefühl, komplett underdressed zu sein. Und dann denke ich an die Hochzeit eines guten *weißen* Freundes in Bielefeld. Da gab es einen Baumstamm und eine Säge. Und dann wurde irgendwie an diesem Baumstamm herumgearbeitet. Ich frage dich: Was ist also näher an einem »Stammesritual«?

Es ist wichtig zu verstehen, dass die sprachliche und gedankliche Einteilung in »wir« und »die Anderen« bewusst herbeigeführt wurde. Bis heute existieren Bilder und Sprache, die viel mehr mit der Projektion auf die vermeintlich Anderen zu tun haben als mit den wahren Menschen dahinter.

Rassismus ist kein Trend und rassismuskritisch denken und leben keine Phase. Es mag Trendbewegungen geben, in denen Rassismus im öffentlichen Raum mal mehr und mal weniger stark verhandelt wird. Die Medien unterliegen Trendwellen, in denen Themen in den Vordergrund gerückt werden. Vor allem nach rassistischen Anschlägen kommt das Thema zyklisch wieder auf die Agenda und ebbt dann mal langsamer, mal schneller wieder ab. Rassismus wirkt aber natürlich überall und jeden Tag. Die rassismuskritische Forschung weiß schon lange: Es gibt keine rassismusfreien Räume. Das erscheint auch dann schnell logisch, wenn wir davon ausgehen, dass wir alle rassistisch sozialisiert sind.

Rassismus ist eine strukturell verankerte Diskriminierungsform und keine Meinung. Immer wieder hört man Sätze wie: »Ich habe es nicht rassistisch gemeint«. Aber:

Rassismus definiert sich über den Effekt und nicht über die Intention. Die Intention spielt demnach auf jeden Fall eine Rolle für die Beziehungsebenen zwischen Individuen, ist aber irrelevant, wenn es darum geht, etwas als rassistisch oder nicht rassistisch einzuordnen. Das Beispiel ist so alt wie die Rassismuskritik selbst, aber hier noch einmal zur Verdeutlichung: Wenn ich dir auf den Fuß trete und dich damit verletze, dann hat die Intention, mit der ich auf deinen Fuß getreten bin, keine Auswirkung auf die Schwere der Verletzung. Höchstens darauf, ob wir anschließend noch Freund*innen sind oder nicht. Dies ist auch der Grund dafür, warum ich dich in diesem Buch mitnehmen möchte und begleiten. Denn auch wenn deine Intention eine gute sein kann (und daran möchte ich glauben!): Du musst Rassismus als System verstehen lernen und auch deine Position innerhalb dieses Systems, um es dann – gemeinsam mit möglichst vielen Menschen – dekonstruieren zu können. Im Kleinen und im Großen.

Hard Facts in Kürze

- Rassismus ist eine von vielen verschiedenen Diskriminierungsformen.
- Rassismus ist: Rassifizierung plus Macht.
- *Weiße* Menschen profitieren von Rassismus, BIPoC sind negativ von Rassismus betroffen.
- Rassismus wirkt sowohl individuell als auch institutionell, strukturell und als Ideologie.
- Rassismuskritik ist weder ein Trend, noch ist Rassismus eine Meinung.

Privilegien und so

Ein Workshop in einem Staatstheater in einer großen Stadt in Deutschland. Vor uns sitzen zehn *weiße* Männer zwischen vierzig und fünfzig und eine *weiße* Frau. Es sind die Intendanz, die Chef-Dramaturgie, die technische Leitung, die leitenden Regisseure.

Es ist kein leichter Workshop. Die Abwehr ist schon vor Beginn deutlich als dicke Wolke im Raum zu spüren. »Wie ein Therapie-Kreis hier!« Der Intendant versucht hochrot und mit einer gehörigen Portion unterdrückter Wut klarzumachen, dass Rassismus an seinem Theater kein Thema war und nie sein wird.

Als ich die Teilnehmenden frage, ob sie glauben, dass *Weiß*sein gesellschaftlich von Vorteil ist, machen sie ihrer Empörung Luft: »Also mal ehrlich, Privilegien? Vorteile? Natürlich gibt es Rassismus. Der ist auch schlimm. Aber das hat ja nichts mit mir zu tun, und Vorteile verschafft es mir nun wirklich nicht. Und es gibt schließlich auch Vorteile, wenn man Schwarz ist. Wenn ich mich bei *König der Löwen* bewerbe, dann habe ich als *weißer* Mensch nämlich ganz schlechte Karten!«

Das ist keine verwunderliche Aussage. Na ja, das mit dem *König der Löwen* ist auch für uns als Workshopteam damals eine Premiere. Aber dass Menschen einerseits zwar die Diskriminierung erkennen, aber nicht verstehen, dass auf der anderen Seite der Diskriminierung ein Privileg steht, ist nicht selten.

Privilegien und Diskriminierung sind zwei Seiten derselben Medaille. Bitten wir Menschen im Workshop, mal eine Liste ihrer *weißen* Privilegien zu machen, kommen sie oft auf die großen Dinge. Der deutsche Pass. Das Reisenkönnen. Die kapitalistischen Ausbeutungsströme des globalen Nordens gegenüber dem globalen Süden. Vielleicht noch Rassismus auf dem Arbeits- oder Wohnungsmarkt.

Selten kommen sie auf die kleinen alltäglichen Dinge. Und das ist nicht verwunderlich, denn diese erscheinen im eigenen Leben und Erleben unwichtig. Sie kommen meistens nicht als Medaillen daher. Niemand sagt feierlich: »Hier ist dein gesellschaftliches Privileg.« Denn diese sind meistens damit verbunden, dass wir über etwas NICHT nachdenken müssen. Uns KEINE Sorgen über etwas machen müssen. NICHT vor etwas Angst haben müssen. Ich sage »wir«, weil auch ich viele verschiedene gesellschaftliche Privilegien habe. Unter anderem als Akademikerin oder als Heterosexuelle. Und auch ich musste diese Privilegien bewusst erkennen lernen und tue es noch.

Hier eine kleine Auswahl an *weißen* Privilegien, damit du weißt, wovon ich spreche:

1. Ich kann mir aussuchen, ob ich mich mit Rassismus auseinandersetzen möchte oder nicht.
2. Wenn ich Leute neu kennenlerne, wundert sich niemand über meine Deutschkenntnisse.
3. Ich muss mich nicht dauernd dafür rechtfertigen, in meinem eigenen Land zu leben.
4. Ich kann abends in einen Club gehen, ohne dass ich Angst haben muss, dass ich als *weiße* Person nicht reingelassen oder misshandelt werde.
5. Wenn ich eine schlechte Glaubwürdigkeit als Vorgesetzte*r habe, kann ich sicher sein, dass mein *Weiß*sein nicht das Problem ist.

6. Ich kann zu einem Treffen zu spät kommen, ohne dass meine Verspätung meinem *Weiß*sein zugeschrieben wird.
7. Ich kann einen Job in einer Firma mit Quotenregelung annehmen, ohne dass meine Kolleg*innen meinen, ich hätte ihn aufgrund meines *Weiß*seins bekommen.
8. Ich kann mir Sorgen über Rassismus machen, ohne als eigennützig zu gelten.
9. Wenn mich ein*e Polizist*in an den Straßenrand winkt, kann ich sicher sein, dass ich nicht aufgrund meines *Weiß*seins ausgewählt wurde.
10. Ich werde nie gebeten, für alle *weißen* Menschen zu sprechen.

Du kannst Privilegienlisten auch im Internet finden.

Was nun, fragst du dich vielleicht? Richtig. In diesem Buch soll es darum gehen, wie du im Alltag Privilegien bewusst nutzen oder teilen kannst.

Mythen um Rassismus debunked

»Es geht euch nur um Schuld!«

> »Der *weiße* Mensch wird mit dem Makel des Rassismus geboren, an seiner Wiege steht die Ursünde des Kolonialismus. Niemand kann sich von dieser Schuld frei machen oder freisprechen. Es gibt kein Entrinnen. Wir sind Nachfahren der Sklavenhändler und daher Kinder des Sündenfalls. Der Rassismus ist uns gewissermaßen eingepflanzt. Wir atmen und wir leben ihn, weshalb uns nur übrig bleibt, dies als Tatsache zu akzeptieren. Wer wie der grüne Parteivorsitzende Robert Habeck dazu auffordert, den Rassismus aktiv zu verlernen, ist bestenfalls naiv. Wer seine Verstrickung leugnet, beweist damit, wie virulent der rassistische Gedanke in ihm ist.
> Am Anfang der Besserung steht deshalb die Schuldanerkenntnis. Es ist ein bisschen wie im Bußgottesdienst: Der Weg zur Erlösung führt über die Beichte und die Bitte um Vergebung der Sünden. Wer hartnäckig darauf besteht, bei ihm sei nichts zu finden, riskiert Zurechtweisung – oder die Exkommunikation.«[9]

Dieser »interessante« Text stammt, wie du dir denken kannst, nicht von mir. Er ist von dem Journalisten und Autoren Jan Fleischhauer. Ich habe schon viele Mails erhalten, die in eine ähnliche Richtung gehen. Oft habe ich nicht die Kapazitäten, einzeln darauf zu antworten, daher möchte ich es nicht nur in Workshops, sondern auch hier noch einmal tun: Mir geht es in dieser Situation nicht um Schuld und Scham. Es ist nicht das, worauf ich hoffe, wenn ich mit *weißen* Menschen ins Gespräch gehe, wenn ich sie mitnehme in eine rassismuskritische Auseinandersetzung. Ich weiß allerdings, dass im Rahmen des Prozesses unterschiedliche Gefühle auftreten können und es auch tun. Darunter sind auch Gefühle wie Schuld und Scham. Dies ist nicht verwunderlich. Beim Nachdenken über die großen Ungerechtigkeiten dieser Welt, beim Kennenlernen der eigenen (unverdienten) Privilegien, bei der Erkenntnis um das Ausmaß von Rassismus kann es zu Scham- oder Schuldgefühlen kommen.

Ich finde es zwar durchaus wichtig, alle Gefühle, die in deinem Prozess aufkommen, bewusst wahrzunehmen, aber ich halte die Verhaftung in Schuld und Scham für hinderlich. Ja, wir alle wurden rassistisch sozialisiert. Ja, *weiße* Menschen profitieren von einem rassistischen System, und BIPoC sind negativ von diesem System betroffen. Ja, das ist die Welt und die Schieflage, in die wir hineingeboren wurden. Ein Schuld- oder Schamgefühl deswegen kann aufkommen, aber in der Konsequenz lähmt es dich. Es führt eher dazu, dass du die Dinge verdrängen willst, nicht mehr sehen oder ignorieren.

Worum es meiner Meinung nach vor allem gehen sollte, ist Verantwortung. Verantwortung zu übernehmen, diese Welt mitzugestalten. Die Verantwortung, dein Bestes zu tun, um diese Welt ein wenig gerechter zu hinterlassen, als du sie angetroffen hast. Die Privilegien, die du hast, dafür zu nutzen. Hinzuschauen, auch wenn du lieber wegschauen möchtest. Zu handeln, auch wenn es bequemer ist, es nicht zu tun.

Denn in einem möchte ich Jan Fleischhauer recht geben: Es gibt kein Entrinnen. Auch nicht für die Menschen, die tagtäglich in einer Welt leben, die ihnen die Menschlichkeit abspricht, weil sie sie nicht als die von Rassismus Privilegierten betreten haben, sondern als die, die negativ von ihm betroffen sind.

»Auch weiße Menschen erfahren Rassismus«

Die kurze Antwort ist: Nein.

Die lange Antwort ist: Nein. Denn *weiße* Menschen profitieren täglich von Rassismus als Struktur, sowohl im Kleinen als auch im Großen. Du erinnerst dich an die damals angelegte Hierarchie zur Legitimierung von ökonomischer Bereicherung? *Weiß*sein war und ist immer an der Spitze dieser Hierarchie. Natürlich könnte ich sagen: »Du blöde *weiße* Person. Du Alman, du Kartoffel.« Das wäre für die *weiße* Person nicht cool. Es wäre sicher auch schmerzhaft, je nachdem, wie ernst ich das meine. Rassistisch ist es dennoch nicht.

Erinnerst du dich an die Checkliste von oben? Lass sie uns doch einmal auf Rassismus und die Aussage: »Du blöde *weiße* Kartoffel« anwenden:

1. Wirkt diese Richtung der Diskriminierung individuell von Person zu Person? **JA**
2. Wirkt diese Form der Diskriminierung institutionell/strukturell – also wird die Personengruppe anhand der Kategorie im Bildungsbereich, im Gesundheitssystem, auf dem Wohnungs- und Arbeitsmarkt, im Rechtssystem usw. diskriminiert? **NEIN**

3. Gibt es Sprache und Bilder in Werbung, Filmen, Zeitschriften, Büchern, Schulbüchern, die diese Form der Diskriminierung reproduzieren und zementieren? **NEIN**
4. Gibt es eine lange Historie dieser Diskriminierungsform? **NEIN**
5. Gibt es eine Ideologie in Bezug auf diese Diskriminierungsform? **NEIN**

Gesellschaftliche Diskriminierungsformen lassen sich nicht umdrehen.

Noch ein Beispiel aus einer anderen Diskriminierungsform gefällig? Stell dir eine Workshopgruppe mit überwiegend Frauen vor und lediglich ein bis zwei Männern. Diese Frauen können natürlich für diesen Workshoptag beschließen, dass sie die anwesenden Männer ausgrenzen aufgrund der Tatsache, dass sie Männer sind. Sie auslachen, ihnen Kaffee verwehren und nur Wasser erlauben und so weiter. Je nachdem, wie ernsthaft das durchgezogen wird, kann das natürlich eine ziemlich doofe Erfahrung für diese Männer werden. Sobald die Männer aber den Raum verlassen oder wenn der Workshop beendet ist, haben die Frauen nicht den Hauch einer Chance, diese Form der Diskriminierung den Männern gegenüber aufrechtzuerhalten. Geschweige denn, sie zu erweitern auf die Männer in dem Viertel, der Stadt, dem Land, der Welt.

Sie können keine jahrhundertelange weltweite Geschichte des Patriarchats in ein Matriarchat umwandeln. Sie können keinen Gender-Pay-Gap entwickeln, nach dem Männer dann auf einmal 19 Prozent[10] weniger verdienen als Frauen. Sie können nicht dafür sorgen, dass jeder zweite Mann in Deutschland von sexueller Belästigung durch Frauen betroffen ist.[11] Sie haben also keine institutionelle Macht, und es gibt keine historische oder ideologische Komponente.

Fazit: Du als *weiß*er Mensch kannst natürlich negativ sowohl von individuellen oder auch von institutionellen Diskriminierungsformen betroffen sein. Zum Beispiel von Homofeindlichkeit, von Transfeindlichkeit, von Klassismus, von Sexismus – Rassismus ist keine davon.

Immer wieder erzählen uns *weiße* Menschen, wie sie in Kenia, Jamaika oder Brasilien waren und dort Rassismus gegen *weiße* Menschen erlebt hätten. Sie seien erstmals als einzige *weiße* Person in der Minderheit gewesen. Menschen seien unfreundlich gewesen, sie seien zum Beispiel in Asien »Langnase« genannt worden oder hätten auf dem Markt mehr bezahlen müssen als Einheimische. Auch das ist kein Rassismus. Solltest du gerade tief Luft holen, mach das, und dann lies gern weiter und lass uns das in Ruhe anschauen.

1. Die Umkehr von Mehrheitsverhältnissen ist noch kein Rassismus. Als *weiße* Person aus Deutschland zum Beispiel bist du es gewohnt, dich immer und überall repräsentiert zu sehen, immer mit anderen *weißen* Menschen in der Mehrheit zu sein. Wenn du jetzt mitunter zum ersten Mal erlebst, dass dies nicht der Fall ist, kann das ungewohnt sein, ist aber kein Rassismus.
2. Dass Menschen unfreundlich sind, nicht einladend oder auch aggressiv, ist sicherlich kein schönes Gefühl, aber es ist kein Rassismus. Es kann natürlich sein, dass unverdiente gesellschaftliche Privilegien Wut, Missgunst oder Frust auslösen.
3. Ein Begriff wie »Alman« oder auch »Whitey« oder andere ähnliche Begriffe wirken vielleicht beleidigend oder nicht schön. Rassistisch sind sie nicht, da die historische und gesellschaftliche Machtebene fehlt. Es stehen keine jahrhundertelange gesellschaftliche

Entmenschlichung und Unterdrückung **aufgrund der Kategorie *Weiß*sein** dahinter.[12]

4. In allen Ländern, die mit der Maafa und der anschließenden Kolonialisierung in Berührung gekommen sind, wirkt die koloniale Hierarchie, in der *Weiß*sein an der gesellschaftlichen Spitze steht. Es wirken ein *weißes* Schönheitsideal und *weiße* Privilegien.

Ein kurzes Stichwort zu Südafrika, denn ich weiß, dass da draußen ein*e Leser*in ist, der*die jetzt denkt: »… aber in Südafrika, da werden *weiße* Menschen unterdrückt, da erleben *weiße* Menschen Rassismus.«

Nein, tun sie nicht. Südafrika hatte eines der schlimmsten und grausamsten rassistischen Regime der Welt. *Weiße* Menschen kamen dorthin, nahmen das Land in Beschlag und bauten eine Unterdrückungsstruktur auf, die die Schwarze Mehrheitsbevölkerung ausbeutete, verarmen ließ und tötete. Und bis heute gibt es eine große Ungleichverteilung von Reichtum und Ressourcen. Es wird versucht, unter anderem durch staatliche und institutionelle Maßnahmen wie Quoten, diese Machtungleichheit aufzuarbeiten. Der Rassismus in Südafrika wirkte und wirkt weiterhin gegen Schwarze Menschen, nicht gegen *weiße* Menschen. Auch wenn es dagegen immer Widerstand gab und gibt.

»Du hasst weiße Menschen, Tupoka«

Gelegentlich wird mir unterstellt, ich würde *weiße* Menschen hassen. Manchmal reicht es schon, das Wort *weiß* auszusprechen, und die Wellen schlagen hoch. Aber ich kann Entwarnung geben: Nein, ich hasse *weiße* Menschen nicht. Ich habe eine große Wut auf das Phänomen *Weiß*sein. Ich hasse das, was Rassismus mit dieser Welt und den Menschen, die darin leben, gemacht hat und täglich weiterhin tut. Ich hasse auch, dass Rassismus versucht, mich von meiner Mutter zu trennen. Ich hasse, dass ich schwierige Gespräche mit Familienmitgliedern haben muss aufgrund von Rassismus und *Weiß*sein. Ich hasse, dass Rassismus sich in Partner*innenschaften drängt, dass er versucht, mein Kind von seinen *weißen* Freund*innen zu trennen. Ich hasse das. Aber ich hasse nicht per Default alle Individuen, die in dieses System hineingeboren werden. Genauso wie ich nicht alle Männer hasse, aber sehr wohl das Patriarchat und was Menschen im Namen des Patriarchats angetan wurde und wird.

Es bricht mir das Herz zu wissen, was Rassismus mit Schwarzen Menschen, indigenen Menschen und People of Color gemacht hat und macht. Und übrigens hasse ich auch, was Rassismus mit *weißen* Menschen macht. Mich frustriert die rassistische Sozialisierung und das, was von Generation zu Generation an Botschaften und Denkmustern weitergegeben wird.

Und weißt du, ich wünsche mir, dass auch du als *weißer* Mensch wütend wirst darauf. Darauf, dass du in einer Welt lebst und von Dingen profitierst, die anderen verwehrt bleiben. Allein aufgrund deiner Positionierung als *weißer* Mensch.

Ich bin wütend auf Heteronormatismus und darauf, wie alle Menschen, die dieser Norm nicht entsprechen, unterdrückt, ausgegrenzt, übergangen und getötet werden. Ich bin wütend auf meine erlernten toxischen und diskriminierenden Gewohnheiten und Denkmuster. Diese Wut motiviert mich und treibt mich an.

Eine Bekannte von mir schrieb mir vor einiger Zeit eine Nachricht: »Sei doch nicht so wütend. Entspann dich mal wieder.«

Ich schrieb zurück: »Ich werde so lange wütend bleiben müssen, bis auch du und viele *weiße* Menschen genug Wut aufbringen, um diese Welt mit verändern zu wollen.«

Meine Frage an dich ist: Wo bleibt deine Wut?

»Dieses Gruppendenken von Schwarz und *weiß* ist genau das Gleiche, was Rassisten machen. ›Alter *weißer* Mann‹ ist auch ein rassistischer Begriff!«

Ich muss ein bisschen schmunzeln, während ich diese Zeilen schreibe, ich gebe es zu. Ich denke an höchst empörte ältere *weiße* Herren, die mit zitternder Unterlippe und roten Köpfen in Talkshows sitzen und innerlich fast explodieren. Ich schmunzele nur ein bisschen, versprochen. Ich bin nicht komplett empathielos. In diesem Fall möchte ich den Fleischhauers und von der Lippes und Martensteins eher ein »Ach, Schätzchen« entgegenrufen. Aber gut, lasst uns doch einmal durchatmen und erst mal die Begrifflichkeit selbst beleuchten. Weder alt noch *weiß* noch Mann zu sein, ist etwas Verwerfliches, richtig?

Ich nehme an, das »Altsein« und auch das »Mannsein« ist etwas, womit die meisten Menschen, denen es zugeschrieben wird, irgendwie bereits Frieden geschlossen haben oder zumindest auf dem Weg dahin sind. Meine These ist, dass das »*Weiß*sein« das ist, was die meiste Abwehr auslöst. Warum ist das so? Weil ein großes Privileg von *Weiß*sein ist, dass man sich nicht als *weiß* bezeichnen muss. Man muss noch nicht einmal wissen, dass man *weiß* ist. *Weiße* Menschen erleben zeit ihres Lebens, dass sie als Individuen wahrgenommen werden. Sie kennen es nicht, rassifiziert und als rassifizierte Gruppe markiert zu werden.

Nun, entgegen der oft allgemein vertretenen Meinung sind es nicht Schwarze Menschen, indigene Menschen und People of Color, die *Weiß*sein erfunden haben. Das waren *weiße* Menschen selbst. Gestattest du mir einen kleinen historischen Exkurs?

Vor dem transatlantischen Sklavenhandel gab es *Weiß*sein nicht. Zugehörigkeiten wurden über andere gesellschaftliche Gruppen navigiert, wie gesellschaftliche Klasse, Volks- und Religionszugehörigkeit. Auch als die ersten versklavten Menschen vom afrikanischen Kontinent in die USA verschleppt wurden, um 1619 herum, gab es den Gedanken einer *weißen* Rasse noch nicht. In Gesetzestexten und anderen Schriften war eher die Rede von Christen, wenn es um Sklavenbesitzer ging. Christentum galt als Privileg, welches nicht für versklavte Afrikaner galt. Sowohl versklavte als auch freie Afrikaner erkannten allerdings relativ schnell, dass der Status als Christ Zugang zu politischer Teilhabe und auch Freiheit bot. Hunderte versklavte Afrikaner ließen sich taufen. Das Wachstum einer freien Schwarzen christlichen Bevölkerung war eine Bedrohung für Sklavenbesitzer. In den 1690er-Jahren hatten Schwarze christliche Männer alle drei Voraussetzungen für die Mitgliedschaft in der herrschenden Klasse erreicht oder waren dabei, sie zu erreichen.

Als Schwarze Männer der politischen Autorität immer näher kamen, änderten die englischen Kolonisten die Regeln. Wenn versklavte Völker nicht christlich waren, benutzten die Kolonisten die Religion, um die Unterdrückung zu rechtfertigen. »Als versklavte und ehemals versklavte Menschen konvertierten, änderten die Kolonisten die Sprache in ihren Gesetzesbüchern, um das Wort ›christlich‹ durch das Wort ›weiß‹ zu ersetzen. Das war absichtlich und strategisch.«[13] Eine andere Quelle beschreibt die Erschaffung der »*weißen* Rasse« als eine Methode der sozialen Kontrolle in Reaktion auf Arbeiterunruhen, bei denen sowohl afrikanische als auch europäische Arbeiter gemeinsam rebellierten. »Durch die Unterscheidung zwischen europäischen Amerikanern und Afroamerikanern innerhalb der Arbeiterklasse setzten *weiße* Privilegien den Mythos der *weißen* Rasse über die Jahre hinweg durch und waren von zentraler Bedeutung für die Aufrechterhaltung der Herrschaft der herrschenden Klasse über die gesamte Arbeiterklasse.«[14] *Weiß*sein war geboren. Die absurden wissenschaftlichen Untermauerungsversuche in Form von Rassentheorien der nächsten Jahrhunderte verfestigten *Weiß*sein als die vermeintliche Norm, die vermeintliche Spitze der menschlichen Zivilisationspyramide.

Also, *weiß* sein bedeutet ebenso eine Zugehörigkeit zu einer sozialen Gruppe wie alt oder männlich sein. *Weiß* und männlich sein sind beides Kategorien, die gesellschaftliche Privilegiertheit bedeuten. Anders ausgedrückt: Weder das *Weiß*sein noch das Mannsein sorgt im Alltag für Barrieren oder Ausschluss. Auch wenn die Einzelkategorie »alt« mit Benachteiligung im Kontext Altersdiskriminierung einhergehen kann, ist an den Gesamtterminus »alter weißer Mann« kein gesellschaftlicher Ausschluss geknüpft. Kein Gehaltsverlust, kein Statusverlust, keine Zugänge verschließen sich und keine Ressourcen gehen verloren. Im Gegenteil, diese »*weißen* alten Männer« sitzen oft an den zentralen Schaltstellen von Gesellschaft und

Teilhabe. Sie leiten Redaktionen, haben große Kolumnen in bekannten Tages- oder Wochenzeitungen, sind Talkshowhosts, CEOs von Konzernen oder Politiker. Das bedeutet aber eben auch ein Fehlen von erlebter institutioneller Diskriminierung. »*Weiße* alte Männer« wissen nicht, wie sich institutionelle Diskriminierung als nicht *weiße* Person oder als Mensch, der kein (cis)-Mann ist, anfühlt. Diese Unkenntnis ist so groß, dass allein die Benennung von sozialen Kategorien Abwehr und die oben beschriebene Empörung auslöst. Aber natürlich ist an »alter *weißer* Mann« auch eine Kritik und eine gewisse Zuschreibung geknüpft. Diese Zuschreibung liegt darin, dass *weißen* alten Männern unterstellt wird, dass sie die unverdienten Privilegien, die ihnen *Weiß*sein und Männlichsein verliehen haben, nicht anerkennen und reflektieren. Dass sie durch fehlende Selbstreflexion aktiv ein System aufrechterhalten, das andere ausschließt und unterdrückt. Und dass sie dies mit einer gewissen Ignoranz und Larmoyanz, also einer gewissen Wehleidigkeit tun. Wenn ich mir die vor Selbstmitleid triefenden Kolumnen der entsprechenden Herren anschaue, komme ich leider auch nicht ganz umhin, diese Zuschreibung für mich bestätigt zu sehen.

Dennoch möchte ich an dieser Stelle ganz klar und deutlich sagen: Ich bin überzeugt, dass es »*weiße* alte Männer« gibt, die sehr aktiv als starke Verbündete im Kampf gegen Rassismus und Sexismus auftreten. Übrigens haben diese bestimmt genug Selbstironie, um über diesen Terminus zu schmunzeln und gleichzeitig die darin liegende Kritik zu reflektieren und zum Anlass zu nehmen, um weiter zu lernen.

»Ich habe einen Schwarzen Freund, ich kann nicht rassistisch sein!«

Wenn es so was wie »racist Oldies« gäbe, dann wäre dieser Mythos sicher irgendwo unter den Top 3. Garantiert holt in diesem Moment irgendwo eine empörte *weiße* Person das Argument des Schwarzen Freundes hervor, um zu zeigen, wie wenig rassistisch sie ist. Wahlweise werden dafür auch Schwarze Partner*innen oder Kinder bemüht. Ich bezweifle nicht, dass es sie gibt. Diese Schwarzen Menschen im Leben dieser *weißen* Person. Abgesehen davon, dass ich persönlich es höchst problematisch finde, diese für die eigene Abwehr zu instrumentalisieren, hält das Argument leider nicht stand.

Das wäre in etwa so, als wenn die Tatsache, dass Männer auch mit Frauen zu tun haben – befreundet sind, in Beziehung leben oder Töchter haben –, Beweis genug dafür wäre, dass diese nicht sexistisch sein können. Und das ist – gelinde gesagt – absurd.

Die Nähe zu Menschen, die Rassismus erleben, macht dich nicht immun dagegen, selbst rassistisch zu agieren.

Dennoch wird diese Rechtfertigung immer und immer wieder aus ihrer verstaubten Ecke hervorgeholt. Oft sogar, wenn die Person bereits etwas Rassistisches gesagt oder getan hat. Was das Ganze in meinen Augen noch absurder macht. So sagte mir eine *weiße* CEO einer Firma, nachdem sie mehrfach das N-Wort benutzt habe und dafür nun kritisiert worden war, sie habe schließlich ein Schwarzes Kind. Ich kann dir sagen: Zu viele Schwarze Erwachsene können leider ein Lied davon singen, wie viel Rassismus sie in ihrer Kindheit ausgesetzt waren – auch und oft primär durch ihre eigenen Eltern.

Dazu kommt, selbst wenn du eine gute, liebevolle Beziehung zu einer Schwarzen Person hast – was natürlich durchaus sein kann:

Einen tatsächlich rassismuskritischen Anspruch zu haben, bedeutet eben nicht nur, die Menschen »gut zu behandeln«, die man kennt, schätzt oder liebt. Denn das ist bequem. Es bedeutet, sich für die Gleichbehandlung und gegen die Unterdrückung von allen BIPoC einzusetzen. Auch die, die du nicht kennst, nicht magst oder sogar ablehnst.

Also: Bitte benutze die Menschen in deinem Umfeld nicht dafür, dich selbst reinwaschen zu wollen. Nutze die Verbindung zu ihnen – wenn überhaupt – dafür, zu lernen, zuzuhören, dich selbst zu reflektieren und dich als verbündete Person im Kampf gegen Rassismus zu positionieren.

Als BIPoC in Deutschland leben – Ein Perspektivwechsel

Für die folgenden Seiten wünsche ich mir, dass du dir einen ruhigen Ort suchst, sie bewusst und langsam liest. Gern kannst du dir die folgenden Statements mit einer Person deines Vertrauens gegenseitig vorlesen.

Wichtig! Versuch dabei nicht in die Abwehr zu gehen oder das Geschriebene zu diskreditieren oder zu relativieren.

Die folgenden Aussagen bieten dir einen Perspektivwechsel. Was bedeutet es, als Schwarzer Mensch, indigene Person oder Person of Color in Deutschland zu leben?

Im November 2020 fragte ich meine rassismuserfahrenen Follower*innen:

»Can we dream, just a little? Liebe BIPoC-Geschwister, stellt euch vor, wir wachen morgen in einer rassismusfreien Welt auf. Was ist mit das Erste, was du tust oder eben gerade nicht mehr tust? Schreibt mir eure Vision in die Comments!«

Hier teile ich mit dir einige der über zweihundert Kommentare:

»Ein Haus im Osten kaufen.«

»Ich mache mir dann keine Sorgen mehr, dass meine Kinder auf dem Schulhof ausgegrenzt werden. Ich muss dann auch keine Briefe mehr an Lehrer*innen schreiben, die wieder mal meinen Kindern im Unterricht gesagt haben: ›So ist das in Afrika ...‹ So viel Zeit und Energie würde ich sparen können.«

»Aufatmen ... und mich freuen über die Möglichkeit, ohne ›Angst‹ reisen zu können.«

»Meinen Kindern Rassismus und dessen Auswirkungen nicht erklären zu müssen.«

»An der Ostsee Urlaub machen.«

»Keine Nachrichten über rassistische Gewalt mehr lesen müssen.«

»Ich würde mich wirklich willkommen, sicher und als Teil der Gesellschaft und zu Hause fühlen.«

»Ich glaube, dann würde ich mich endlich richtig frei fühlen. Zu wissen, dass auch für uns alles möglich ist.«

»Endlich durchatmen und keine Angst mehr haben, Bewerbungen zu schreiben, zu Vorstellungsgesprächen zu gehen oder vor der Wohnungssuche, keine Angst mehr vor Behördengängen, oder einfach mal bei Social Gatherings nicht jederzeit auf der Hut zu sein oder Angst zu haben.«

»Ich schwäbel nicht mehr auffällig, um hier in der Gemeinde mehr akzeptiert zu werden.«

»Mein Freund könnte ohne Visum nach Deutschland reisen. Wir müssten uns nicht Strategien gegen White Gaze überlegen, sondern könnten frei unsere Beziehung zelebrieren.«

»Nicht mehr so erschöpft sein. Wir müssen ständig so viel Energie investieren in den Gedanken, wo gehe ich genau hin? Wer ist sonst noch so dabei? Wen muss ich über Rassismus aufklären? Muss ich schon wieder beweisen, dass ich in diesem Raum mehr Platz verdiene? Wie kann ich überhaupt ernst genommen werden? Mich würde interessieren, was ich mit dieser gesparten Energie sonst so erreichen könnte.«

»So laut lachen, wie ich will!«

»In Jogginghose und ohne Ausweis zum Supermarkt und in andere Läden gehen, da durch laufen und entspannt ohne etwas gekauft zu haben wieder rausgehen.«

»Mit Freude dem Kind beim Alphabet lernen helfen, weil bei I nur Igel steht.«

»Eine Datsche in Brandenburg mieten.«

»Ich müsste nicht immer so sehr aufpassen, dass meine Kinder sich überdurchschnittlich gut benehmen, damit sie nicht auffallen.«

»Vielleicht aufs Land ziehen?«

»Dass Schüler*innen nach Leistung und nicht nach Herkunft benotet werden.«

»Aufatmen.«

»Ich kann mir gar nicht vorstellen, wie es sich anfühlen würde, wenn diese enorme Anspannung, die sich in Körper und Seele festgesetzt hat, nachließe. Vielleicht würde ich erstmal laut auf der Straße singen und tanzen.«

»Ich würde mich für meinen Wunschstudiengang bewerben.«

»Ich würde in richtig viele *weiße* Räume reinlaufen ohne Angst vor Rassismuserfahrungen, auf ein Date gehen ohne Angst vor Exotisierung und Fetischisierung.«

»Bei der Arbeit und in der Schule nicht immer Angst haben, dass jemand etwas Rassistisches sagt und somit eine Diskussion beginnt.«

»Alleine durch Deutschland reisen und keine Angst mehr haben. Bei irgendeiner Art der Zurückweisung oder Unhöflichkeit nicht sofort an Rassismus denken müssen.«

»Ohne Angst neue Leute kennenlernen.«

»Einen Raum betreten, ohne ihn als Erstes nach potentiellen Gefahren oder Verbündeten abzuspannen.«

»Ich hätte keine Angst mehr um meine Familie. Keine Angst vor jedem Anruf, dass etwas passiert sein könnte.«

»Stolz mein Kopftuch tragen, in welchen Raum ich auch gehe, ohne Tage vorher überlegen zu müssen, wie ich es binden muss, damit es nicht zu aufdringlich wirkt! Einfach ich selbst sein können und mich kleiden, wie ich es liebe und mag. Ohne dafür angestarrt oder als nicht intelligent, sprachlos, unterwürfig etc. zu gelten.«

»Vielleicht wäre Sachsen dann nicht mehr nur das Bundesland, in dem ich geboren bin, sondern auch ein bisschen mehr zu Hause.«

»Ich glaube, ich könnte erstmal so richtig ausatmen. Ohne Wut.«

»Keine Sorge zu haben, die Familie des *weißen* Partners kennenzulernen und dabei über die Herkunft ausgefragt zu werden.«

»Ich würde gern mit dem Zug durch Deutschland fahren und mir Dresden, Weimar, Rostock und Cottbus anschauen. Oder auch nur einen kurzen Trip in den Harz machen. Ich würde auch gern nach Budapest oder St. Petersburg oder Moskau.«

»Weniger Angst und Sorgen um meine Kinder, die bereits 22 und 23 sind, haben. Mit Leichtigkeit leben, ohne mich erklären oder verteidigen zu müssen. Einfach sein.«

»Ich würde mir meinen Wohnort nach Gefallen und nicht nach Duldungsgrad aussuchen. Ich würde mit meinem Sohn auf der Wiese hinterm Haus auf und ab rennen, bis uns die Puste ausgeht, ohne Angst, dass alle starren.«

»Bei der Arbeit nicht ständig erklären zu müssen, dass ich nicht die Praktikantin/Reinigungskraft, sondern die Ärztin bin.«

»Ich hätte keine Angst mehr, Kinder zu bekommen, damit diese nicht dasselbe durchmachen müssten wie ich. Ich müsste nicht mehr kämpfen.«

»Nicht mehr enttäuscht von Freunden, Familie und Kollegen sein.«

»Nicht mehr im Namen meines Mannes auf Wohnungssuche gehen.«

»Meinem Kind nicht mehr eintrichtern zu müssen, dass es sich unauffällig verhalten muss, um nicht rassistisch beleidigt zu werden.«

»Einfach mal nur 100 % statt 200 % geben und dennoch gerecht bewertet werden.«

»Ich stelle mir vor, ich wäre weich, sanft, verletzlich und friedlich gestimmt.«

»Ich würde mich endlich genug fühlen. Nicht immer das Gefühl haben, noch mehr machen zu müssen, schon wieder kämpfen und mich beweisen zu müssen. Schon wieder mein Dasein verteidigen zu müssen. Sondern endlich einfach nur sein. Und dann rausgehen und dieses Sein genießen, ohne Starren, ohne verletzende Fragen, ohne kategorisiert zu werden, ohne Kopfzerbrechen, ohne Angst.«

Wer oder was ist ein Ally?

Der Begriff »Ally« – auf Deutsch: Verbündete*r – ist seit einiger Zeit in aller Munde. Leider glauben viele, dass es reicht, eine Instagram-Story zu reposten oder eine Petition auf Facebook zu teilen, um den Begriff Ally für sich in Anspruch zu nehmen. Du ahnst es: So leicht ist das natürlich nicht. Ally sein ist auch kein Titel, den Menschen einer dominanten Gruppe sich selbst geben können. Ally sein zeigt sich in der Handlung, und der Effekt der Handlung oder des Supports definiert das Allysein oder eben auch nicht. Die Aktivistin Roxane Gay schreibt:

»Schwarze Menschen brauchen keine Verbündeten. Wir brauchen Menschen, die aufstehen und die Probleme der Unterdrückung als ihre eigenen auffassen, ohne sich zu entfernen oder Distanz zu wahren. Wir brauchen Menschen, die dies tun, auch wenn sie nicht vollständig verstehen können, wie es ist, rassistisch unterdrückt zu werden. Wir brauchen Menschen, die ihren gesunden Menschenverstand einsetzen, um herauszufinden, wie sie an sozialer Gerechtigkeit teilhaben können.«

Ich selbst benutze den Begriff Ally. Doch eines muss klar sein: Ally sein ist kein Abzeichen, das du dir – ähnlich wie die Plakette »Schule ohne Rassismus« – als Sticker irgendwo auf deinen Laptop kleben und dich dann zur Ruhe setzen kannst. Ein Ally ist auch nicht nur dann ein Ally, wenn die Person dafür belohnt wird, im Rampenlicht steht oder in den sozialen Medien Likes erhält.

Wenn ich ehrlich bin, würde ich eigentlich lieber von einer »allying« beziehungsweise »sich verbündenden«

Person sprechen. Um klarzumachen, dass es sich dabei um ein Verb handelt – und zwar ein aktives. Denn: Allyship ist etwas, das du aktiv tust – kontinuierlich und jeden Tag. Allyship ist aus meiner Perspektive auch nicht primär das Unterstützen von Schwarzen Menschen, sondern zuallererst der Kampf gegen das rassistische System. Allyship bedeutet, dass du als *weiße* Person Rassismus aktiv den Kampf ansagst, weil du nicht in einer Welt leben möchtest, in der Rassismus existiert. Dieser Kampf passiert auf allen Ebenen und startet auf der Ebene der eigenen rassistischen Sozialisation.

In meiner Vorstellung hast du als Ally eine Riesenwut auf Rassismus, auf das, was Rassismus angerichtet hat in unserer Welt, darauf, wie du und die Menschen um dich herum rassistisch sozialisiert wurden und dies nun aktiv verlernen müssen. Darauf, wie Happyland dir vorgaukelt, dass alles gut ist, und du unbewusst Teil eines Systems bist, das deine Mitmenschen unterdrückt. Du hast eine Riesenwut im Bauch und kanalisierst diese in ein großes Gefühl von Verantwortungsbewusstsein. Den Willen, dich jeden einzelnen Tag bewusst dafür zu entscheiden, deinen Beitrag dafür zu leisten, dass dieses System Stück für Stück dekonstruiert wird.

Also noch einmal: Du kämpfst – nicht für Schwarze Menschen, Indigene und People of Color, sondern an ihrer Seite – gegen das rassistische System. Dabei ist dir bewusst, dass du innerhalb dieses Systems Teil der privilegierten Gruppe bist. Dass du strukturell, institutionell und auch persönlich von Rassismus profitierst.

Diese Privilegien gehen nicht davon weg, dass du weißt, dass du sie hast. Aber: Du kannst sie nutzen, um Räume zu schaffen, dich für Themen einzusetzen, Menschen an den Tisch zu holen, Platz zu schaffen und zu machen. Um Rassismen aufzudecken und zu benennen. Und darum geht es als *allying person*.

Kein Buch oder Kurs kann dich zu einem Ally machen. Das kannst nur du allein. Aber: Die Bücher und Kurse können dir die richtigen Tools an die Hand geben, dir wichtiges, rassismuskritisches Know-how vermitteln und dich ein Stück auf deiner rassismuskritischen Reise begleiten.

Bist du bereit? Dann lass uns loslegen!

II.

Das ganze Ausmaß *weißer* Zerbrechlichkeit

Wir müssen genauer über *White Fragility* (*weiße* Zerbrechlichkeit) sprechen. Denn sie ist quasi die Grenzschutzpolizei von Happyland. Gemeint ist die Abwehr, auf die ich – in meiner Arbeit, aber auch im Privaten – treffe, wenn ich Rassismus als Teil unserer Sozialisierung anspreche. Wenn ich benenne, dass Rassismus ein System ist, von dem *weiße* Menschen gesellschaftlich täglich profitieren und Schwarze Menschen und People of Color negativ betroffen sind. Diese Abwehr, die dafür sorgt, dass sich Diskussionen zum Thema Rassismus immer wieder daran aufhängen, ob Rassismus benannt werden darf, und zwar deshalb, weil das absolute individuelle Selbstbild von dem Urteil rassistisch/nicht rassistisch abhängt. Rassistisch = schlecht. Nicht rassistisch = gut.

Und weil das Begreifen einer jahrhundertealten tradierten rassistischen Geschichte und eines Systems,

- das in jedem Winkel unserer Gesellschaft wirksam ist und noch nicht einmal Halt macht vor den Kleinsten,
- das sogar besonders stark wütet in Bereichen, von denen wir oft meinen, dass sie geschützte Bereiche seien, wie Kita oder Schule,
- das auch nicht Halt macht vor unseren Wohnzimmern, unseren Partner*innenschaften und unseren Familien,

weil das Begreifen, die Erkenntnis, die Bewusstmachung dieses grausamen, entwürdigenden und entmenschlichenden Systems zuerst einmal niederschmetternd sein kann.

White Fragility will genau davor schützen. Vor der Erkenntnis der eigenen Privilegiertheit und vor dem Mitverantwortlichsein für ein System, das die eigenen Mitmenschen und manchmal sogar die Liebsten um einen herum unterdrückt und verletzt. Wird rassistisches Verhalten oder eine rassistische Aussage nun benannt, droht das *weiße* Equilibrium, das *weiße* Gleichgewicht, ins Wanken zu geraten. Es kommt zu einer Irritation. Zu einer Erschütterung des Status quo.

Die darauf folgende Abwehr kann unterschiedliche Gesichter haben. Einige werden wir uns in diesem Buch genauer anschauen und gemeinsam überlegen, was du tun kannst, um sie für dich zu verstehen und zukünftig eine andere Perspektive einnehmen zu können.

Die *weiße* Antirassismusforscherin Robin DiAngelo nennt White Fragility auch »weaponized defensiveness – bewaffnete Verteidigungshaltung« und »weaponized hurt feelings – bewaffnete Verletzlichkeit«.[15] Das Ansprechen von Rassismus oder auch nur dessen Andeutung triggert das *weiße* fragile Selbst und ruft dementsprechend eine heftige Reaktion hervor. In meinem Alltag empfinde ich White Fragility oft als eine Art »Schlange mit tausend Köpfen«. So unterschiedlich und vielschichtig ist die Art und Weise, mit der diese Zerbrechlichkeit transportiert werden kann.

Und ja, ich kann White Fragility als Reaktion irgendwie sogar verstehen. Auch ich habe bereits »fragil« reagiert in Situationen, in denen ich auf meine eigenen gesellschaftlichen Privilegien in anderen Bereichen hingewiesen wurde. Ich kenne das Gefühl. Aber der Effekt ist ein Stillstand in der Diskussion. Ein Verenden des Diskurses.

Robin DiAngelo sagt dazu: »*Weiße* Zerbrechlichkeit ist ›white racial bullying‹, ›*weißes* rassifizierendes Mobbing‹«. Sie schreibt: »Wir machen es People of Color so schwer, mit uns *weißen* Menschen über Rassismus zu reden, dass sie es so gut wie gar nicht tun. Wir müssen verstehen, dass die meisten PoC, die in mehrheitlich *weißen* Umfeldern leben und arbeiten, weit mehr tägliche Ablehnung, Verletzungen und Beleidigungen mit nach Hause nehmen, als sie sich die Mühe machen, darüber zu reden. Denn ihre Erfahrung ist: Sie werden mehr Bestrafung riskieren. Sie setzen die Beziehung aufs Spiel. Ihnen wird die Erfahrung klein- und weggeredet. Sie werden bei der Person ein Gefühl des Angegriffenseins und Verletztseins auslösen. Und so funktioniert *weiße* Zerbrechlichkeit als so etwas wie die tägliche ›white racial control‹.«

In fast allen Situationen, in denen ich oder – schlimmer noch – meine Kinder Rassismus ausgesetzt sind – zum Beispiel im Kontext Schule –, erlebe ich eine Art inneres Einfrieren. Ich fange an, stundenlang über Strategien nachzudenken, wie ich das Thema ansprechen kann. Wie ich die Person konfrontieren kann. Wann der richtige Moment ist. Welche Tonlage ich wähle. Welche Worte. Nehme ich meine Mutter, die *weiß* ist, mit oder nicht? Gehen wir zu zweit – mein Mann und ich –, oder wirkt das zu konfrontativ? Spricht er zuerst oder ich?

Meine Angst bezieht sich nicht nur auf die unmittelbare Reaktion. Auf das Relativieren, das Emotionalisieren, das Wütendwerden oder auch die *White Tears*. Meine Sorge bezieht sich auf die wieder und wieder gemachte Erfahrung, welche Nachwirkungen White Fragility haben kann. Und damit bin ich nicht allein. So viele Schwarze Menschen und People of Color berichten uns in Workshops von ähnlichen Ängsten und Sorgen. Nicht selten führen sie dazu, dass wir Rassismus nicht benennen.

Ich habe das Glück, meine Perspektive auf öffentlichen Podien erzählen und teilen zu können. Aber meine Geschichte ist nur eine von vielen. Ich nehme an, nein, ich bin sicher, dass all die Geschichten der Schwarzen Menschen und People of Color, die du kennst, ganze Bücherbände füllen könnten.

Das Tragische an diesen Geschichten ist nicht ausschließlich der erlebte Rassismus. Auch wenn das jetzt schräg klingen mag: Ich habe mich wie die meisten Schwarzen Menschen, die ich kenne, fatalistisch damit abgefunden, dass Rassismus zu meinem Alltag, zu dem meiner Kinder und meiner Schwarzen/PoC-Geschwister gehört. Ich erwarte nicht, dass es nicht passiert. Ich weiß, dass meine Kinder, wenn ich sie in diese Welt hinausschicke, Rassismuserfahrungen machen werden. Was das Erleben von Rassismus für mich oft unerträglich macht und in mir eine perfide Ohnmacht auslöst, ist White Fragility.

White Fragility ist eng verknüpft mit Gefühlen. Die Vehemenz, mit der Menschen in die Abwehr gehen, wenn Rassismus zum Thema gemacht wird, hängt klar mit gefühlsgesteuerten Impulsen zusammen. Deshalb möchte ich hier die Behauptung aufstellen, dass Gefühle in diesem Kontext nicht neutral, sondern politisch sind. Sie lassen sich nicht loslösen von unseren moralischen Haltungen. Denn diese sind ja die Auslöser, die Gefühlen zugrunde liegen und die auch die Heftigkeit dieser Gefühle bestimmen. Haltung und Vorurteile werden auch geprägt durch gesellschaftliche Sozialisierung. Wenn ich also der Überzeugung bin, dass nur böse Menschen rassistisch sein können, werde ich dementsprechend wütend oder empört reagieren, wenn ich das Feedback erhalte, dass etwas, was ich gesagt oder getan habe, rassistisch sei. Diese Gefühle können sich im Laufe der Zeit verändern. Und zwar dann, wenn sich auch die darunterliegende Haltung ändert. Wenn eine Person sich länger mit Rassismus auseinandergesetzt hat und inzwischen weiß, dass sie rassistisch sozialisiert ist (und nicht per se ein*e böse Rassist*in), wird sie vielleicht auf die Rückmeldung, etwas Rassistisches gesagt oder getan zu haben, mit Gefühlen wie Trauer und Dankbarkeit reagieren, statt mit Wut, Empörung und Ablehnung.

Vielleicht kennst du diesen Gefühlswandel ja aus deiner eigenen Auseinandersetzung mit Rassismus und dem eigenen Nachdenken über rassistische Strukturen in unserer Gesellschaft. Meine Erfahrung ist, dass Gefühle wie zum Beispiel Trauer über die eigene rassistische Sozialisierung und Dankbarkeit dafür, nun selbst aktiv werden zu können, um Rassismus zu verlernen, eher dazu führen, dass Menschen sich weiterhin engagiert mit dem Thema auseinandersetzen. Dass sie eher verstehen wollen, was an der Situation rassistisch war, und eher daran arbeiten werden, wie sie zukünftig anders damit umgehen können. Gefühle von Empörung oder Wut führen zur Abkehr vom Thema und wahrscheinlich auch dazu, die Schuld für diese Gefühle bei der Person zu suchen, die den Rassismus angesprochen hat, statt sich mit Rassismus selbst auseinanderzusetzen. Du siehst vielleicht, dass White Fragility einen echten Dialog zum Thema verhindert.

Rassismuskritisch zu leben bedeutet zu erkennen, wie unterschiedlich sich White Fragility im Alltag zeigt – sowohl bei sich selbst als auch bei anderen –, sie zu identifizieren, zu verstehen und aktiv zu verhindern oder zu unterbrechen. In den folgenden Kapiteln möchte ich einige Funktionsweisen der *weißen* Zerbrechlichkeit im Alltag veranschaulichen.

Auf meinem Instagram-Profil folgen mir bis dato 140 000 Menschen. Es ist eine tolle Community, bestehend aus vielen Menschen, die sich bereits auf den rassismuskritischen Weg begeben haben oder gerade am Anfang ihrer Reise stehen. Ich nutze die sozialen Medien, um rassismuskritisches Basiswissen möglichst barrierefrei zu vermitteln und Impulse zu setzen. Oft entstehen lange und sehr differenzierte Diskussionen unter einem Post. Natürlich schleicht sich auch immer wieder teilweise heftigste White Fragility ein. Das ist nun einmal Teil der Auseinandersetzung. Ich nehme einige dieser Kommentare oder DMs (Direct Messages) zum Anlass, um verschiedene Mechanismen von White Fragility für meine anderen Follower zu erklären. Ich fasse sie in einer Serie unter dem Titel »Straight Outta Happyland« zusammen. Nicht selten gebe ich meinen Followern anschließend auch Aufgaben. In diesem Buch möchte ich einige dieser Posts auch mit dir teilen. Daher im Folgenden ein Beispiel.

educational 71w

Diese Reaktion auf die vorherige Antwort ist interessant, denn:

@tupoka.o Mh..ich habe ein Jahr lang in Japan gelebt wegen meines Japanologie-Studiums und das ist durchaus vergleichbar. Dort wird man als andersartiges Wesen betrachtet, wenn man nicht so aussieht oder wirkt wie ein*e Japaner*in. (Auch Halbjapaner, die eher aussehen wie der nicht-japanische Elternteil.) Japaner haben durchaus rassistische Tendenzen und neigen auch zu Nationalismus. Und wenn man vor Ort ist, ist man ja auch nicht in einer Machtposition.
Das negiert natürlich in keinster Weise jahrhundertelangen Rassismus, Kolonialismus und dessen folgen von europäischen Weißen ausgehend und kommt dessen Ausmaß auch nicht gleich.
Trotzdem fände ich es gut, jemandem diese Erfahrung nicht abzusprechen. Dass das nicht vergleichbar ist mit einem Leben lang solcher Erfahrungen, ist klar. Aber kann man in einem solchen Moment nicht genau das erkennen? Es soll nicht darum gehen, diese Erfahrung gleichzusetzen. Ich hatte das Gefühl, das äußern wollte, dass sie ansatzweise einen Eindruck davon bekommen hat, wie das sein könnte, das sein ganzes Leben lang zu erleben? Oder wie meintest du es?

Mhhh. Widersprüch lich. Ist es nun vergleichbar oder nicht?

Interessant: Meine Aussage, dass die Erfahrung in Japan nicht verlgeichbar ist, wird verdreht. Auf einmal heisst es ich hätte Erfahrung abgesprochen.

Klassische Solidarität innnerhalb Happylands. Die unausgesprochene Abmachung, das Happyland beschützt werden muss.

Meine Antwort auf den Comment in der letzten Story

tupoka.o @ mich irritiert, dass Du sagst: „mein Blick fällt auf Ungewöhnliches". Allein das ist ist problematisch. Schwarze Menschen sind nicht ungewöhnlich. Weltweit gesehen und auch welthistorisch gesehen sind weisse Menschen deutlich „ungewöhnlicher". Auch in Deutschland gibt es Schwarze Menschen seit dem 15. Jahrhundert. Das BIPOC als „ungewöhnlich" wahrgenommen werden hat mit Rassismus zu tun und eine Welt, die Menschen bewusst beibringt, dass weiss sein die (vermeintliche) Norm ist und nicht weisse Menschen die „Abweichung."

2h Gefällt 42 Mal Antworten

Die Reaktion der Person:

@tupoka.o ich würde auch auf bunte Kleidung oder auffallende Gegenstände blicken. Es ist auch verletzend immer Rassismus unterstellt zu bekommen. Denn natürlich sind wir alles in einer rassistischen Gesellschaft aufgewachsen. Es kann kein Dialog entstehen, wenn ständig das Thema Rassismus vorausgesetzt wird. Leider. Ich beschäftige mich mit Rassismus und Kolonialismus seit vielen Jahren.

Klassischer Derailingversuch. Echter Dialog kann erst dadurch entstehen, dass Rassismus sichtbar gemacht wird und benannt wird. Und wenn allein das Benennen von Rassismus nicht direkt zu fragiler Abwehr führt. Stellt übrigens auch die in dem ersten Comment benannte Lernbereitschaft in Frage.

white fragility setzt ein. Das Verletzende ist allein, dass ich das Wort Rassismus ausgeschrieben habe.

???

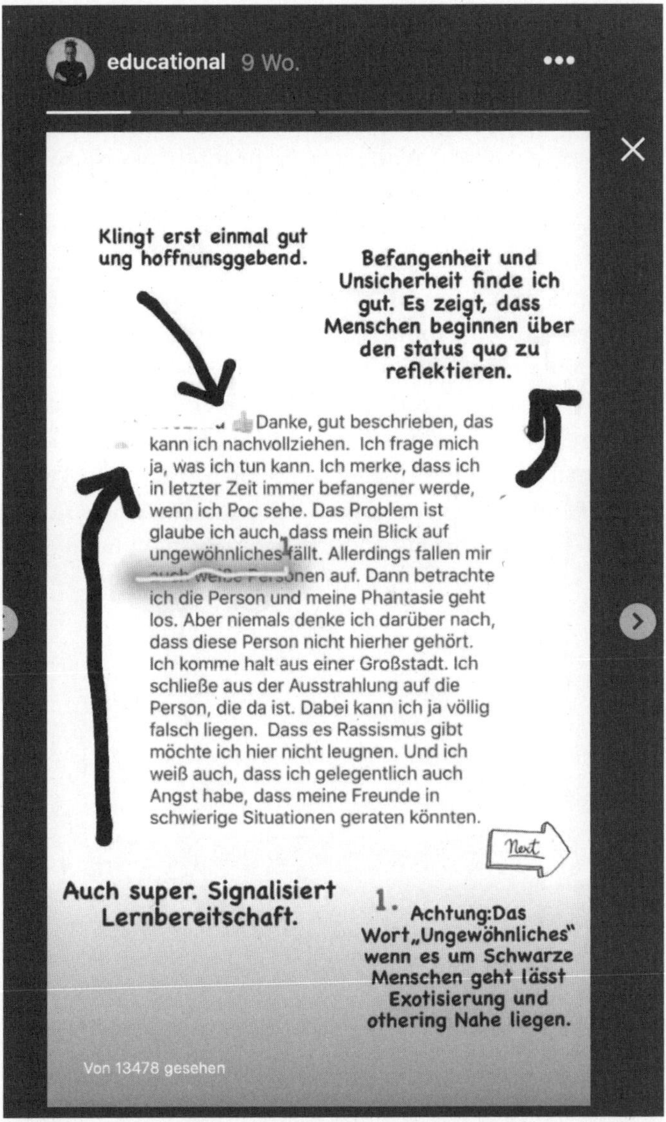
educational 9 Wo.
Klingt erst einmal gut ung hoffnunsggebend.
Befangenheit und Unsicherheit finde ich gut. Es zeigt, dass Menschen beginnen über den status quo zu reflektieren.
Danke, gut beschrieben, das kann ich nachvollziehen. Ich frage mich ja, was ich tun kann. Ich merke, dass ich in letzter Zeit immer befangener werde, wenn ich Poc sehe. Das Problem ist glaube ich auch, dass mein Blick auf ungewöhnliches[1] fällt. Allerdings fallen mir
nen auf. Dann betrachte ich die Person und meine Phantasie geht los. Aber niemals denke ich darüber nach, dass diese Person nicht hierher gehört. Ich komme halt aus einer Großstadt. Ich schließe aus der Ausstrahlung auf die Person, die da ist. Dabei kann ich ja völlig falsch liegen. Dass es Rassismus gibt möchte ich hier nicht leugnen. Und ich weiß auch, dass ich gelegentlich auch Angst habe, dass meine Freunde in schwierige Situationen geraten könnten.
Next
Auch super. Signalisiert Lernbereitschaft.
1. Achtung:Das Wort„Ungewöhnliches" wenn es um Schwarze Menschen geht lässt Exotisierung und othering Nahe liegen.
Von 13478 gesehen

Und nun versuch doch einmal eine Antwort: Wie ging es dir beim Lesen der Kommentare? Hattest du Fremdscham für diese Person? Hast du dich selbst erkannt? Warst du von meinen Anmerkungen genervt oder empfandest du sie als hilfreich? Mach dir gern ein paar Stichworte zu den Gefühlen, die du empfunden hast. Das ist wichtig und hilfreich, um den eigenen Blick auf diese Person zu formulieren.

Mein Tipp: Wenn Menschen in deinem Umfeld fragil reagieren oder explizit in die Abwehr gehen, wenn Rassismus thematisiert wird, ist eine Möglichkeit, inhaltlich zu argumentieren und auf Fakten, Studien oder Historie hinzuweisen. Eine weitere Möglichkeit ist es, auf der Metaebene zu diskutieren und die Mechanismen von White Fragility und deren Funktion sichtbar zu machen. Ähnlich, wie ich es mit meinen Anmerkungen versucht habe.

Entdecke deine *weiße* Zerbrechlichkeit

Wenn ich das Feedback bekomme, dass etwas, was ich gesagt oder getan habe, diskriminierend ist, bekomme ich sofort Magenschmerzen und mir wird übel. Es ist ein super unangenehmes Gefühl. Ich möchte da gern sofort wieder raus. Oft verspüre ich den dringenden Impuls, das Gesagte irgendwie einzuordnen oder mich zu erklären. Wenn es eine Person betrifft, die mir nahe ist, möchte ich, dass sie mich wieder gern hat, und erhoffe mir von ihr eine Art »Begnadigung«. Ich wünschte, sie könnte mir sagen, dass alles wieder gut ist und ich kein schlechter Mensch bin.

All das läuft in meinem Kopf ab. Ich sage dir das hier ganz ehrlich. Es ist nicht angenehm, solch ein Feedback zu bekommen. Vor allem dann, wenn wir uns eigentlich zu den »Guten« zählen. Wenn wir gegen Diskriminierung sind und wenn wir täglich unser Bestes geben, um gute Verbündete zu sein.

Hier sind Gedanken, die mir helfen, aus dieser Fragility herauszukommen.

1. Was auch immer ich gerade fühle, die Verletzung bei der diskriminierten Person ist größer. Denn sie reiht sich in eine lange Reihe von Diskriminierungserfahrungen ein.
2. Dieses Feedback hat mit sehr hoher Wahrscheinlichkeit Kraft und Überwindung gekostet. Vor allem dann, wenn es eine Person ist, die mir nahesteht, die Arbeitskolleg*in oder anderweitige Bezugsperson ist. Ist dieses Feedback denn nicht für mich eine große Chance? Zu lernen, zu verstehen und es das nächste Mal besser zu machen?

3. Feedback zu Diskriminierung wird zu 99 % mit Abwehr, Wut, Ignoranz begegnet. Was für eine gute und wichtige Erfahrung wäre es für die diskriminierte Person, wenn ich nicht Teil dieser 99 %, sondern der 1 % wäre?

Also, solltest du so ein Feedback erhalten, dann rate ich dir folgenden Umgang damit:

1. Atmen.
2. Nicht sofort reagieren, wenn deine ersten Impulse Wut, Abwehr, Relativierungswünsche, Trotz oder Ähnliches sind. Warte, bis diese Gefühle verfliegen und du wieder klarer denken kannst. Signalisiere aber, dass du gehört hast, was die Person sagt, bedanke dich und sag, dass du darüber nachdenken wirst.
3. Denk drüber nach! Und zwar ehrlich. Sprich mit einer Person deines Vertrauens darüber. Achtung: Wenn das eine BIPoC-Person ist, dann frag sie vorab, ob sie wirklich Raum und Kapazitäten dafür hat. Auch diese Person hat keinen Bedarf an White Fragility.
4. Lies nach und reflektiere.
5. Wenn möglich, schlaf eine Nacht darüber.
6. Entschuldige dich bei der Person. Ohne weitere Erklärung, ohne Relativierung und ohne ein Danke zu erwarten.
7. Signalisiere weitere Gesprächsbereitschaft, aber fordere diese nicht ein.

Es ist gut, wenn du deine eigene Fragility kennenlernst und wenn du dir vorab, also zum Beispiel jetzt, während du das Buch liest, einen Plan zurechtlegst, wie du damit umgehst, wenn bei dir Abwehrgefühle aufkommen. Übung macht den*die Meister*in.

Unsicherheit

Eine Leserin schreibt:

> »Außer der Erkenntnis, (…) dass ich reflektiert sein soll, lerne ich nicht, wie ich ›Fehler‹ vermeide. Das Thema ist so hoch belastet, dass ich im Umgang mit meinen Mitmenschen, die nicht in Happyland aufwachsen durften, bald automatisch in Schockstarre falle, aus purer Angst, irgendetwas falsch zu machen.«[16]

So viele *weiße* Menschen beschreiben diese Unsicherheit und diese Angst in unseren Workshops. Vielleicht kennst du sie auch, die »Verunsicherung« darüber, etwas »Falsches« zu sagen. Dann möchte ich dir Folgendes mitgeben:

Ich finde diese Unsicherheit gut. Nein, nicht weil ich mir dann hämisch ins Fäustchen lache à la »das habt ihr jetzt davon, white people!« Nein. Sondern weil ich diese Unsicherheit strukturell gesehen für etwas Wichtiges und Gutes halte.

Zu große Sicherheit beim Thema Rassismus bedeutet Stagnation. Es bedeutet auch alteingesessene Macht und ein Festhalten an Strukturen und Machtschieflagen. Unsicherheit bedeutet Bewegung, Veränderung. Veränderung von jahrhundertealten Machtstrukturen wie Rassismus geht nicht vonstatten, indem sich einmal an einen Tisch gesetzt wird, alles durchgesprochen, sich geeinigt und dann proklamiert. Die Veränderung ist ein Prozess. Und in diesem Prozess wird gestritten, diskutiert, evaluiert. Es geht drei Schritte vor und zwei zurück. Es geschehen permanent Fehler und es gibt ständig neue Erkenntnisse.

Und all dies in einem Umfeld, das immer wieder Barrieren aufstellt. Das relativiert, ignoriert, unterdrückt und aufhält.

Unsicherheit bedeutet Veränderung. Wir betreten in unserer rassismuskritischen Auseinandersetzung täglich neues Terrain. Wie sollte das nicht mit Unsicherheit einhergehen? Vielleicht kannst du ja versuchen, dich über diese Unsicherheit auch ein bisschen zu freuen. Es bedeutet, du bist in Bewegung.

Lass dir das gesagt sein, von einer, die viel Zeit in Räumen verbracht hat, in denen sich Menschen sehr sicher waren – sicher darüber, wie ich, »die Andere«, so bin, was ich kann und was ich nicht kann. Wo die Projektion mich als Individuum fast erdrückt hat. Ich kann dir sagen: Das sind Räume, in denen ich wenig Luft bekomme. Wo ich als Mensch verschwinde.

Ich freue mich, nun immer wieder in Räume zu kommen, in denen Menschen Unsicherheiten spüren, weil sie es besser machen wollen. Weil sie begonnen haben zu reflektieren und den Status quo hinterfragen wollen.

Die Unsicherheit gehört zu der Auseinandersetzung dazu. Es sollte nicht das Ziel sein, sie loswerden zu wollen, sondern mit ihr leben zu können, sie aushalten zu lernen.

Wir und die Anderen

Wenn ich eine Hierarchie erfinde, dann setze ich mich natürlich an die Spitze dieser Hierarchie. Alles andere wäre ja auch unlogisch. Dann gebe ich mir viele positive Zuschreibungen, die meinen Platz an der Spitze rechtfertigen: Ich bin die Schönste, die Klügste, die Pünktlichste. Und vor allem die Objektivste und die Rationalste.

Wenn ich nun die gesellschaftliche Macht hätte, meine Hierarchie in allen Bereichen des Zusammenlebens durchzusetzen, dann würden ich und alle, die so aussehen wie ich, zur Norm. Zum Standard. Wir sind aber nur dann der Standard, wenn wir auch die definieren, die von dieser von uns etablierten Norm abweichen.

Die Norm kommt sehr machtvoll daher. Und ist gleichzeitig auch sehr fragil. Sie definiert sich nämlich über das Andere. Über das, was von der Norm abweicht. Oder in unserem Fall eben über die Menschen, die von der Norm abweichen.

Was ich oder wir als Norm in unserem Gedankenexperiment also tun müssen, ist »die Anderen« sichtbar zu machen. In der Sprache, die wir sprechen, und in den Bildern, die wir kreieren. Auch wenn es die Anderen so eigentlich gar nicht gibt, müssen wir Projektionen von ihnen erschaffen und diese durch unsere Geschichten, Bilder und Worte zementieren.

Wir müssen dann auch gar nicht mehr von uns sprechen, sondern nur noch über »die Anderen«. Wir sagen nur noch: »Die sind so faul.« – »Die sind so exotisch.« – »Die sind so emotional.« Und indem wir das sagen, re-etablieren wir auch wieder das Eigene. Und der Clou ist: Wir tun dies, ohne uns selbst zu benennen. Wir sind quasi so normal, dass wir uns gar nicht sichtbar machen müssen. Denn wir sind der Standard, der Status quo.

Hier ein Beispiel. In einer Zeitung steht: »Der Kriminelle hatte eine andere Hautfarbe.« Warum wissen wir dann alle, dass diese Person eine nicht *weiße* Person sein muss? Das Wörtchen »anders« kann doch eigentlich gar nicht für sich allein stehen. Es steht immer in Bezug zu etwas oder jemandem. Wenn ich also sage: »Du hast eine andere Hautfarbe als ich«, dann macht das grammatikalisch und inhaltlich Sinn. Wenn ich aber nur sage, »die Person hatte eine andere Hautfarbe«, dann müsste sich uns eigentlich die Frage stellen: »Anders als wer oder was?«

Die Klarheit kommt durch die vermeintliche Norm. Denn ausgeschrieben bedeutet der Satz: »Die Person hatte eine andere Hautfarbe als die Norm. Und die Norm sind *weiße* Menschen.«

Die Norm ist so machtvoll, dass sie sich selbst nicht mehr benennen muss. Und du als *weiße* Person musst dies noch nicht mal wissen. Du kannst gut und gern vierzig Jahre alt geworden sein, ohne das je zu hinterfragen. Denn wenn du Teil der vermeintlichen Norm bist, dann musst du das nicht. Du hast den Luxus, ein Individuum zu sein. Du bist nicht Teil der »Anderen«.

Warum soll das schlimm sein? Ich sag es dir: Weil mit dem »Andern« – also dem *Othering* – auch ein Verlust von Individualität einhergeht. Die Norm hat nicht nur das Privileg der Zugehörigkeit, sondern auch das Privileg, ein Individuum sein zu dürfen. Nicht in Sippenhaft genommen zu werden. Nicht für alle anderen sprechen zu müssen.

2015 in einem Workshop für eine Kindertageseinrichtung in Berlin-Mitte sitzen mir vierzig Erzieher*innen genervt gegenüber. Sie sind teilweise deutlich älter als ich. Sie sind erschöpft von langen Arbeitstagen. Sie sitzen in einer Pflichtveranstaltung zum Thema Diskriminierung. Alles an ihrer Körperhaltung verrät mir: Sich mit ihren eigenen Vorurteilen auseinanderzusetzen, ist so ungefähr das Letzte, was sie in diesem Moment wollen. Ziemlich schnell kommt das auch verbal zum Ausdruck. Und von so einer wie mir wollen sie sich erst recht nichts sagen lassen. Es gibt einen guten Grund, warum ich es mir nicht mehr antue, Pflichtveranstaltungen durchzuführen – dieser Workshop ist einer davon. Aber zurück zum Geschehen. Das Thema sind Vorurteile. Einer Erzieherin platzt der Kragen: »Ich war am Wochenende mit meinem Mann im Kino. Da waren ganz viele von denen im Kino.« Ich frage, wen sie denn meint. »Na ja, die, von denen wir hier reden, die Muslime.« Ich atme ein. Das, was jetzt kommt, kann nicht gut werden. Sie fährt fort: »Das waren so Teenager mit ihren Smartphones. Da hab ich Panik bekommen, dass die das hier in die Luft jagen. Man kann doch erwarten als Deutscher, dass die vorher die Smartphones abgeben und uns zeigen, dass sie keine Gefahr sind.« Ich frage sie, wie sie auf diese absurde Forderung kommt. »Weil so einer ja letztens ein Attentat gemacht hat.«

Ich erspare uns beiden den Rest der Story, denn wir sind bereits an dem Punkt, um den es mir geht: Die Tatsache, dass eine Person eine ganze Gruppe von Menschen auffordert, ein bei ihr vorliegendes Vertrauensdefizit zu beruhigen, ist absurd. Was haben die Berliner Teenager mit einem Terroranschlag in einer anderen Stadt zu tun? Nichts. Diese vermeintliche Verbindung hat vor allem mit Rassismus zu tun. Wären die Teenager *weiß*, kämen sie nicht unter diesen Generalverdacht. Du glaubst mir nicht? Als im März 2015 ein *weißer* Pilot absichtlich 150 Menschen in den Tod flog, indem er sein Flugzeug in die Berge lenkte, war der Schock zwar riesig, aber es hatte keinerlei gesellschaftliche Konsequenzen für *weiße* Männer in Deutschland. Kein *weißer* Mann musste beim Einstieg in den Bus beweisen, dass er kein Terrorist ist. Nicht einmal alle *weißen* männlichen Piloten gerieten in Sippenhaft. Sie waren einfach weiterhin Individuen.

In einem anderen Workshop erinnere ich mich an einen älteren Herren, der stolz verkündete, dass er dafür gesorgt hatte, dass »Flüchtlinge« nicht mehr in das öffentliche Schwimmbad in seinem Ort dürften. Es habe einen Übergriff eines geflüchteten Mannes auf ein Mädchen in ebendiesem Schwimmbad gegeben. Versteh mich nicht falsch: Übergriffe jeglicher Art sind inakzeptabel, und die verantwortliche Person ist zu verurteilen. Immer. Aber eben die verantwortliche Person und nicht alle Menschen, die zufällig eine gesellschaftliche Gruppe mit dieser Person teilen. Auf dem Münchner Oktoberfest finden jährlich Hunderte sexueller Übergriffe von *weißen* deutschen Männern auf Frauen statt. In dieser Logik wäre es längst überfällig, das Oktoberfest für *weiße* deutsche Männer zu sperren.

Ich persönlich würde mich übrigens sehr über Frauentage im Schwimmbad oder auch auf dem Oktoberfest freuen. Denn sexuelle Übergriffe im öffentlichen Raum sind ein Problem. Und zwar durch alle Männer.

Rassismus führt aber dazu, dass manche Menschen das Privileg erhalten, Individuen zu sein, andere nicht. BIPoC müssen oft für die gesamte Gruppe sprechen und agieren.

Im Falle von Fehlverhalten der Einzelperson wirkt dieses sich oft repräsentativ auf die ganze Gruppe aus. So sagte mir eine Lehrerin einer Berliner Grundschule: »So einen (Schwarzen Jungen) hatten wir schon mal. Das sind immer die ganz Schlimmen.« So viele Schwarze Menschen (ich würde sogar behaupten alle) kennen den permanenten Druck, sich auf eine bestimmte Art zu verhalten, um dieses entgegengebrachte Vertrauensdefizit wettzumachen. Kannst du dir vorstellen, wie anstrengend das im Alltag sein muss?

Woher kommst du? – Nein, wohin gehst du?

Ich weiß nicht, wie du Casting Shows findest. Ich schaue sie nicht besonders oft, aber wenn, dann verbuche ich das unter *Guilty Pleasure*, sehe sie mir zum Entspannen an, um mich ein bisschen zu amüsieren oder auch mal, um zu Tränen gerührt zu sein. Oft habe ich dann aber auch sogenannte »Cringe-Momente«, also Momente, in denen ich mich fremdschäme. Zum Beispiel, wenn eine Kandidatin aus voller Kehle den falschen Ton trifft. Sehr unangenehm. 2019 bei der Show »Deutschland sucht den Superstar« gab es für mich – und für viele andere – aber einen Ober-Cringe-Moment der nicht besonderen, aber bezeichnenden Art:

Ein fünfjähriges Mädchen betritt die Bühne. Ihr Name: Melissa. Folgender Dialog entspinnt sich zwischen dem Jury-Mitglied Dieter Bohlen und ihr.

Dieter Bohlen: »Du siehst aber hübsch aus. Woher kommt die Melissa?«
Melissa: »Herne.«
Dieter Bohlen: »Und Mama und Papa? Wo kommt ihr her, Philippinen oder?«
Melissa (leicht irritiert): »Nein. Die sind auch in Herne.« Das Publikum lacht und applaudiert.
Aber Dieter gibt nicht auf: »Habt ihr irgendwie, wo kommt ihr her, aus welchem Land? Gebürtig?«
Melissa: »Ich weiß nicht.« Alle lachen.
Dieter wirkt zunehmend irritiert: »Mhh. Und Oma und Opa oder so?«

Dann entdeckt er die Mutter am Bühnenrand: »Bist du die Mama? Wo kommt ihr her?«
Mutter: »Wir kommen aus Thailand.«
Dieter – sichtlich erleichtert: »Ok, Thailand, da bin ich auch bald. Schönes Land. Wie alt bist du?«

Wir zoomen hier an dieser Stelle raus aus dem faszinierenden Dialog.[17]

Es gibt kaum einen Punkt, an dem wir in unseren Workshops so oft hängen bleiben, wie an der Frage »Woher kommst du?« Meine Mitarbeiterin Mariam meinte einmal zu mir: »Ich glaube, *weiße* Menschen haben Angst davor, sich aufzulösen, wenn sie diese Frage nicht stellen.« Da ist was dran. Denn so viele *weiße* Menschen, die ich in meiner Arbeit treffe, wollen wissen, wie sie diese Frage stellen können, wann sie diese Frage stellen können oder welche Formulierung denn »politisch korrekt« sei. Ich frage an dieser Stelle oft zurück: »Warum sitzt das Bedürfnis so tief, diese Frage zu stellen?«

Wenn du auch immer wieder irritiert bist und nicht weißt, warum ich die kleine Anekdote mit Dieter Bohlen hier vorangestellt habe, oder wenn du dich fragst, was du den »Wurzeldetektiven«[18] in deinem Leben sagen kannst, wenn das Thema aufkommt, dann kommt hier mein Input dazu. Lass dir vorab gesagt sein: Die Frage an sich halte ich nicht für problematisch. Noch mal: Die Frage an sich halte ich nicht für problematisch. Wichtig finde ich zu beleuchten, was hinter der Frage liegt. Wann sie wem gestellt wird. Und auch, was diese Frage auslöst. Aber Schritt für Schritt.

Meine Freundin Johanna ist *weiß*. Sie bekommt diese Frage sehr selten gestellt. Und wenn doch, dann läuft das ungefähr so: »Woher kommst du?« – »Aus Köln.« – »Ah, cool.«

Fertig. Ende.

Ich habe diese Frage in den letzten Jahren ungefähr 800 Mal gestellt bekommen. Und das ist noch deutlich untertrieben. Und bei mir läuft das zu 99 % so oder so ähnlich wie bei der kleinen Melissa, nur nicht vor einem Millionenpublikum.

Warum darf ich denn nun aber nicht fragen? Du darfst. Es gibt kein Gesetz gegen das Stellen dieser Frage. Ein erstes Problem an der Frage ist, wie mit der Antwort umgegangen wird. Warum wird die Antwort Köln von meiner Freundin Johanna ohne Weiteres akzeptiert und die Antwort Herne von Melissa nicht? Warum bohrt Dieter Bohlen immer wieder nach und lässt nicht von seiner Frage ab – OBWOHL das Mädchen sie mehrfach so beantwortet hat, wie es sie beantworten möchte? Geht es dann dabei noch um die Person, die gefragt wird, oder viel eher um die Person, die fragt? Die Frage ist beantwortet. Warum die Irritation?

Eine Antwort liegt in der Projektion. Und zwar der der fragenden Person. Die Projektion, die suggeriert, dass Menschen, die nicht *weiß* sind, nicht deutsch sein können. Die Projektion, die sich wie eine Brille vor die Augen der fragenden Person legt und das Individuum vor ihr völlig verdeckt. Es ist auf einmal nicht mehr wichtig, was diese Person selbst sagt, was sie teilen möchte und wann. Die Projektion sagt: Phänotyp passt nicht in mein Bild von Deutschsein. Ist »fremd«. Ergo muss Antwort Herne, Leipzig, Berlin falsch sein.

Die Projektion ist in einem Umfeld entstanden, das so tut, als wäre *weiß* sein eine notwendige Bedingung für deutsch sein. Sie ist aber in der Realität lediglich hinreichend. Also ja, es gibt viele Menschen, die in Deutschland ihren Lebensmittelpunkt haben und *weiß* sind. Aber es gibt eben auch sehr viele, die es nicht sind. Und dies übrigens bereits seit Hunderten von Jahren. Die Zeugnisse über Schwarze Menschen in Deutschland reichen zurück bis ins 16. Jahrhundert.[19] Der Bevölkerungsanteil von Menschen mit dem sogenannten »Migrationshintergrund« lag 2019 bei 26 %.[20] Der geschätzte Anteil von Menschen afrikanischer Herkunft[21] liegt bei über einer Million Menschen.[22]

Weiße Menschen, mit denen ich diese Diskussion führe, argumentieren oft mit »Interesse« oder »Neugier«. »Ich interessiere mich halt für andere Menschen«, heißt es dann. Wenn dem wirklich so ist, warum wird dann die eigentliche Antwort übergangen? Wenn es doch um den anderen Menschen geht? Ich zum Beispiel erzähle gern von Berlin und meinem geliebten Kiez, wo ich die leckersten Cupcakes finde oder wo ich mich gern mit meinen Freundinnen auf einen Cocktail treffe. Aber zu diesem Gespräch, in dem es wirklich um mich geht und um das, was ich gern teilen möchte, kommt es meistens gar nicht. Denn mein Gegenüber arbeitet sich ja leider an der projizierten Vorstellung von dem ab, wer sie*er glaubt, wer ich bin, anstatt mich selbst kennenzulernen. What a shame, oder?

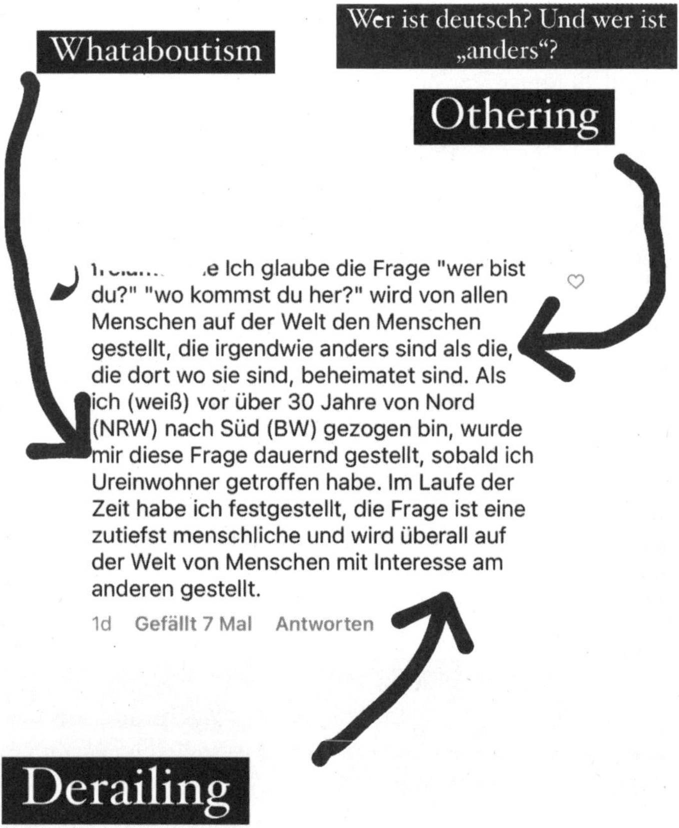

Ich streite übrigens nicht ab, dass es dieses Interesse und diese Neugier tatsächlich gibt. Beides ist definitiv real. Wichtig ist nur zu verstehen, dass beides nicht in einem luftleeren Raum entstanden ist. Wir haben von klein auf gelernt, wer als »normal« gilt und wer als »fremd«. Wir haben ebenso gelernt, dies unter anderem auch allein schon daran festzumachen, wie viel Melaningehalt die Haut einer Person hat. Wer also augenscheinlich hierhergehört und wer nicht. Ich erinnere mich dabei immer an eine Anekdote, die mein Mann im Workshop manchmal an dieser Stelle erzählt:

Er saß mit Freund*innen am Lagerfeuer. Ein Freund hatte ein Kleinkind dabei. Mein Mann ist eine Art Kindermagnet, Kids lieben ihn und seine freundliche, liebevolle Art meist auf Anhieb. So auch dieses Kind. Aber als der Vater sein Kind auf dem Schoß hatte, sagte er zu ihm in dieser Ich-rede-mit-dir,-Kind,-aber-ich-möchte,-dass-es-alle-drumherum-wahrnehmen-Weise:

»Das, das ist der Stephen, weißt du? Ja, der Stephen, der ist anders. Seine Haut ist braun. Aber du musst keine Angst haben, der ist nett. Aber anders.«

Woher kam dieses »anders«? Für Babys, die fremdeln, sind alle, die nicht sie selbst oder ihre Eltern sind, anders. Große Nasen wundern Babys genauso wie tiefe Stimmen. Und warum Angst? Das Kind hatte keine Angst. Es lächelte meinen Mann an und machte mit ihm Späße. Es bekam aber in diesem Moment seine vielleicht erste Lektion in rassistischem Othering. Und ohne Zweifel folgten danach noch viele weitere. In Büchern, Filmen, Erzählungen.

Wichtig für uns, die wir dieser rassistischen Sozialisierung auf der Spur sind, ist:

1. Dieses »Andere« ist produziert. Hergestellt. Bewusst herbeigeführt.
2. Bestimmte Merkmale werden geandert, also rassifiziert. Andere nicht.
3. Die Neugier und das Interesse an diesem vermeintlich so »Anderen« wird uns mit in die Wiege gelegt.

Leider kommen wir in dieser Betrachtung nicht umhin, die Frage auch unter den Aspekten Deutungshoheit und Kategorisierung zu beleuchten. Ja, ich weiß, das sind große Worte, und es mag erst einmal verwunderlich sein, dass ich sie nun ins Spiel bringe. Aber Teil der überlieferten und bis heute präsenten rassistischen Narrative ist eben nicht nur, wer als »fremd« gilt und wer selbstverständlich als dem »Wir« zugehörig wahrgenommen wird, sondern auch ein Selbstverständnis darüber, wer wen entdeckt, wer wen beobachtet, wer wen einordnet und eben in der Konsequenz auch, wer wen fragt. Das heißt, die Neugier und die darauffolgende Erwartungshaltung, eine Antwort zu bekommen und auch ein Recht auf diese Antwort zu haben, ist Teil des rassistischen Problems.

Dazu noch eine kleine Anekdote. Vor einigen Jahren traf ich auf eine ältere *weiße* deutsche Dame. Ihre allererste Frage war: »Woher kommen Sie?«

Ich sagte: »Berlin.«

Sie: »Nein, nein, nein. Woher kommen sie WIRKLICH?«

Ich resignierte und gab ihr die Antwort, die sie hören wollte: »Meine Mutter ist Deutsche und mein Vater aus Tansania.« Ich schob noch ein »Und woher kommen Sie?« hinterher.

Daraufhin sagt sie: »Also ich, ich bin ECHTE Berlinerin.«

Und, liebe*r Leser*in, in diesem »echt« finden wir die Deutungshoheit. Dort schwingt das »Am Ende des Tages entscheide ich« mit. Dort schimmert das »Hier bestimme ich, wo es langgeht« durch oder klopft das »Dies ist mein Ort. Nicht deiner« an.

Bist du noch bei mir? Wenn nicht, dann nimm dir einen Moment. Es ist immer total okay, sich einen Moment zu nehmen und setzen zu lassen. Das ist sogar wichtig und richtig.

Wieder oder noch da? Dann weiter geht's!

Wir haben jetzt viel über die fragende Person gesprochen. Es ist aber natürlich auch wichtig, über die Person zu sprechen, die gefragt wird.

Natürlich gibt es Menschen – auch nicht*weiße* Menschen –, die dir sagen werden, dass sie mit der Frage kein Problem haben. Und das ist okay. Wir sind nicht alle gleich, haben nicht alle die gleichen Strategien, um mit Situationen umzugehen. Aber: Ich kann dir versichern, dass die Mehrheit der Schwarzen Menschen und People of Color, mit denen ich spreche, die mir auf den Social-Media-Plattformen folgen oder die wir in Workshops und Netzwerken kennenlernen dürfen, von dieser Frage mindestens komplett genervt sind.

Wenn mir also *weiße* Menschen sagen, sie wollen lediglich Small Talk betreiben, ist diese Frage mit sehr hoher Wahrscheinlichkeit eher ein Gesprächskiller als ein Opener. Übrigens: Eine »spannende« Migrationsgeschichte lässt sich nicht nur am Melaningehalt der Haut ablesen. Es kann sein, dass eine *weiße* Person, der du begegnest, eine viel »interessantere« Geschichte hat als eine Person of Color, die in der dritten Generation hier lebt.

Vielleicht findest du, ich übertreibe. Aber bleib dennoch bei mir:

Ich bin in Leipzig geboren und habe dort meine ersten acht Jahre verbracht. Ich habe deutsch gedacht und deutsch geträumt. Ich kannte die Leipziger Südvorstadt wie meine Westentasche. Ich war ein Leipziger Kind. Und dennoch haben mich Menschen permanent nach meiner

Herkunft befragt. Mal nett, mal genervt, mal beiläufig. Aber immer wieder die Frage: »Woher kommst du?« Darin schien mitzuschwingen: Wann gehst du? Langsam aber sicher entstanden in mir Zweifel: Bin ich vielleicht nicht von hier? Trügt mich mein eigenes Gefühl? Es macht keinen Sinn, aber es muss wohl so sein: Das ferne Afrika ist meine Heimat. Auch wenn ich dort bis zu dem Zeitpunkt noch nie gewesen war.

Was passiert, ist, dass Kinder an ihrer eigenen Wahrnehmung zweifeln: Darf ich das, was sich wie zu Hause anfühlt, auch zu Hause nennen? Und nicht nur das. Es macht etwas mit dem Gefühl der Zugehörigkeit. Und das wiederum damit, wie sehr ich das Gefühl habe, mich einbringen zu können, gesellschaftliche Teilhabe ausüben zu können, mitbestimmen, mitgestalten oder mitreden zu können.

Stell dir vor, du müsstest dich vor fremden Menschen und Menschen, die du neu kennenlernst, immer erst einmal legitimieren. Deine Existenz hier erklären. Eine Erklärung dafür abgeben, warum es okay ist, dass du hier bist. Und zwar, indem du Menschen sagst, dass du eigentlich nicht hierhergehörst. Sondern dass du WIRKLICH von woanders kommst. Das macht etwas mit dir. Vielleicht nicht beim ersten oder zehnten Mal. Aber spätestens dann, wenn es dein ständiger Begleiter ist bei allen neuen Begegnungen, wird es auch bei dir Spuren hinterlassen.

Es ist gut, sich die Perspektiven von Schwarzen Menschen, indigenen Menschen und People of Color hier in Deutschland dazu anzuhören. Über meine hinaus. Zum Beispiel kannst du auf Twitter einmal den von der Journalistin und Autorin Ferda Ataman gegründeten Hashtag #vonhier eingeben.[23]

Ich finde, mit diesem Wissen ist es doch mal einen Versuch wert, eine Alternative zu suchen. Gespräche anders zu gestalten. Als eine Person, die die Frage nach der Herkunft seit vielen Jahren nicht mehr stellt, kann ich dir berichten: Ich lebe noch. Ich habe noch tolle, spannende, tiefgehende Gespräche mit Menschen. Menschen teilen auch gern viel über sich und ihre individuelle Geschichte. Nämlich dann, wenn sie sich sicher fühlen und wissen: Es geht um sie und nicht um mich und meine Projektion. Und ich kann berichten: Ich habe mich bis dato auch noch nicht aufgelöst. Ich kann dir zudem versichern: Diese Frage nicht mehr als Erstes zu stellen, wird dich nicht daran hindern, dein Gegenüber besser kennenzulernen. Denn wenn du ehrliches Interesse an dem Gegenüber hast und die Person auch an dir, und wenn das Vertrauen zwischen euch wächst, werdet ihr euch sicher auch über eure Familiengeschichten austauschen. Wenn die Zeit dafür passt und es wirklich – fernab von Projektion – um dein Gegenüber geht.

So. Nun habe ich dir hoffentlich viel Stoff zum Nachdenken oder auch zum Argumentieren gegeben. Kleine Frage – große Wirkung. Erinnerst du dich, wie ich eingangs sagte, dass wir das Große im Kleinen finden und das Mächtige im Unscheinbaren?

Konkrete Anregungen für den Alltag

- Beobachte dich – ehrlich und selbstkritisch: Bei wem ist mein Bedürfnis, diese Frage zu stellen, größer und bei wem nicht?
- Woran machst du das Bedürfnis fest?
- Ich hab's nicht so mit Verboten, und dies hier ist auch keins, aber versuch doch mal zu schauen, was passiert, wenn du die Frage nicht stellst. Also Übung:

- Was passiert, wenn du die Frage unterdrückst?
- Hast du noch spannende Gespräche?
- Erfährst du dennoch etwas über die Menschen, mit denen du sprichst?

Alternative Fragen

- Wohin gehst du?
- Wie geht es dir heute?
- Was sind deine Zukunftsträume?
- Was ist dein Lieblingstee?

White-Fragility-Phänomene erklärt

Derailing

Derailing heißt zu Deutsch »entgleisen lassen«. Es ist eine sprachliche Taktik, in der es darum geht, vom Kernthema des Gesprächs abzulenken. Das Gespräch über Rassismus löst bei dir Unwohlsein aus? Dann führt die innere Abwehrhaltung oft zu dem Bedürfnis, schnellstmöglich vom Thema abzulenken. Derailing kann bewusst oder auch unbewusst geschehen und ist besonders wirksam in Situationen, in denen ein Machtgefälle vorliegt. Als im Sommer 2020 die Black-Lives-Matter-Bewegung immer mehr Sichtbarkeit erhielt, reagierten viele *weiße* Menschen empört, indem sie entgegensetzten: »Ja, aber All Lives Matter. Alle Leben sind wichtig.« Das ist natürlich absolut richtig, führt in dem Moment aber von dem Kernpunkt des Themas weg.

Ein Exkurs für dich, falls du auch schon diesen Gedanken hattest:

Black Lives Matter ist ein Aufschrei, bei dem Schwarze Menschen eigentlich sagen: *Weiße* Leben werden immer schon als wichtig betrachtet. Schwarze Leben sollen endlich als ebenso wichtig betrachtet werden wie die Leben von *weißen* Menschen. Stell dir eine Straße vor, in der ein Haus brennt. Sagst du den Feuerwehrleuten dann, dass sie die ganze Straße wässern sollen oder dass sie in dem Moment ihr Augenmerk auf das Haus legen sollen, das brennt?

Wenn es also gerade darum geht, darüber zu sprechen, wie viele Schwarze Menschen durch Polizeigewalt gestorben sind, und darüber nachgedacht wird, was für Maßnahmen wichtig wären, um diesen Missstand zu bekämpfen, dann ist genau das das Thema. Sprich über das brennende Haus, wenn das brennende Haus das Thema ist. Übrigens: Das heißt nicht, dass es nicht auch wichtig sein kann, über die gesamte Straße zu sprechen. Aber eben nicht in diesem Moment oder nur dann, wenn du dich unwohl fühlst, über das brennende Haus zu sprechen, weil es eben auch bedeuten würde, mal zu schauen, wer mit an dem Feuer beteiligt war.

Whataboutism

Anfangs – vor zehn Jahren – begann ich meine Freiberuflichkeit mit Workshops zum Thema interkulturelle Kommunikation. Diese Art der Kurse war damals in Firmen und Institutionen sehr en vogue. Der Weg schien einfach: Man müsste sich gegenseitig lediglich die sozialen Codes der anderen Nationalkultur erklären, und schon verstünde man sich viel besser. Meetings funktionierten besser, die Zusammenarbeit in Projekten würde vereinfacht, wenn wir nur wüssten, dass französische Mitarbeiter*innen zwei Stunden Mittagspause brauchen, deutsche Mitarbeiter*innen mit einer halben Stunde zufrieden sind, aber einen festen Handschlag beim Abschluss von Verhandlungen schätzen, weil dieser Selbstbewusstsein und Verlässlichkeit demonstriert. Bei Japaner*innen hingegen ist das Händeschütteln tabu.

Was bei dieser Herangehensweise gänzlich fehlte, war eine Betrachtung von gesellschaftlichen Machtachsen und den Auswirkungen von gesellschaftlichen Positionierungen auf eine Begegnung. Aber genau dieses Fehlen war ja das Bequeme an diesen Workshops. Man musste sich nicht hinterfragen. Je öfter ich diese Workshops gab, umso mehr kam ich mir wie eine Schauspielerin vor. Daher begann ich, Rassismuskritik vorsichtig und Schritt für Schritt einfließen zu lassen. Allerdings hatte ich zu diesem Zeitpunkt noch keine Ahnung davon, wie machtvoll *weiße* Fragilität auf das Thema Rassismus reagieren kann. Ich war komplett unvorbereitet.

So erinnere ich mich an einen Workshop an einer Hochschule, an der Rettungskräfte ausgebildet werden. Ziel des Moduls »interkulturelle Kommunikation« sollte sein, dass die Teilnehmenden lernen, mit »ausländischen« Patient*innen umzugehen. Vor mir saßen also dreißig Menschen, davon 29 *weiße* Männer und eine *weiße* Frau. Alle zwischen zwanzig und vierzig Jahre alt. Alle sympathisch. Die ersten Tage liefen erwartungsgemäß gut, die Gruppe war irre schnell in der Erledigung von Gruppenarbeiten, was wohl an der Profession lag. Am letzten Tag des viertägigen Kurses sprachen wir endlich über Rassismus. Ich nahm eine kurze historische Einbettung vor, definierte den Begriff. Von Minute zu Minute verschlechterte sich die Stimmung im Raum. Es war, als zögen langsam graue Gewitterwolken auf. Ein Murmeln und Raunen erhob sich. Verächtliches Prusten störte meinen Input. Irgendwann entlud sich das Gewitter: »Wieso reden wir hier nur über Rassismus?« – »Was soll das, jetzt sollen wir hier als die Bösen hingestellt werden?« Die einzige Frau in der Gruppe – nennen wir sie Anja – meldete sich und polterte wütend los: »Also, ich habe schließlich auch Diskriminierung erlebt. Wollen Sie mal wissen, wie es ist, mit roten Haaren durch die Welt zu laufen? Wie können Sie es wagen, nur über Schwarze Menschen zu reden?« Daraufhin startete eine riesen Diskussion darüber, wer was erlebt hatte an Diskriminierungen. (Sie nutzte natürlich ein anderes Wort für Schwarze Menschen, aber das muss ich hier nicht reproduzieren. Und auch, dass ich mich in der Pause weinend in der Toilette versteckte und meine liebe Kollegin Pasquale Rotter anrief, sei hier nur am Rande erwähnt – danke, Pasquale!)

Fakt ist, dass ich damals meine erste Dosis an kräftigem »Whataboutism« erhielt. Und ich dem damals nichts entgegenzusetzen hatte. Ich fühlte mich entwaffnet. Wir sprachen den Rest der Stunde nicht mehr über Rassismus.

Whataboutism – zusammengesetzt aus dem englischen »What about …?« und dem Suffix »ism« für »ismus« – ist eine manipulative Gesprächstechnik. Es lässt sich in etwa übersetzen als »Aber-was-ist-mit-ismus«. Das Ziel dieser Technik ist, von der aktuellen Thematik abzulenken, indem auf andere Missstände hingewiesen wird. In unserem Beispiel von oben:

»Schwarze Menschen erleben Rassismus.«

»Menschen mit roten Haaren erleben auch Diskriminierung.«

Diese Gesprächstechnik lenkt nicht nur ab, sondern sabbotiert das gesamte Gespräch. Darüber würdigt sie das Gegenüber herab, relativiert die Kernaussage des Gesprächs und kann es sogar ins Lächerliche ziehen. In unserem Fall schwingt mit: »Was spielst du dich hier so auf und machst Rassismus gegenüber Schwarzen Menschen zum Thema, wenn andere Menschen auch leiden.«

Und: Wer solche Totschlagargumente benutzt, will gar nicht diskutieren. Die Person lenkt bewusst vom Thema ab und gibt sich dabei als Skeptiker*in oder Freigeist. So will sie Kritik am eigenen Fehlverhalten kleinreden, recht behalten und als Gewinner*in vom Platz gehen. Im Grunde kennen wir das vom Schulhof. Drauf hereinfallen tun wir trotzdem immer wieder.[24]

Und natürlich hat die junge Rettungsassistentin recht: Rothaarige Menschen erleben Ausschluss und Diskriminierung. Als nicht rothaarige Person maße ich mir nicht an, darüber zu urteilen. Fakt ist allerdings, dass ihre Aussage in diesem Fall die Funktion hatte, von der weiteren Auseinandersetzung mit Rassismus abzulenken. Anja fühlte sich unwohl damit, mit ihrem *Weiß*sein konfrontiert zu werden. Sie wollte lieber über Ungerechtigkeiten sprechen, die ihr selbst widerfahren sind, als darüber nachzudenken, wie sie ungerecht anderen gegenüber war. Sie wollte sich nicht schämen oder schuldig fühlen. Daher wurde sie trotzig und versuchte, das Gespräch zu sabotieren. Whataboutism ist wirkungsvoll. Ob bei Anja, in anderen Workshops, in Talkshows oder Gesprächen zwischen Kolleg*innen. Es führt tatsächlich oft dazu, dass das Gegenüber sich zurückzieht oder das Thema Rassismus eben nicht weiter besprochen wird. So ist Whataboutism ein weiterer Abwehrmechanismus, der verhindert, dass wir die wichtigen Gespräche führen, die es so dringend braucht, um Rassismus und dessen Mechanismen zu verstehen und zu dekonstruieren.

Tipps, wenn du Whataboutism bei dir selbst entdeckst

- Wenn Rassismus das Thema ist, bleib beim Thema Rassismus.
- Wenn du das Bedürfnis hast, über eine andere gesellschaftliche Schieflage zu sprechen, dann tu das zu einem anderen Zeitpunkt und nimm dir dann auch bewusst dafür Zeit. So wirst du allen Themen gerecht und musst das eine nicht gegen das andere aufwiegeln.

- Unterdrück den Versuch abzulenken, und fokussiere dich lieber auf die Suche danach, warum das Bedürfnis bei dir entstanden ist. Was ist es, was du nicht wahrhaben/sehen/ernst nehmen willst?
- Wenn du merkst, dass du dich unwohl fühlst in der Diskussion und gern vom Gesagten ablenken willst, dann sprich das aus: »Ich fühle mich unwohl. Ich habe das Bedürfnis, vom Thema abzulenken. Ich mache das aber jetzt nicht.«

Tipps, wenn du Whataboutism im Gespräch begegnest

- Weise darauf hin, dass mehrere Wahrheiten nebeneinander existieren können, aber dass wir gerade von Rassismus sprechen.
- Weise darauf hin, dass eine Diskriminierungsolympiade nicht hilfreich ist.
- Führe wieder zurück auf das Ursprungsthema.
- Benenne Whataboutism als ablenkende Strategie.
- Mach dir bewusst, dass Whataboutism meist dann eingesetzt wird, wenn die Person wenig oder keine Argumente hat, um dir zu widersprechen. Im Prinzip stimmt sie dir also zu.

White Tears

Weiße Tränen sind die scheinbar zerbrechlichste Ausdrucksform der *weißen* Zerbrechlichkeit und gleichzeitig eine der wirksamsten.

Das erste Mal, dass ich bewusst erlebte, wie machtvoll die Tränen einer *weißen* Frau sein können, war während meines Studiums. Meine erste Schwarze Freundin Katja und ich trafen uns täglich in unserem Lieblingscafé in der Leipziger Südvorstadt. Dort verbrachten wir viele Stunden nach und vor Vorlesungen, tranken literweise Kaffee und rauchten eine Zigarette nach der anderen. (Ich habe insgesamt nur ein Jahr lang geraucht, aber in diesem Jahr locker so viel wie andere in fünf. Und nein, ich bin nicht stolz darauf.) Wir sprachen über Themen, über die viele Student*innen mit Anfang zwanzig sprechen: unsere Profs, die ersehnten Semesterferien, die Party am Wochenende, die anstehende Hausarbeit. Aber – und das war für mich neu und besonders – wir sprachen auch über Rassismus. Darüber, was wir als Kinder erlebt hatten, darüber, was wir im Alltag erlebten. Dieses Sprechen war neu, und es war deshalb besonders emotional. Denn in diesem Sprechen fanden wir uns. Es half uns zu verstehen, dass Rassismus das Problem war und nicht wir. Wir lernten, dass wir mit dem Erlebten nicht allein waren.

An einem dieser Nachmittage waren neben Katja und mir noch eine *weiße* Freundin und ein *weißer* Bekannter mit uns in dem Café. Wir sprachen über alles und nichts. Die *weiße* Freundin – nennen wir sie mal Sabine – schwärmte von ihrem neuen Freund. Wie toll er sei und wie attraktiv. Mehrfach betonte sie, dass er Schwarz sei und sooo goldig und dass sie ihn immer »ihr Schokobaby« nennen würde. Katja und ich stutzten beide in diesem Moment. Ich versuchte zaghaft einzuwenden, dass das vielleicht kein passender Kosename wäre für einen Schwarzen Mann. Sabine reckte ihr Kinn vor und sagte: »Also, er hat gar nichts dagegen, er mag das. Und er weiß ja, dass ich das liebevoll meine. Und überhaupt, ihr seid doch einfach so schokosüüüüüß.«

Ich war fassungslos und schluckte. Dann setzte ich zu einem weiteren Anlauf an: »Ich glaube dir, dass du das nicht böse meinst und dass er das vielleicht auch toleriert. Aber es ist schon problematisch. Und irgendwie erinnert es mich an den Schokokuss und irgendwie …«, druckste ich herum, »irgendwie ist es auch rassistisch. Und mich verletzt es, wenn *weiße* Menschen so etwas zu mir sagen. Es fühlt sich auch nicht gut an, wie du darüber jetzt sprichst.«

Du musst wissen, dass dies die allerersten Gespräche waren, die ich überhaupt mit Menschen zu Rassismus führte. Und auch die ersten Gespräche mit *weißen* Menschen zu diesem Thema. Begriffe und Konzepte wie White Fragility waren mir fremd.

Kaum hatte ich »R-Wort-Bombe« ausgesprochen, veränderte sich die Stimmung am Tisch. Sabine wurde erst puterrot, dann brach sie – zu meiner großen Überraschung – in Tränen aus. Durch ihre Tränen hindurch und zwischen lauten Schluchzern hörte ich Satzfetzen wie »ungerecht behandelt«, »nicht rassistisch«, »Liebe für Schwarze Menschen« und »Pranger«.

Ich war perplex. Hatte SIE nicht gerade etwas Rassistisches reproduziert? War SIE es nicht, die eigentlich mich verletzt hatte? Warum weinte SIE?

Aber damit nicht genug. Der weiße Bekannte, der bis dahin still zugehört hatte, ging mich an: »Siehst du, was du angerichtet hast? Das ist wirklich nicht fair von dir, das muss ich schon sagen.«

Mir wurde schwindelig. Ich konnte es einfach nicht fassen. Er sagte weiter: »Echt mal, du und dein radikales Gerede. Dabei war doch gerade alles so entspannt. Die arme Sabine. Du hättest wirklich sensibler sein können.«

»Sorry«, murmelte ich. Disclaimer: Ich war nicht sorry. Kein bisschen. Aber ich fühlte mich machtlos. Und ich hatte damals noch keine Worte, um zu erklären, was da gerade passierte. Die Situation ließ mich sprachlos, verletzt und maximal irritiert zurück.

Ich musste an diese Situation zurückdenken, als ich im Jahr 2018 einen Artikel von der Aktivistin Awesomely Luvvie las, in dem sie schreibt:

»Stellen Sie sich vor: Eine *weiße* Frau fühlt sich durch etwas, das eine Schwarze Person gesagt oder getan hat, herausgefordert oder unbehaglich. Anstatt ihre Worte zu benutzen, weint sie. Sofort, egal, was der Auslöser für die Situation ist, wird sie am Ende beruhigt, besänftigt und verwöhnt. Gott weiß, dass wir alle schon *weiße* Frauen gesehen haben, die mit ihren Tränen Gespräche abbrechen, selbst wenn sie die Anstifterinnen des Konflikts waren. Die andere Person? Wird am Ende gescholten. Oder gefeuert. Oder verhaftet. Oder getötet. Wenn Lorelei weint, rollen Köpfe.«[25]

Ja, das Erlebnis mit Sabine reiht sich ein in eine Geschichte, in der vor allem Tränen *weißer* Frauen sich in Waffen gegen Schwarze Menschen und People of Color verwandelten.

Ein historisch sehr prominentes und zugleich entsetzliches Beispiel für die Macht von White Tears ist die tragische Geschichte von Emmett Till [TW]: Ein vierzehnjähriger Junge, der angeblich 1955 in einem Lebensmittelgeschäft in Mississippi mit einer *weißen* Frau – Carolyn Bryant – flirtete. Sie berichtete ihrem Ehemann, Roy Bryant, von diesem angeblichen Flirt, und einige Tage später entführten Roy und sein Halbbruder J. W. Milam Till aus dem Haus seines Großonkels. Sie schlugen ihn zu Tode, verstümmelten seine Leiche und warfen sie in den Fluss Tallahatchie. Eine rein *weiße* Jury sprach die Männer frei, die später den Mord gestanden. Auf ihrem Sterbebett widerrief Carolyn Bryant im Jahr 2017 diese Geschichte und gab zu, dass sie gelogen hatte. Ein grausamer Lynchmord. Ausgelöst durch die Emotionen einer *weißen* Frau. Ein schrecklicher Einzelfall, denkst du? Leider nein.

Bis heute gibt es zahlreiche Situationen, in denen die emotionale Befindlichkeit und die Tränen *weißer* Frauen die Abstrafung einer Schwarzen Person zur Konsequenz hat. »When a white woman cries, a black man gets hurt« ist nicht nur unter vielen US-Afroamerikaner*innen ein geläufiger Spruch. Damit sind, wie du vielleicht schon merkst, nicht nur Situationen gemeint, in denen tatsächlich Tränen fließen. Sondern Situationen, in denen *weiße* Frauen ihren Status als scheinbar hilfsbedürftig, fragil und verletzlich nutzen, um sich einerseits selbst aus der Verantwortung zu ziehen und andererseits vor allem Schwarze Menschen und People of Color zu diskreditieren.

Im Mai 2020 ging ein Video viral, in dem Christian Cooper, ein Vogelbeobachter und Schwarzer Mann, im Central Park spazieren ging. Er sah dort eine *weiße* Frau, Amy Cooper, die ihren Hund nicht angeleint hatte, und bat sie, den Hund an die Leine zu nehmen. Auf dem Video ist zu sehen, wie die Frau sich weigert, ein Handy hervorholt und sagt: »Ich werde die Polizei anrufen und sagen, dass ein afroamerikanischer Mann mein Leben bedroht.«

Dieses Video ging auch deshalb viral, weil es den manipulativen Machtmissbrauch zeigt, dessen sich die *weiße* Frau klar bewusst ist. Dies ist kein Einzelfall, sondern steht im strukturellen Zusammenhang mit Emmett Till.

Die *weiße* Rassismusforscherin Robin DiAngelo schreibt dazu:

»Die Gründe, warum wir bei diesen Interaktionen weinen, sind unterschiedlich. Vielleicht hat man uns ein Feedback zu unserem Rassismus gegeben. Da wir nicht verstehen, dass unbewusster Rassismus unvermeidlich ist, hören wir das Feedback als ein moralisches Urteil, und unsere Gefühle werden verletzt.«

Vielleicht liest du diese Zeilen gerade und hältst mich für eine kalte, empathielose Person, die keinerlei Mitgefühl für andere Menschen aufbringen kann. Daher lass uns doch gemeinsam auf die strukturelle Funktion dieser Tränen schauen. Rassismus definiert sich über den Effekt und nicht über die Intention, erinnerst du dich?

Denn, ob beabsichtigt oder nicht: Wenn eine *weiße* Frau in einem Gespräch, in dem sie für rassistisches Verhalten oder eine rassistische Tat kritisiert wird, weint, geht das gesamte Augenmerk sofort auf sie über und beansprucht Raum, Zeit, Energie und Aufmerksamkeit. *Weiß*sein wird – wieder einmal – ins Zentrum gerückt und zum Fokus der Auseinandersetzung. Schwarze Menschen und People of Color werden im Stich gelassen oder – noch schlimmer – beschuldigt, für die Tränen verantwortlich zu sein.

Was für eine Täter-Opfer-Umkehr! Siehst du es auch? Wenn nicht, dann fass ich es hier noch einmal zusammen:

- Schwarze Person bringt all ihre Kraft auf und benennt Rassismus.
- *Weiße* Person – vielleicht sogar die Person, die dieses rassistische Verhalten reproduziert hat – weint.
- Alle Aufmerksamkeit geht in das Trösten und Umsorgen der *weißen* Person.
- Schwarzer Person wird unterschwellig oder direkt der Vorwurf gemacht, dass sie Rassismus benannt hat.

Erkennst du jetzt, wie toxisch diese Schleife ist? Dass die Gefühle der Schwarzen Person, die eigentlich am *receiving end* dieser Verletzung steht, übergangen, ignoriert und damit hingenommen werden? Dass *Weiß*sein und die Verletzlichkeit des *weißen* Equilibriums über die rassistische Tat gestellt werden? Und dass es vor allem nicht zu einer Aufarbeitung der rassistischen Situation kommt, die doch eigentlich nötig wäre?

Natürlich sind Tränen im Kontext von Rassismus nicht immer ein bewusstes oder unbewusstes Machtinstrument. In unseren Workshops, die sich speziell an *weiße* Menschen richten und in denen *weiße* Menschen zusammenkommen, um sich rassismuskritisch fortzubilden, weinen Menschen immer wieder. Übrigens keineswegs nur Frauen. Sie weinen, wenn ihnen bewusst wird, wie groß das Thema Rassismus ist. Wie lange sie in einer Welt gelebt haben, in der sie bewusst und vor allem unbewusst durch ihr Nichtwissen Rassismus am Leben erhalten haben.

Weiße Eltern weinen, wenn sie davon erzählen, was ihre Schwarzen Kinder im Alltag erleben und wie ohnmächtig sie sich dabei oft fühlen. Diese Tränen werden dann in einem Raum geteilt, der sich speziell an *weiße* Menschen richtet und sich bewusst der Auseinandersetzung mit Rassismus widmet. Das sind keine Tränen der Abwehr, sie sind kein Machtinstrument und nicht manipulativ.

Ich hoffe, du konntest mir bis hierher folgen. Vielleicht bist du ins Nachdenken gekommen, hast Situationen Revue passieren lassen, in denen White Tears eine Rolle gespielt haben. Bei dir selbst oder bei anderen. Mit etwas Abstand betrachtet erkennst du vielleicht sogar die Muster, die ich gerade beschrieben habe.

Jetzt fragst du dich vielleicht auch, was du tun kannst, um White Tears zu verhindern?

Hier kommen meine Vorschläge:

- Lies dir das Kapitel mehrfach durch, bis du die aufgezeigten Mechanismen wirklich verinnerlicht hast.
- Reflektiere dazu Situationen in deinem Leben, in denen White Tears eine Rolle gespielt haben.
- Solltest du spontan keine Situationen aus dem eigenen Leben finden, reflektiere einmal, ob dir Situationen aus den Medien bekannt sind oder in Filmen und Büchern vorkamen.
- Recherchiere den Begriff »White Tears« noch einmal im Internet. Da gibt es einiges zu finden. Und wie immer: Wissen ist Macht!
- Bereite dich gedanklich auf die nächste Situation vor, in der eine Schwarze Person oder Person of Color dir Feedback zu Rassismus gibt. Vielleicht tritt diese Situation ein, vielleicht auch nicht. Aber es ist gut, dies gedanklich schon einmal durchzuspielen.
- Meine Tipps: Atme durch. Mach dir bewusst, dass Rassismus aufzeigen und benennen schwer ist und mitunter sehr viel Kraft kostet. Die Erfahrung, die BIPoC in der Regel machen, wenn sie Rassismus ansprechen, ist, dass ihre Erfahrungen relativiert werden, dass sie angegriffen werden, dass die andere Person emotional wird. Du kannst einen Beitrag dazu leisten, diese Negativ-Erfahrungskette zu durchbrechen.
- Höre zu. Halte auch die Emotionalität des Gegenübers aus. Rassismus erleben ist anstrengend und schmerzhaft.
- Solltest du merken, dass du in die Abwehr gehst, atme weiter und versuche nicht, tiefer in das Gefühl hineinzugehen, sondern eher darüber nachzudenken, welchen strukturellen Effekt dieses Gefühl gerade hat. »Warum gehe ich so in die Abwehr? Welche Funktion soll sie haben? Wovon will sie ablenken?« Das sind Fragen, die dir dabei helfen können.
- Denke ehrlich über das Feedback und das Gesagte nach.

- Solltest du als Zeug*in mitbekommen, wie White Tears in einem Raum benutzt werden, um vom Gesagten abzulenken, dann benenne das, was passiert. Es ist wichtig, diese Mechanismen sichtbar zu machen. Du kannst mit darauf achten, dass der Fokus auf der Aussage der Schwarzen Person bleibt und es eher um die Aufarbeitung des Gesagten geht als um die Emotionen, die das Gesagte ausgelöst haben.

Tone Policing

Dr. Janice Gassam Asare definiert Tone Policing als: »eine Konversationstaktik, die die kommunizierten Ideen zurückweist, wenn sie als wütend, frustriert, traurig, ängstlich oder anderweitig emotional aufgeladen wahrgenommen werden.«[26]

Ich erhielt einmal eine Mail von einem jungen Schwarzen Lehrling. Er war verzweifelt. Er hatte sehr lange gesucht, bevor er einen Ausbildungsplatz als Tischler bekam. Er war der einzige Schwarze Mensch im Team und wurde von Anfang an drangsaliert. Es wurde sich vor ihm über seinen »merkwürdigen« Geruch unterhalten, wenn er einen grammatikalischen Fehler im Deutschen machte, wurde er ausgelacht. Der Meister nannte ihn immer wieder N-Wort. Anfangs versuchte er, durch Überanpassung das Mobbing zu verhindern. Er nahm ab, weil er kaum noch essen konnte, und schlief schlecht. Dann nahm er all seinen Mut zusammen und sprach die rassistischen Bemerkungen an. Er sagte: »Nennt mich bitte nicht so, es verletzt mich.« Er erntete Hohn und Gelächter. Daraufhin platzte ihm der Kragen, und er schrie seine Kolleg*innen an.

Am Tag darauf wurde ihm gekündigt, mit der Begründung, dass seine aggressive Art nicht geduldet werden könne und eine Gefahr für den Betrieb sei. Mein Herz wird schwer, jedes Mal, wenn ich an diesen jungen Mann denke.

Die Kabarettistin und Aktivistin Dr. Michaela Dudley sagt: »Tone Policing ist eine Art zu sagen: Ich höre dir nicht zu. Die Debatte wird quasi wegen Formalitäten vertagt: Diese Diskussion führen wir heute nicht, weil du das Formular nicht richtig ausgefüllt hast.« Natürlich fallen mir Gespräche leichter und kann ich Kritik besser annehmen, wenn sie ruhig, wohlwollend und diplomatisch entgegengebracht wird. Wem geht das nicht so? Aber es ist vermessen, immer zu erwarten, dass Menschen, die ihre Menschlichkeit verhandeln (und genau das tun BIPoC, wenn sie Rassismus thematisieren), ihre Anliegen durch alle Verletzungen hindurch immer fein angerichtet und hübsch dekoriert präsentieren, um das Gegenüber bloß nicht vor den Kopf zu stoßen. Dies muss ich auch Menschen in meinen Workshops oft sagen, wenn sie sich etwa zu überschwänglich bei mir dafür bedanken, wie freundlich, ruhig und wohlwollend ich doch wäre. Das bin ich in den meisten Fällen. Das liegt aber daran, dass ein Workshop ein Raum ist, den ich bewusst gewählt und eröffnet habe. In dem ich beschlossen habe: Hier erkläre ich. Hier nehme ich dich mit. Hier ist Raum für dich. Das bedeutet allerdings keineswegs, dass ich außerhalb von Workshops immer diplomatisch und verständnisvoll agiere. Es geht gar nicht. Denn wenn es um mein Kind geht oder ich als Privatmensch im Alltag Rassismus erfahre, habe auch ich Tage, an denen ich keine Empathie für mein Gegenüber aufbringe oder ich einfach genug habe und dies auch formuliere.

Was ich damit sagen will: Es geht einerseits um die Erwartungshaltung. *Weiße* Menschen können nicht erwarten, dass BIPoC es immer schaffen müssen, ihre Verletzungen in einem bestimmten angepassten Ton zu benennen. Das ist eine unmenschliche Erwartung. Gleichzeitig solltest du als *weißer* Mensch für dich überprüfen, ob und wann du Tone Policing nutzt, um vom Inhalt des Gesagten abzulenken und dich aus der Verantwortung zu stehlen. Es ist nicht an dir, BIPoC vorzuschreiben, in welcher Weise sie sich zu äußern haben. *Weiße* Menschen haben darauf einfach keinen Anspruch. Es lohnt sich viel mehr zu überlegen, was hinter der Wut steckt. Sich vor Augen zu führen, welche endlose Kette an negativen Erfahrungen vorangegangen sein muss. Sich klar zu machen, welche Berechtigung diese Wut hat in einer Welt, die Schwarzen Menschen permanent die Menschlichkeit abspricht und sie zwingt, diese zu verteidigen.

Der Autor und Public Speaker Danté Stewart schreibt in einem Artikel zu Schwarzer Wut Folgendes:

»Schwarze Wut in einer antischwarzen Welt ist eine spirituelle Tugend. Wut rüttelt uns aus unserer Illusion, dass die Welt, wie sie ist, das ist, was Gott will. Wut zwingt uns, uns mit dem krassen System der Ungleichheit, der Ausbeutung und der Missachtung auseinanderzusetzen. Wenn man sich mehr um die Reaktionen der Schwarzen Wut kümmert als um ein System, das den Schwarzen Tod rechtfertigt und belohnt, dann liebt man die Schwarzen Menschen nicht – man liebt sie nur, wenn sie an ihrem Platz bleiben. Und das ist keine Liebe, das ist Hass.«[27]

White Silence

»Am Ende werden wir uns nicht an die Worte unserer Feinde, sondern an das Schweigen unserer Freunde erinnern.« Dies sind die Worte von Dr. Martin Luther King Junior, und ich habe sie schon oft zitiert.

White Silence beschreibt das Schweigen *weißer* Menschen in Situationen, in denen etwas Rassistisches gesagt oder getan wird. Darüber hinaus bezieht es sich auch auf die öffentliche Positionierung zum Beispiel auf Social-Media-Plattformen. Mir geht es dabei nicht um die Situationen, in denen du dich in Gefahr bringst. Natürlich gibt es Fälle, in denen ich als Frau zum Beispiel nicht eingreife, sondern lieber Hilfe hole. Das ist damit nicht gemeint.

White Silence wirkt, wenn du mitbekommst, dass die Lehrerin deines Kindes rassistische Dinge im Unterricht sagt, die Eltern der Schwarzen Kids/Kids of Color versuchen, das zu thematisieren, und alle *weißen* Eltern schweigen.

White Silence wirkt, wenn es einen rassistischen Terroranschlag gab und die weißen Kolleg*innen im Team die Schwarze Kollegin/Kollegin of Color nicht fragen, was sie braucht und was sie tun können, um sie zu unterstützen an dem schweren Tag.

White Silence wirkt, wenn du am Gedenktag des rassistischen Terroranschlags in Hanau Bilder von deiner Katze postest, aber nichts zu Hanau.

White Silence wirkt, wenn dein Kumpel einen rassistischen Witz macht und du nichts sagst.

White Silence kann sehr gewaltvoll sein. Das Schweigen der *weißen* Mehrheit validiert und zementiert den gegenwärtigen Rassismus. Schweigen erscheint in diesem Kontext als Zustimmung zum Status quo. Erinnerst du dich an die Beschreibung des Allysein? Es geht daher nicht so sehr darum, Schwarzen Menschen/Menschen of Color zu helfen. Es geht vor allem darum, dass du eine Wut gegen Rassismus entwickelst, weil du nicht in der rassistischen Welt leben möchtest. Dazu gehört auch, sich angesichts Rassismus zu positionieren. Ja, es mag bequemer sein, dies nicht zu tun oder nur dann, wenn du sicher gehen kannst, dass das keine negativen Konsequenzen für dich haben kann. Aber ist es dann wirklich Allyship oder lediglich performativ?

Ja, es kann sein, dass die Lehrperson deines Kindes auch verärgert auf dich reagiert, wenn du dich klar gegen die Nutzung von rassistischen Materialien positionierst. Aber es kann auch sein, dass durch deine Reaktion mehr Menschen ermutigt werden und sich anschließen.

Ich gebe zu, es ist einfacher, nichts zu tun und den Status quo zu erhalten. Alles andere bedeutet Arbeit. Aber diese Arbeit lohnt sich. Denn wir arbeiten an einer besseren Welt.

Farbignoranter Rassismus

Meine früheste Erinnerung, die ich dem Thema »farbignoranter Rassismus« zuordnen kann, stammt aus der Studienzeit. Eine *weiße* Kommilitonin, wir waren eng befreundet, machten fast alles zusammen, konnten stundenlang miteinander reden. Eines Tages saßen wir auf einer Picknickdecke, die Sonne schien. Ich weiß nicht genau, worüber wir sprachen. Ich glaube, ich habe ihr von einer rassistischen Situation erzählt, die mir widerfahren war. Sie legte ihre Hand auf meinen Arm und sah mich aufmunternd an: »Weißt du Tupoka, wenn ich dich so anschaue, dann sehe ich gar nicht, dass du Schwarz bist!« Sie strahlte mich an, begeistert über ihre Erkenntnis. Und im allerersten Moment wurde ich mitgerissen von dieser Begeisterung. Aber dann kam ich ins Stocken. Wieso will sie nicht sehen, dass ich Schwarz bin? Sie sah etwas. Aber musste sie etwas negieren? Warum ist das »Nichtsehen« von etwas so Offensichtlichem ein Kompliment? Ich habe einige Jahre gebraucht, um zu formulieren, was mich daran so irritiert hat und warum sich diese Aussage – so begeistert sie auch geäußert wurde – eher wie eine Beleidigung anfühlte, als wie ein Kompliment.

Im Workshop beginne ich diese Erklärung so: Wenn eine *weiße* Person und ich auf die Straße gehen, dann sind wir mit unterschiedlichen Vorurteilen konfrontiert allein aufgrund der Tatsache, dass sie *weiß* ist und ich Schwarz. Natürlich gibt es auch andere gesellschaftlich wirkungsvolle Kategorien, anhand derer wir vielleicht ähnliche Erfahrungen machen. Aber in diesem Buch geht es ja um Rassismus, also lass uns mal kurz ausschließlich auf die Kategorie Rassifizierung schauen. Die *weiße* Person und ich machen also unterschiedliche Erfahrungen. Wir haben unterschiedliche Chancen, wenn es zum Beispiel um das Anmieten einer Wohnung in Berlin geht. Wir haben unterschiedliche Chancen, wenn wir uns um eine Stelle bewerben. Wir haben unterschiedliche Sicherheitsbedürfnisse an verschiedenen Orten in Deutschland. Solange dies so ist, empfinde ich Statements wie »Ich sehe nicht, dass du Schwarz bist!« oder »Ich sehe keine Hautfarben!« als fatal. Denn ich weiß nicht, ob die Person, die das sagt, um diese unterschiedlichen Erfahrungen und unterschiedlichen gesellschaftlichen Barrieren weiß. Ich weiß nicht, ob sie sie wahrnimmt. Gebe ich mein Kind nun in deine Kita, deine Klasse, in deine Schule, und du sagst mir, »Ich behandle alle Kinder gleich, ich mache da keine Unterschiede, mir ist nämlich ganz egal, ob …«, dann kann es gut sein, dass du eine sehr nette Person bist. Sehr wahrscheinlich sogar. Auch deine Intention kann eine gute sein. Aber ich habe Sorgen. Ich weiß nicht, ob du weißt, dass mein Kind in deiner Institution tagtäglich andere Erfahrungen machen wird als ein *weißes* Kind. Ich weiß nicht, ob du meinem Kind Pippi Langstrumpf vorlesen und wissen wirst, dass mein Kind eine ganz andere – nämlich schmerzhafte – Erfahrung beim Vorlesen machen wird als die *weißen* Kinder. Ich weiß nicht, ob dir klar ist, dass, wenn es auf Klassenfahrt oder Gruppenreise geht – in Berlin ist das meistens nach Brandenburg, in München kann es das bayerische Umland sein –, mein Schwarzes Kind ein anderes Sicherheitsbedürfnis hat als die *weißen* Kinder. Wirst du hören, wenn etwas Rassistisches zu meinem Kind gesagt wird? Wirst du es schützen? Wirst du es wieder aufbauen? Wirst du mich informieren? All das weiß ich nicht, wenn du mir sagst, du siehst gar nicht, dass mein Kind Schwarz ist.

Diese Äußerung mag gut gemeint sein. Aber sie zeigt auch dein Privileg. Denn sie sagt auch, »ich muss oder möchte etwas nicht sehen, ich muss oder möchte über etwas nicht reden, weil es für mich keine Rolle spielt.«

»Color Evasive Racism«[28] oder farbignoranter Rassismus werden solche Haltungen und solche Aussagen deshalb auch genannt.

Vielleicht regt sich jetzt Abwehr in dir. Ich habe schon sehr viele Diskussionen um diese Aussage führen dürfen, weswegen ich nicht verwundert wäre, wenn du jetzt zumindest leicht empört bist.

Interessanterweise können Othering und Farbignoranz auch innerhalb einer Aussage daherkommen. Lass uns so eine Aussage mal anschauen:

»Ich mache keine Unterschiede, Hautfarbe spielt keine Rolle. Aber die Kinder mit Migrationshintergrund sind nun mal eindeutig temperamentvoller.«

Übersetzt und dekodiert heißt das so was wie:

Teil 1:
Ich habe die Macht beziehungsweise das Privileg, Unterschiede, die gesellschaftlich gemacht werden und eine Rolle spielen, nicht wahrzunehmen. Daher möchte ich mich damit nicht beschäftigen und werde jeglichen Hinweis auf bestehende Machtverhältnisse oder gar eine Kritik derer wegwischen.

Teil 2:
Ich bin natürlich selbst rassistisch sozialisiert und kann jederzeit aus einer vermeintlich neutralen und objektiven Perspektive heraus willkürliche Gruppen herstellen und pauschalisierende Urteile über deren Verhaltensweisen, Charakterzüge, Kenntnisse, Kompetenzen etc. fällen.

Das Ganze kommt relativ harmlos daher und kann locker mit einem dicken fetten Lächeln im Gesicht gesagt werden. Der Effekt und die Konsequenz sind aber mitunter sehr gewaltvoll.

Whitesplaining & Whitepeating

Ein neuer Tag, ein neuer Workshop. Vor uns zehn engagierte Menschen aus irgendeiner Branche, alle sehr hip und vor allem sehr erfreut, hier zu sein. Zu Anfang wie immer die Namensrunde. Alle sollen zum Aufwärmen und Kennenlernen etwas zu ihrem Namen sagen. Warum sie ihn bekommen haben oder wie es ihnen mit dem Namen als Kind ging. Reihum kommen lustige, teilweise tragische, aber auch berührende kleine Anekdoten zutage. Felix – sehr engagiert – holt weiter aus: »Also, ich bin total happy hier zu sein. Ich will schon mal sagen, du machst das echt gut. Ich hab mit dem Thema schon viele Berührungspunkte gehabt. Ich habe schon immer Schwarze Freunde und ...« Ich unterbreche sanft: »Bitte nur zum Namen, Felix.«

Eine halbe Stunde später. Ich halte gerade einen kurzen Input und habe bereits angekündigt, im Anschluss das Plenum zu öffnen und Fragen entgegenzunehmen. Ich bin mittendrin: »Rassismus ist ein Konstrukt. Es gibt keine menschlichen Rassen, aber es gibt Rassifizierung ...« Aus dem Augenwinkel sehe ich, wie Felix ungeduldig hin und her rutscht. Sein Finger geht wie in der Schule in die Höhe. Er hält es nicht mehr aus. Ich unterbreche: »Ja, Felix?« – »Ich finde es wirklich toll, wie du redest. Ich denke, es ist total wichtig, was du sagst. Rassismus ist ein Konstrukt. Finde ich auch für alle anderen hier im Raum sehr wichtig zu wissen. Rassifizierung ist halt ...« Ich atme tief durch. »Felix, ich beende meinen Input und lade dich danach ein, deine Gedanken zu teilen.«

So zieht es sich durch den ersten Tag. Immer wieder spürt Felix das anscheinend tief sitzende Bedürfnis, mir ungefragt Feedback dazu zu geben, wie er meine »Performance« findet. Er ordnet wild gestikulierend meine Aussagen ein, wiederholt von mir benannte Inhalte teilweise bis auf das Wort genau.

Ich: »May Ayim war eine deutsche Poetin.«

Felix: »Richtig.«

Ich: »Es gibt keine Menschenrassen.«

Felix: »Ich glaube, du vergisst da was. Es gibt nämlich übrigens keine Menschenrassen.«

Ich: »Ich erlebe im Kontext von Rassismus ...«

Felix: »Ich glaube, was du meinst, ist, dass Schwarze Menschen im Kontext von Rassismus oft Ohnmacht erleben. Es ist wirklich sehr schwer für sie.«

Die Felixe dieser Welt heißen auch Martin, Michael, Leon, Tobias oder Stefan. Sie sind – in der Mehrzahl – *weiße* heterosexuelle cis-Männer. Manchmal in Führungspositionen, manchmal Studenten. Mir sind sie in Interviews begegnet, bei Keynote Speeches, in Beratungssituationen. Sie sind (meistens) nicht böse. Sie unterliegen dem paternalistischen und unerschütterlichen Glauben, es sei okay und sie seien berechtigt, an jeder Stelle – auch zu Themen, von denen sie nicht viel wissen – ihren Senf dazuzugeben. Das ist nicht verwunderlich, wenn wir die Welt durch ihre Augen betrachten. Sie wurden in einer Welt sozialisiert, in der die *weiße* männliche Perspektive omnipräsent ist. Sie haben ein Bildungssystem durchlaufen, Bücher und Medien konsumiert, sind von Sprache umgeben, die den Mythos propagiert, dass diese Perspektive quasi als »default«, also Voreinstellung, einen objektiven, maßgebenden Standard abbildet. Sie sind das handelnde, denkende Subjekt. Der Status quo. Aus dieser Perspektive heraus wird entdeckt, beobachtet, aber auch legitimiert. Denn wie sonst lässt es sich erklären, dass in Situationen, in denen ich als Expertin eingeladen werde und Felix-Stefan-Michael Teil der lernenden Gruppe ist, er das Bedürfnis verspürt, mir permanent Feedback zu erteilen, mich zu korrigieren, für mich zu sprechen? Warum sonst glaubt er, dass das von mir Gesagte durch ihn legitimiert werden müsse?

Die Phänomene nennen sich »Whitesplaining« und »Whitepeating«. Whitesplaining ist eine Zusammensetzung der englischen Worte *white* und *explaining* – »*weißes* Erklären«. Whitepeating ist eine Kombination aus *white* und *repeating* – »*weißes* Wiederholen«.

Whitesplaining ist immer dann am Werk, wenn *weiße* Menschen glauben, für Schwarze Menschen sprechen zu können, besser als sie zu wissen, was für sie gut ist, was Rassismus mit ihnen macht. Auch dann, wenn sie eine Expertin in dem Bereich treffen. Und nein, es sind nicht nur Stefan, Michael und Tobias. Auch von Cornelia, Brigitte und Julia kann Whitesplaining und Whitepeating ausgehen. Im Kontext von Sexismus gibt es ein Pendant – nämlich »Mansplaining« und »Hepeating«. Vielleicht ist dir das ja schon einmal begegnet oder du hast es selbst bereits getan?

Versteh mich nicht falsch. Es ist toll, engagiert zum Thema Rassismus zu sein. Und es ist mein großer Wunsch, dass *weiße* Männer sich rassismuskritisch fortbilden. Ich sehe sie sogar in der Verantwortung, dies zu tun. Also solltest du dich gerade angesprochen fühlen, vielleicht sogar Felix, Stefan, Michael oder Tobias heißen und gerade das große Bedürfnis verspüren, die Arme zu verschränken oder mir eine wütende Mail zu schreiben, dann tu das gern. Aber danach komm zurück und lies weiter. Denn sei gewiss: Du wirst gebraucht im Team, um Rassismus zu dekonstruieren. Ein kurzer Perspektivwechsel gefällig?

Auch ich wurde in diese Welt geboren. Und viel zu lange habe ich dem *weißen* männlichen Status-quo-Mythos geglaubt. Mehr noch, ich habe ihn verinnerlicht. Perspektiven von Frauen kamen in allen Bereichen zu kurz. Perspektiven von Schwarzen Frauen als agierende, selbstbestimmte Persönlichkeiten kamen gar nicht vor. Ich lernte, die Welt aus der Perspektive von *weißen* Männern zu betrachten. Ich lernte, dass *weiße* Männer die Welt entdeckten. Dass *weiße* Männer philosophierten, erforschten, kategorisierten. Sie waren aber auch Superhelden, Lehrer, Direktoren, Dozenten, Dekane. Ich lernte, dass es *weiße* Männer waren, die dichteten und dachten. Und ich hörte es in der Musik, in der im pathetischen Abschlussgesang der 9. Sinfonie alle Menschen Brüder wurden.

Damit du mich nicht falsch verstehst: Ich habe viel gelernt. Es geht nicht darum, diese Perspektive und das Wissen und Schaffen von *weißen* Männern generell zu entwerten. Dennoch: Die Konsequenz war, dass ich versucht habe, mich an diesem Standard zu messen, obwohl ich natürlich von Anfang an zum Scheitern verurteilt war, sein musste. Ich fühlte mich lange nicht gut genug, nicht analytisch genug, nicht wissenschaftlich genug, nicht … genug. Das hatte Konsequenzen dafür, was ich mir selbst zutraute, wo ich mich und meine Stimme berechtigt sah. Wo ich das Gefühl hatte, Mitspracherecht zu haben, und wo eben nicht. Ich war in Stefans Welt zu Besuch. Und seine Regeln galten. Aber: Die *weiße* männliche Perspektive ist weder (mein) Standard, noch ist sie objektiv. Sie ist eine Perspektive von vielen. Und wenn du dich auf einen rassismuskritischen Weg machen willst und deinen Beitrag dazu leisten möchtest, dass diese Welt gerechter wird, dann musst du in den Räumen beginnen, in denen du dich aufhältst.

Weiße Männer sitzen in den vielen Schaltzentralen dieser Gesellschaft. Und so, wie wir im Kampf gegen das Patriarchat feministische Männer brauchen, brauchen wir rassismuskritische Männer im Kampf gegen Rassismus. Teil dieses Kampfes ist es aber, nicht an der eigenen Deutungshoheit festzuhalten. Mut zu haben, loszulassen. Lernen, sich mal zurückzunehmen. Anzuerkennen, dass es viele verschiedene Möglichkeiten gibt, auf diese Welt zu schauen, und dass dies bereichernd und gut ist. Sich selbst als lernende Person zu verstehen. Und es bedeutet auch, mal einfach nicht immer den eigenen Senf dazuzugeben.

Jetzt lass uns einmal kräftig durchatmen und dann kurz reflektieren.

Wie du Whitesplaining und Whitepeating bei dir selbst oder anderen erkennst:

- Du hast das Bedürfnis, das, was eine BIPoC-Person sagt, einzuordnen, zu korrigieren oder zu validieren, auch wenn du nicht dran bist und nicht gefragt wurdest.
- Du glaubst, du weißt besser, wie die BIPoC-Person über Rassismus und ihre Erfahrungen sprechen soll.
- Du denkst, du weißt besser, wie eine BIPoC-Person sich in einem bestimmten Moment fühlt, auch dann, wenn du keine Fachperson für das Thema bist.

Meine Tipps

- Geh mit etwas Bescheidenheit an die rassimuskritische Reise heran. Rassismus gibt es seit 500 Jahren. Es ist eine Marathonaufgabe von vielen Tausenden von Menschen und Generationen, Rassismus zu dekonstruieren. Glaube daher nicht, dass du die einzige Person bist, die die Lösung gefunden hat. Verhalte dich auch nicht so.

- Sprich nicht für BIPoC.
- Gib nicht vor zu wissen, wie sich Rassismus anfühlt oder was BIPoC erleben.

White Charity

Meine ersten Workshops hielt ich in Organisationen, die Freiwilligendienste durchführten. Das Geschäftsmodell besteht darin, dass junge Menschen in Deutschland, die mit der Schule fertig sind, für ein Jahr ins Ausland entsendet werden, um dort an einem Projekt mitzuarbeiten. Die jungen Menschen sehen auf diese Weise andere Länder, reisen herum, sammeln Erfahrungen, machen tolle Bilder für Instagram und Co., und ganz nebenbei retten sie die Welt. Macht sich nicht nur gut im Lebenslauf, sondern hält auch fleißig das Narrativ des helfenden *weißen* Retters aufrecht. Dies wird auch »White Saviorism« genannt. *Weiße* Menschen, die Schwarze Menschen retten, ihnen helfen, sich für sie einsetzen. Klingt erst mal harmlos und eigentlich nett. Denkst du dir eventuell auch gerade. Damit wärst du nicht allein. Lass uns gemeinsam einen genaueren Blick auf das Thema werfen. Zur Einleitung zwei Texte, die ich auf der Seite »Wegweiser Freiwilligenarbeit« gefunden habe. Dort gibt es umfangreiche Informationen rund um das Thema.

> »In Afrika gibt es eine große Zahl von Hilfs-Projekten der internationalen Freiwilligenarbeit, denn es ist leider der ärmste Kontinent der Welt. So gibt es dort nicht zufällig besonders viele Gelegenheiten

zu Volunteering in allen Bereichen – Bildung, Soziales, Natur- oder Tierschutz. Während Sie in Ihrem Lieblings-Projekt einen Beitrag zur Entwicklungshilfe leisten, haben Sie zudem die Möglichkeit, Ihre Französisch- oder Englisch-Kenntnisse aufzupolieren und das, je nach Einsatzort, unter sehr einfachen Lebensbedingungen oder auch mit Komfort fast nach mitteleuropäischen Standards. Während der Freizeit bietet sich besonders an, die spannende afrikanische Tierwelt zu entdecken oder in die Kultur des schwarzen Kontinents einzutauchen.«

Weiter geht es mit:

»5 gute Gründe für Freiwilligenarbeit in Afrika

- Auf dem ärmsten Kontinent der Welt helfen
- Sprachkenntnisse ausbauen – Englisch und Französisch
- Freiwilligenarbeit mit Kindern, Tieren, Randgruppen – große Projekt-Vielfalt
- Für Hartgesottene und Komfort-Liebhaber – Lebensbedingungen für jedes Gemüt
- Afrikas einmalige Tierwelt – im Wildlife-Projekt oder während der Freizeit«[29]

Es gibt eine lange Tradition des »Helfenwollens« von *weißen* Menschen gegenüber Schwarzen Menschen. Ein kurzer Blick in die Entstehungsgeschichte des White Saviorism führt uns zu den Anfängen der Mission. *Weiße* Individuen und ganze Organisationen gingen in afrikanische Länder, um dort den Menschen zu »helfen«. Erinnerst du dich daran, wie im Kontext der Entstehungsgeschichte des Rassismus die Legitimierungsstrategie für die Ausbeutung und Unterdrückung die Erfindung der »verschiedenen Rassen« war und anschließend auch die Erfindung der »Hierarchie dieser Rassen«? Und all dies eigentlich zum

Ziel hatte, sich gut fühlen zu können, während man Menschen und ganze Völker versklavte und ausbeutete? Wenn wir diese Erklärungsversuche nun noch etwas weiterspinnen, dann wäre es doch wunderbar, wenn man annehmen würde, dass diese unterdrückten Völker auch noch gern in dieser Unterdrückung leben. Dass sie angewiesen sind auf eine*n weiße*n Retter*in, der*die sie – gleich einem strengen Lehrer – erzieht und ihnen damit hilft, ihr Leben zu meistern. Mission hatte genau dies zum Ziel. Die *weißen* Missionar*innen brachten den moralischen Unterbau der rassistischen Narrative mit und hatten bei ihren Reisen auf den afrikanischen Kontinent als »kulturrassistisches Handgepäck ein unhinterfragtes, aber dafür umso tiefer greifendes Gefühl zivilisatorischer Überlegenheit« dabei.[30] Es ging bereits damals immer darum, dass die »heidnischen, dummen, unzivilisierten Anderen« ihren »natürlich« gegebenen Platz unter den *weißen* Menschen einnehmen konnten. Der weiße Mensch blieb dabei immer in der Position des Lehrenden, des Leitenden, der Wissen vermittelt, der gönnerhaft hilft. Die Schwarze Person war und ist die, die Wissen und Hilfe empfängt. Die Erwartungshaltung verlangt, dass diese Hilfe dankbar und genügsam entgegengenommen wird. Das Ziel war und ist nie, dass das Schwarze Individuum aus diesem Status – dem des*der Hilfe Empfangenden – herauskommt, sondern dass es dort verweilt.

Die Freiwilligendienste und die Entwicklungszusammenarbeit dürfen wir nicht losgelöst von diesem geschichtlichen Hintergrund betrachten, denn sie bilden das Kontinuum dieses rassistischen Ursprungs. Warum können junge Menschen, die keinerlei pädagogische, didaktische oder inhaltliche Ausbildung im Lehrberuf haben, in afrikanischen und karibischen Ländern ganze Schulklassen unterrichten? Teilweise bis hin zur Sekundarstufe 1? In Projekten Teammeetings leiten oder andere Leitungspositionen übernehmen, für die sie hier in Deutschland eine mehrjährige Ausbildung absolvieren müssten? Wenn wir genau hinschauen, finden wir darin ein deutlich überhöhtes Selbstbild auf der einen und ein verachtendes Fremdbild auf der anderen Seite.

Als mein erster Sohn in der achten Klasse war, kam er eines Tages nach Hause und sagte: »Wir laufen nächste Woche für John. Wir retten damit sein Leben.« – »Wer ist John?«, fragte ich. »Ein Kindersoldat.« Nach einigen weiteren Rückfragen stellte sich heraus, dass die Schule einen Lauf organisierte, bei dem jedes Elternteil Geld für das eigene Kind spenden sollte, je nachdem, wie viele Stadionrunden das Kind schaffte. Und am Ende ging das Geld an besagten »John, den Kindersoldaten.«

Was für eine wunderbar einfache Welt. Kinder rennen dreimal im Kreis und retten so das Leben eines Kindes im fernen Afrika. Nichts leichter als das. Wie John weiter hieß, war unwichtig. Warum er Kindersoldat war, wo er lebte, wer er war, was er mochte und was nicht, warum es Projekte in diese Richtung gab, aber nicht in die andere, was das mit Rassismus, Eurozentristik und Kapitalismus zu tun hat und, zu guter Letzt, was John selbst wollte, all das war nicht relevant. Denn eigentlich ging es nicht um John. Und es ging auch nicht wirklich darum, eine tiefere Auseinandersetzung über das Thema Charity und die Schieflagen dieser Welt zu führen. Es ging darum, was das Spenden an John mit dem *weißen* europäischen Selbstbild machte.

Natürlich steht dieses Schulprojekt damit nicht alleine. Es reiht sich ein in Hunderte solcher Projekte. »Wunder kosten im Niger nur 1 Euro« wirbt die Organisation Ein Herz für Kinder im Jahr 2020.[31] Ähnliche Spendenaufrufplakate gibt es zahlreich.

Es ist kein Wunder, dass junge Menschen in Deutschland glauben, sie könnten nach Afrika reisen und dort ein bisschen retten, was das Zeug hält. Entwicklungszusammenarbeit und Charity halten die Länder des globalen Südens oft in einer Endlosabhängigkeit. In der *weiße* »Expert*innen« in afrikanische Länder kommen und Menschen vor Ort Dinge erklären. Natürlich gibt es auch in diesem Bereich eine positive Entwicklung, aber eine generelle eurozentristische Haltung ist in fast allen Entwicklungsorganisationen bis heute deutlich präsent.

Generell zementiert White Saviorism so folgendes Narrativ:

- Schwarze Menschen können ihre Probleme nicht selbst lösen
- Schwarze Menschen sind angewiesen auf *weiße* Hilfe
- *Weiße* Menschen fühlen sich gut in ihrer Rolle des Helfenden
- Schwarze Menschen bleiben in der Abhängigkeit von *weißem* Gönnertum
- *Weiße* Vorherrschaft bleibt erhalten, es ändert sich absolut nichts am Status quo

Heißt das nun, dass Helfen generell verkehrt ist und ins Ausland reisen auch? Natürlich nicht. Es gibt tolle unterstützende Projekte und Organisationen. Wichtig ist aber, die eigenen Motive zu hinterfragen und diese auch in einen gesellschaftlichen Zusammenhang zu stellen. Und letztendlich zu beleuchten, warum es diese Projekte gibt und was das mit uns und unserem Selbstverständnis zu tun hat und inwiefern dabei unsere rassistische Sozialisierung eine Rolle spielt.

Die Organisation glokal e.V. hat bereits 2013 eine Broschüre herausgebracht namens »Mit kolonialen Grüßen«[32], in der sie Tipps und Ratschläge für eine rassismuskritische Auseinandersetzung vor einer Auslandsreise gibt. Viele Freiwilligenorganisationen verpflichten die Freiwilligen mittlerweile vorab zu rassismuskritischen Workshops. Und ich kann berichten, dass wir in den letzten Jahren Workshops und Keynotes bei einigen großen Stakeholdern in der Entwicklungszusammenarbeitsbranche gegeben haben. Dennoch kratzen wir mit all dem lediglich an der Oberfläche des Problems. Denn das strukturelle Phänomen bleibt erhalten.

Was kannst du als Individuum tun?

Spenden/sich engagieren

- Wenn du dich in Projekten oder Hilfsorganisationen engagierst, dann schau dir die Struktur genau an.
- Schau nach Projekten, die sich rassismuskritisch positionieren und sichtbar machen, dass sie sich mit dekolonialen Perspektiven auseinandersetzen.
- An wen gehen die Spenden? Erreichen sie die Betroffenen selbst, oder geht das Geld an die *weißen* Organisationen?
- Wie sieht die Zusammenarbeit vor Ort aus? Ist das Ziel des Projekts die Selbsthilfe?
- Profitieren die Akteure vor Ort von der Unterstützung?
- Unterstützt es sie in der Selbstermächtigung? Sind die Akteur*innen vor Ort auf allen Ebenen in den Entscheidungspositionen vertreten?

- Verdienen die Menschen, die vor Ort im Projekt arbeiten, genauso viel wie die Menschen hier?
- Stärkt das Projekt die Infrastruktur vor Ort mit dem Ziel, dass diese Hilfe letztendlich nicht mehr nötig ist?

Auslandsreisen

- Mach keine Fotos von Kindern, ohne die Erlaubnis der Erziehungsberechtigten einzuholen, so wie du es hier auch machen würdest.
- Veröffentliche generell keine Fotos von Menschen, deren Erlaubnis du nicht eingeholt hast.
- Betreibe kein »poverty porn«, also geh nicht ungefragt in Wohnbereiche von Menschen und fotografiere dort.
- Bezahle die Tourist*innenpreise. Du verdienst mit sehr hoher Wahrscheinlichkeit mehr als die Menschen vor Ort. In Deutschland würdest du auch nicht versuchen, den Preis eines Abendessens nach unten zu handeln.

Kulturelle Aneignung

»Vor diesem Hintergrund verstehe ich diese Art von Verboten nicht. In diesen Verboten steckt drin: Ihr dürft das nicht. Ihr dürft Fremdes euch nicht zu eigen machen. Ihr dürft es euch nicht nahebringen. Ich finde das tieftraurig, und es ist nahezu kulturfeindlich.« Dies ist das Zitat des ehemaligen Bundestagspräsidenten Wolfgang Thierse in einem Dokumentarfilm zum Thema kultureller Aneignung.[33]

Die Hauptfragen, die ich über Instagram oder Facebook gestellt bekomme, befassen sich mit kultureller Aneignung. Interessanterweise werden sie oft so gestellt, als wäre ich eine dogmatische erzieherische Instanz in einem Internat: »Darf ich als *weiße* Person Dreadlocks tragen?«, »Darf ich mich an Karneval schwarz anmalen und als Obama verkleiden?«, »Darf ich African Dance machen?« Ein bisschen schmeichelnd ist es schon, so gefragt zu werden. Und manchmal juckt es mich in den Fingern, meinen Lehrstock herauszuziehen und mit milder oder strafender, aber definitiv theatralischer Geste Absolution oder Verbote zu erteilen. Aber diese Verlockung verweilt nur kurz. Denn eigentlich möchte ich auch an dieser Stelle wieder einmal darauf hinweisen, dass es nicht um Verbote geht. Es geht darum, eine informierte Entscheidung darüber zu treffen, was ich machen möchte und wofür ich Verantwortung übernehmen kann. Hier kommt der Informationsteil:

Kulturelle Aneignung ist eine Art Kulturdiebstahl. Ich weiß, das ist ein großes Wort, das dich wahrscheinlich erschreckt. Werden wir etwas differenzierter: Bei kultureller Aneignung geht es darum, dass Mitglieder einer dominanten Gruppe kulturelle Aspekte einer – und das ist wichtig – marginalisierten Gruppe für sich nutzen, sich aneignen oder diese kommerzialisieren.

Ein besonders bekanntes Beispiel für kulturelle Aneignung ist Yoga. Yoga ist eine 5000 Jahre alte philosophische Lehre aus Indien, die sowohl geistige als auch körperliche Übungen umfasst. Gibst du bei Google Yoga ein, findest du allerdings heutzutage Seite um Seite Bilder von *weißen* Menschen in Yogaposen. Yoga ist heute das Symbol der fitten *weißen* Mittelklassefrau, die ihre Work-Life-Balance sucht.

Kulturelle Aneignung lässt sich nicht losgelöst vom historischen Kontext betrachten. *Weiße* Menschen haben sich seit vielen Jahrhunderten an durch sie marginalisierten Bevölkerungsgruppen und deren Kulturen bedient. Sie haben sich genommen, ohne zu fragen, und im Zuge dessen gemordet, erobert und unterdrückt. Dies ohne größere negative Konsequenzen für sich. Im Gegenteil, sie bauten ein Machtgefälle auf, das bis heute weltweit wirkmächtig ist. Fast alle ehemals versklavten oder kolonialisierten Länder sind entweder bis heute strukturell benachteiligt oder ihre *weißen* Regierungen benachteiligen die ehemals kolonialisierte Bevölkerung strukturell. Sie werden sowohl durch das von *weißen* Menschen erfundene und etablierte kapitalistische System als auch durch neokoloniale Strukturen wie »Entwicklungshilfe« oder Charity in einer Vielzahl von Abhängigkeiten gehalten.

Sich nun als *weiße* Person mit kulturell-traditionellen Aspekten wie Braids, Locks, Bindi etc. zu schmücken – ohne zumindest ein respektvolles Bewusstsein für deren Herkunft und Tradition zu haben –, keine kulturelle Wertschätzung, sondern eine neokoloniale Variante des sich Aneignens. Zumal Menschen aus marginalisierten Gruppen bis heute oft mit negativen Konsequenzen zu rechnen haben, wenn sie diese Frisuren, Kleidungsstücke etc. tragen. So werden Schwarze Kinder bis heute in Schulen ausgelacht, aufgezogen und erleben Grenzüberschreitungen aufgrund ihrer Locks, Braids oder Cornrows. Locks werden als unrein, zottelig oder ungepflegt diskreditiert. Schwarzen Moderator*innen werden bis heute Jobs verwehrt, wenn sie ihre Haare nicht »zähmen«. Gleichzeitig erhalten *weiße* Menschen für das Tragen von Cornrows, Braids oder auch das Tönen der Haut Zuspruch, gelten als cool, trendy oder urban. Große *weiße* Modelabels missbrauchen und kommerzialisieren traditionell Schwarze oder indigene kulturelle Aspekte und lassen sich dafür feiern, während im gleichen Atemzug Schwarze Menschen und indigene Menschen für ihre eigenen kulturellen Praxen bloßgestellt, herabgesetzt und institutionell ausgegrenzt werden.

Prof. Brittney Cooper schreibt in ihrem Buch *Eloquent Rage:*

»Die Fähigkeit, die Teile der Schwarzen Kultur, die einem gefallen, nach Belieben zu übernehmen und abzuschälen, ist genau das, was mit dem Begriff ›*weißes* Privileg‹ gemeint ist. Und während das Teilen von Kultur in Ordnung ist, haben *Weiße* bewiesen, dass sie ein Problem mit ebendiesem Teilen haben. *Weiße* Menschen teilen nicht. Sie übernehmen. Sie kolonisieren. Sie beanspruchen Dinge als ihre eigenen und beschuldigen dann andere, territorial und rückschrittlich zu sein, wenn sie auf ebendiese aggressiven Aneignungspraktiken hinweisen, die die *weiße* Kultur prägen.«[34]

Prof. Brittney Cooper weist im weiteren Text darauf hin, dass wenn *weiße* Menschen Aspekte Schwarzer Kultur für sich nutzen, sie dies tun sollten, indem sie auf deren Ursprünge hinweisen, diese anerkennen und ihnen Respekt zollen.

Und ein Wort zum Thema Karneval: Ich bin in Leipzig und Berlin groß geworden. Beides keine Regionen, in denen Karneval einen großen Stellenwert hat. Aber natürlich habe ich mich auf Faschingspartys schon verkleidet und meine Kinder zu unzähligen Faschingsfeiern begleitet. Immer waren neben den Schmetterlingen, Pilot*innen, Katzen, Meerjungfrauen und Polizist*innen aber auch kleine »I-Wörter«[*], »Geishas« oder »Buschmän-

---

* Ich schreibe das I-Wort nicht aus, da es sich um eine rassistische Fremdbezeichnung handelt. Ich bin sicher, du weißt, um was es geht.

ner und -frauen« dabei. Lange hatte ich keine Worte dafür, was mich an den Kostümen bedrückte. Von mir initiierte Gespräche darüber wurden weggelächelt, oder ich wurde als hysterisch dargestellt.

[TW]: Im März 2019 machte ein Kindergarten Schlagzeilen, da die Leitung in einem Rundbrief an die Eltern darum bat, bei der Auswahl des Kostüms darauf zu achten, »dass durch selbiges keine Stereotype bedient werden«. Und: »Beispielsweise möchten wir nicht, dass Kinder als ›Indianer‹, ›Scheich‹ oder Ähnliches verkleidet sind«.[35]

Noch mal zum Mitschreiben: Ein Rundbrief, in dem die Leiterin die Bitte äußerte, auf diskriminierende und verletzende Kostüme zu verzichten, führte zu einem medialen Aufschrei, bei dem sich sogar Politiker*innen einmischten. Worte wie »Zensur! Verbote!« wurden bemüht, die Kita erhielt Drohbriefe gefüllt mit Beleidigungen. Ich finde das absurd. Beziehungsweise, ich fände das absurd, wenn ich nicht wüsste, was eigentlich dahintersteckt: Denn es geht nicht wirklich um die Kinder dieser Kita in Hamburg. Es geht eigentlich um Macht und um Deutungshoheit. Ja, du hast richtig gelesen. Die Wucht der Emotionen, genauer gesagt der *weißen* Zerbrechlichkeit in Reaktion auf diesen Rundbrief, hat mehr damit zu tun, dass *weiße* Menschen es gewohnt sind, kulturelle Aneignung und Ausbeutung zu betreiben und dieses Recht nicht infrage gestellt sehen wollen.

Interessiert es dich, wie ich meinem dreijährigen Sohn erklärt habe, dass ein I-Wort-Kostüm verletzend ist?

Ich: »Vor vielen, vielen Jahren wollte ein Mann aus Spanien namens Christoph Kolumbus mit dem Schiff nach Indien fahren. Er verfuhr sich aber und landete stattdessen in Barbados. Das merkte er aber nicht.«

Mein Kind rollt die Augen: »Oh, ist der doof.«

Ich: »Dann sah er dort Menschen. Die lebten dort bereits seit langer Zeit und hatten es sich schön gemacht und eingerichtet. Kolumbus fragte sie nicht, wie sie hießen, sondern nannte sie ›I-Wort‹, weil er ja dachte, er sei in Indien.«

Mein Kind: »Wie fies.«

Ich: »Er fuhr dann zurück und erzählte allen Menschen bei sich zu Hause, er habe ein Land entdeckt!«

Mein Kind: »Wie komisch, aber da waren doch schon Menschen?«

Ich: »Eben. Sehr komisch. Damit aber nicht genug. Er fing an und erzählte allen, dass sie mitkommen sollten, dass sie dorthin ziehen könnten. Und wenn die Menschen dort das nicht wollten, könnte man sie zwingen und ihnen so lange wehtun, bis sie Platz machten. Genauso ist es dann auch gekommen. Es kamen viele, viele Menschen, und sie zerstörten die Häuser der Menschen, die dort lebten, taten ihnen weh und töteten sie sogar. Bis heute werden sie und ihre Nachkommen unterdrückt und ausgegrenzt. Und immer dann, wenn andere Menschen sich jetzt als ›I-Wörter‹ verkleiden, erinnert es sie an den Beginn dieser schrecklichen Zeit. Übrigens: Die heißen nicht ›I-Wörter‹, die wurden ›I-Wörter‹ genannt. Sie mögen diesen Namen überhaupt nicht.«

Mein Kind ist empört. Eigentlich habe ich bis jetzt kein Kind getroffen, das nicht empört war. Wer in Workshops teilweise weinend und schreiend rausgerannt ist, waren Erwachsene. Menschen, die, wie ich auch, in einer Welt groß geworden sind, in der wir geprägt wurden durch die Geschichten über die »edlen Wilden« und »Cowboys«. Diese Geschichten haben nur leider sehr wenig mit den Menschen zu tun, um die es geht. Sie wurden geprägt von vorrangig einem *weißen* Mann, der im Gefängnis saß und erotisierende und romantisierende Fantasien von den »Wilden« ersann, ohne je eine*n davon kennengelernt zu haben. Es ist eine verzerrte Projektion. Diese Projektion verkennt die grausame Ausbeutung, die Genozide, die Vertreibung und vor allem die bis heute anhaltende Unterdrückung und Marginalisierung von Native Americans.

Weiße Menschen wanderten aus und »entdeckten«, eroberten, beuteten aus, plünderten und nehmen für sich bis heute in Anspruch, sich auch noch als Karikaturen der durch sie ausgebeuteten Menschen zu verkleiden. Einfach in »andere Kulturen« reinschlüpfen und nach Belieben wieder raus. Ohne dabei aber mit den realen Konsequenzen rechnen zu müssen, die es gäbe, wenn sie tatsächlich Teil dieser marginalisierten Gruppe wären. Das ist ein sehr *weißes* Privileg.

Eine Afroperücke bei der Motto-Party zu tragen, ist cool. Von der Polizei kontrolliert zu werden, weil du Schwarz bist – nicht so cool.

Wenn wir rassismuskritisch denken und leben lernen wollen, dann wird es höchste Zeit, sich von den schiefliegenden Projektionsfantasien zu verabschieden. Das fällt nicht leicht, das weiß ich. Ich habe Nachmittage lang mit meinem Kindheitsfreund Christoph Winnetou und Old Shatterhand gespielt. Ich liebte es, wenn mein Großvater mir die Bücher von Karl May vorlas.

Auch an dieser Stelle möchte ich noch einmal darauf hinweisen: Es geht nicht um Verbote. Die Mitarbeitenden der Kita in Hamburg haben sich rassismuskritisch auseinandergesetzt und beschlossen, dass sie etwas in ihrer Macht Stehendes tun wollen, um gesellschaftlicher rassistischer Sozialisierung in ihrer Kita etwas entgegenzusetzen. Eltern haben nach wie vor die Wahl, ihre Kinder in eine andere Kita zu schicken. Oder sie können sich dem Wunsch der Leitung in diesem Falle auch widersetzen. Sicherlich wäre dies kein Grund für eine Kündigung des Kitaplatzes. Das ist nämlich rechtlich gar nicht möglich. Wir dürfen in Deutschland rassistische Kostüme tragen. Ein kurzer Blick auf den Kölner Karneval sollte dies beweisen.

Es ist möglich, kulturelle Wertschätzung zu zeigen, ohne kulturelle Aneignung zu betreiben. Und die Wahrheit ist: Es handelt sich hier um eine Diskussion, die vielschichtig ist und in der es nicht immer ein eindeutiges Richtig oder Falsch geben kann. Ich glaube auch, dass es darum nicht wirklich geht. Es geht vielmehr darum, sich selbst und die jeweiligen Situationen immer wieder zu reflektieren.

Profitiere ich als *weiße* Person? Unterstütze ich Ausbeutungsverhältnisse? Handelt es sich um Austausch auf Augenhöhe? Bediene ich mich auf Kosten anderer?

Du musst Entscheidungen treffen: Was möchte ich? Was ist mir wichtiger? Das meine ich nicht polemisch, es geht hier nicht um meine Meinung. Du solltest dir der Konsequenzen deines Handelns bewusst sein.

Tokenism

»Tokenism« stammt von dem englischen Wort *token*, was so viel bedeutet wie Symbol, Spielstein oder Zeichen. Tokenism im Bereich Rassismus ist immer dann ein Thema, wenn *weiße* Menschen Schwarze Menschen oder People of Color als eine Art Requisite für ihre Zwecke ausnutzen. Ein Beispiel für Tokenism ist, wenn Unternehmen oder Institutionen, die eine Schwarze Person oder Person of Color, die es in ihren Reihen gibt, auf ihrem Werbefoto abbilden, um zu zeigen, wie »bunt« oder »divers« sie sind, aber gleichzeitig nach innen keinerlei Rassismuskritik existiert. Ein persönliches Beispiel ist, dass mein Sohn in einer Schule zwar Rassismus durch Lehrpersonal ausgesetzt war, aber zur gleichen Zeit sein Foto – und auch nur seins – auf dem Cover der Schulwerbebroschüre zu sehen war. Oder dass ich einmal einen wütenden Anruf der Kitaleiterin bekam, weil mein Sohn – der einzige Schwarze Junge der Kita – nicht zum Pressefoto erschienen war.

Tokenism spielt auch eine Rolle, wenn *weiße* Menschen die Nähe zu Schwarzen Menschen oder People of Color nutzen, um zu zeigen, wie wenig rassistisch, wie *woke* oder was für ein toller Ally sie sind. Oft ist diese Nähe übrigens gar nicht so nah. So entpuppt sich der »beste Schwarze Freund« nach einigem Nachfragen oft eher als entfernter Bekannter. Eine weitere Form von Tokenism ist, wenn Schwarze Menschen oder People of Color in Arbeitssettings die Rolle der »Diversity«-Verantwortlichen zugespielt bekommen. Besonders dann, wenn das gar nichts mit ihren eigentlichen Arbeitsaufgaben zu tun hat. Die Schwarze Person oder Person of Color wird somit ungewollt die »Spokesperson« für alle Fragen rund um das Thema Rassismus oder Diversity. Das ist auf vielen Ebenen problematisch. Einerseits, weil *weiße* Menschen sich dann ungefragt sowohl emotional als auch intellektuell an der Person abarbeiten. Aber vor allem auch deshalb, weil die Person nicht für ihre Arbeit entlohnt wird. Nicht selten bekommen wir Mails oder Anrufe von erschöpften und verärgerten Schwarzen Menschen, die es leid sind, die Sprecher*in für alle Fragen rund um das Thema zu sein.

Tokenism ist entmenschlichend, weil Schwarze Menschen und People of Color dafür benutzt werden, dass der *weiße* Status quo erhalten bleiben kann. Schwarze Menschen und People of Color werden benutzt, um darüber hinwegzutäuschen, dass keine echte Auseinandersetzung mit Rassismus stattgefunden hat. Man schmückt sich mit Schwarzen Menschen und People of Color, objektifiziert diese für den eigenen Nutzen, und zwar, um den eigentlichen gegenwärtigen rassistischen Zustand – nämlich die *weiße* Überlegenheit – aufrechtzuerhalten und zu legitimieren.

Mein sehr geschätzter Kollege Tsepo Bollwinkel sagt, dass es mindestens drei Personen einer marginalisierten Gruppe innerhalb eines Teams oder einer Institution braucht, um Tokenism zu vermeiden. Eine BIPoC-Person wird automatisch tokenisiert. Sie hat den Druck, stellvertretend für Schwarze Menschen zu sprechen und zu handeln. Es ist quasi unmöglich, dies zu ändern. Das liegt in der rassistischen Natur der Sache. Alle Projektionen lasten auf ihr. Zwei BIPoC in einem *weißen* Space sind besser als nur eine Person. Allerdings besteht nun der Druck, dass diese beiden Personen schwer eigenständig sein können. Sie werden permanent verglichen. »Die ist laut, aber die ist so leise«, »die ist angenehm, die andere unangenehm«. Wenn sie sich nicht verbünden, ist die Chance groß, dass sie gegeneinander ausgespielt werden. Ein Bündnis allerdings führt dazu, dass sie sich gegenseitig bestätigen müssen und nicht gegeneinander gehen können, da die eine Person der anderen dann in den Rücken zu fallen scheint. Was fatal ist, wenn es die einzige Person im Raum ist, die das Gleiche erlebt wie du und dir Halt bietet. Erst ab drei BIPoC dürfen diese langsam Individuen sein.

Sichtbarkeit und Repräsentation ist wichtig. Es ist aber ein Unterschied, ob du die BIPoC in deiner Institution lediglich auf deiner Website abbildest, um zu zeigen, wie »bunt« ihr seid, oder ob ihr euch tatsächlich auf einem rassismuskritischen Weg befindet. Dann macht dies ebenso transparent wie die personale Zusammensetzung. Macht transparent, dass ihr euch entschlossen habt, diesen Weg zu gehen, und auch, dass ihr euch der Größe der Aufgabe bewusst seid.

Was du tun kannst, um Tokenism sichtbar zu machen oder zu vermeiden:

- Bezahlt Schwarze Menschen und People of Color, wenn sie rassismuskritisches Wissen in die Institution bringen.
- Erwarte nicht, dass sie dir beim Pausensmalltalk Rassismus erklären, wenn das nicht ihre Aufgabe ist.
- Erwarte nicht, dass eine Schwarze Person für alle Schwarzen Menschen spricht. Nutze dies aber nicht, um ihr kollektiv gemachte Erfahrungen abzusprechen.
- Sprich Tokenism an, wenn er dir auffällt.

An der Kreuzung: Intersektionalität

Wie du bereits weißt, ist Rassismus nicht die einzige Diskriminierungsform, die es gibt. Im Gegenteil, meistens sind wir als Individuen von verschiedenen gesellschaftlichen Diskriminierungsformen gleichzeitig betroffen und profitieren von anderen. Einige gesellschaftliche Positionierungen verändern sich auch im Laufe des Lebens, wenn wir zum Beispiel älter werden. Andere Diskriminierungsformen sind nicht veränderbar. Um die Verschränkung von Diskriminierungserfahrungen zu beschreiben, gibt es den Begriff Intersektionalität.

Der Begriff der Intersektionalität wurde geprägt von einer Schwarzen Frau, der Juristin und Professorin Kimberlé Crenshaw. Er stammt vom Englischen Wort *intersection,* was Kreuzung oder Schnittpunkt heißt. Kimberlé Crenshaw beschreibt Diskriminierungsformen somit als Straßen. Straßen treffen aufeinander und bilden dann eine Kreuzung. Diese Kreuzung beschreibt das Zusammenwirken von nicht nur einer Diskriminierungsform, sondern zwei. Ausgehend von der Tatsache, als Schwarzer Mensch von Rassismus betroffen zu sein und gleichzeitig als Frau vom Patriarchat, also von Sexismus betroffen zu sein, hat Kimberly Crenshaw diesen Begriff geprägt. Diese Doppelung verstärkt und potenziert beide Diskriminierungserfahrungen, weswegen sie eben nur bedingt mit der Erfahrung *weißer* Frauen oder Schwarzer Männer zu vergleichen ist.

Intersektionalität gab es als Phänomen natürlich schon bevor Kimberlé Crenshaw es benannte. Wenn wir nach geschichtlichen Wurzeln des Diskurses um Intersektionalität suchen, treffen wir bereits Ende des 18. Jahrhunderts auf die ehemals versklavte feministische Aktivistin Sojourner Truth, die in ihrer viel zitierten Rede »Ain't I a Woman?« Intersektionaliät als zentralen Punkt der Frauenbewegung beschreibt und einfordert.

In Deutschland waren es übrigens Schwarze lesbische Frauen, die nicht nur einen Meilenstein der aktivistischen Rassismuskritik generell markierten, sondern auch von Anfang an Intersektionalität als Fokus der Debatte mit einforderten.

Wie du daran siehst, kann es natürlich auch Kreuzungen geben, an denen sich drei oder mehr Straßen treffen: Sexismus, Rassismus und Homofeindlichkeit zum Beispiel. Jedes Mal potenzieren sich die Diskriminierungserfahrungen. Dies nennt man auch Mehrfachdiskriminierung. Daher ist es wichtig, Folgendes zu wissen: Es macht durchaus Sinn, im Lernprozess Diskriminierungsformen erst einmal gesondert zu betrachten, kennenzulernen und sich detailliert damit auseinanderzusetzen. Allerdings dürfen wir dabei nicht stehen bleiben. Um wahre Gerechtigkeit für alle zu erlangen, brauchen wir immer einen intersektionalen Blick auf Menschen und Orte. Wichtig: Auch Privilegien wirken intersektional verstärkend! Ein intersektionaler Ansatz muss daher versuchen, alle gesellschaftlich wirkenden Diskriminierungsformen mitzudenken. Rassismus ist also nur eine von vielen Straßen, auf denen Menschen diskriminierende Erfahrungen machen. Das im Februar 2021 erschienene Buch *Why We Matter* von Emilia Roig nimmt das Thema Intersektionalität unter die Lupe, und ich empfehle dir, dieses Buch zu lesen, wenn du es noch nicht getan hast.

III.

Und jetzt konkret: Privat rassismuskritisch leben

Zwölf Dinge, die du sofort umsetzen kannst

2019 an irgendeinem Tag an irgendeinem Ort in der DACH-Region, vor einer Gruppe von Menschen:

»Tupoka, ich bin eigentlich in den Workshop gekommen, um eine Art Rezept zu erhalten, wie ich als *weiße* Person nun weniger rassistisch sein kann. Eine konkrete Handlungsanleitung. Jetzt sind wir schon an Tag zwei, und bis jetzt haben nur darüber gesprochen, was Rassismus ist und was meine Privilegien sind. Wann wird es denn nun konkret?«

Das ist eine häufige Anmerkung, eine Bitte, die wir immer wieder erhalten: »Bitte gebt uns Rezepte, Anleitungen.«

Natürlich gibt es Konzepte für Institutionen und Anregungen für Individuen, wie ein rassismuskritisches Leben aussehen kann. Dieses Buch sieht sich ja auch als solches. Ich denke dennoch, dass es wichtig ist, kurz über die Erwartungshaltung nachzudenken.

Es gibt drei Dinge, die ich an der Frage problematisch finde, wenn sie voreilig gestellt wird:

1. Ich denke, es ist Teil von *weißer* (und auch männlicher) Sozialisierung, suggeriert zu bekommen, dass es für jedes Problem eine Lösung gibt. Beziehungsweise dass für jedes Problem eine Lösung zu finden sei. Der Teil, in dem Verzweiflung aufkommt oder sich ein Ohnmachtsgefühl einstellt, weil die Lösung eben nicht direkt auf dem Tablett liegt, wird in diesem Narrativ oft übersprungen.

Wie gesagt: Rassismus gibt es seit fast 500 Jahren. Und in diesen 500 Jahren gab es Tausende, wenn nicht sogar Zehntausende Menschen, die aktiv daran gearbeitet haben, ihn zu dekonstruieren, abzuschaffen. Und natürlich ist der Rassismus von vor 500 Jahren ein anderer als der vor 300 Jahren, als der von heute. Aber der Prozess ist mühsam und zäh und bedarf eines enormen Kraftaufwands, Generation für Generation.

Sich als *weiße* Person einige Tage nachdem begonnen wurde, sich erstmals mit Rassismus auseinanderzusetzen, direkt nach einem Quick Fix zu sehnen, ist sicherlich verständlich – aber auch anmaßend.

Und nicht nur das: Es ist wichtig zu verstehen, dass es diesen Quick Fix nicht gibt, und eine Bescheidenheit und ein Bewusstsein gegenüber der großen Aufgabe, die vor uns liegt, an den Tag zu legen. Genau diese Anerkennung ist nämlich ein wichtiger Teil der rassismuskritischen Reise.

2. Oft liegt das große Bedürfnis nach einer Art Quick Fix oder zumindest Lösungsstrategien darin begründet, dass in der Auseinandersetzung unangenehme Gefühle auftauchen. Neben White Fragility erlebe ich auch oft eine große Verunsicherung, Trauer und Ohnmachtsgefühle, die einsetzen. Vor allem dann, wenn Menschen bewusst wird, wie wirkmächtig und komplex das Thema Rassismus ist. Diese Ohnmacht ein Stück weit aushalten zu lernen und sich dennoch bewusst zu entscheiden, nicht wegzuschauen, sondern sich weiter rassismuskritisch fortzubilden, ist essentiell. Denn lass dir Folgendes gesagt sein: Rassismus täglich zu erleben, hat wahnsinnig viel mit Ohnmachtsgefühlen zu tun.

3. Der Weg ist das Ziel, und Wissen ist Macht. Ich bin überzeugt davon, dass ein Großteil des eigenen rassismuskritischen Prozesses aus Lernen, Zuhören und Verstehen besteht.

That being said, habe ich mich von der großartigen Margarete Stokowski anregen lassen, die im SPIEGEL zu der Frage »Wie kann ich als Mann Feminist sein?« Tipps für ein gleichberechtigtes Leben geteilt hat.[36] Ich habe dir im Folgenden eine Liste à la »Wie kann ich als *weiße* Person rassismuskritisch leben?« erstellt. So wie die Liste von Margarete, ist auch meine unvollständig. Aber es ist ein Anfang. Das weitere Nachdenken darüber ist dann deine Aufgabe.

1. Ich habe ein kleines Journal, in das ich täglich morgens und abends schreibe, was mir gut gelungen ist, wofür ich dankbar bin und was ich morgen besser machen möchte. Vielleicht kannst du dir ein kleines rassismuskritisches Journal anlegen, in dem du neue Erkenntnisse notierst, Fragen, die aufgekommen sind, was du dir vornimmst und welche Emotionen du hattest.
2. Erwarte keine kostenlose Nachhilfe von den BIPoC in deinem Umfeld, was Rassismus angeht. Es ist nicht ihr Job. Nutze Ressourcen, die BIPoC bereits veröffentlicht haben (auf Social Media, in Büchern, Artikeln), um zu lernen.
3. Lies Bücher zum Thema Rassismus. Nicht nur eins und nicht nur von einer Person. Es gibt viele verschiedene BIPoC-Perspektiven. Dementsprechend gibt es viele verschiedene Möglichkeiten, auf das Thema Rassismus zu blicken.
4. Lies generell mehr Bücher von BIPoC, und wenn du schon dabei bist, achte dabei auch auf Intersektionalität. Lies Bücher von Schwarzen Frauen, von dark-skinned Personen, von Schwarzen Menschen der LGBTQI*-Community. Vielleicht hilft dir eine interne

Quote: Ab sofort 50 % Bücher und Artikel von BIPoC. Schau bei der Gelegenheit mal in deinen Bücherschrank. Wie viele Bücher gibt es dort, die von BIPoC geschrieben sind?

5. Schreib dir deine zehn engsten Bezugspersonen auf. Wie viele davon sind BIPoC? Sei ehrlich mit dir. Es ist okay, wenn deine engste Gruppe sehr homogen ist, was gesellschaftliche Positionen betrifft. Das geht den meisten Menschen so. Aber sei dir dessen bewusst, dass es Perspektiven gibt, die du einfach nicht kennst.
6. Abonniere auf Social Media bewusst Kanäle von BIPoC.
7. Versuche so oft es geht bei einem Black-Owned Business einzukaufen. Es geht auch um wirtschaftliche Solidarität im Kontext von Allyship.
8. Frag dich, ob du BIPoC-Vorbilder hast. Auch außerhalb des Entertainment-Bereiches?
9. Gib BIPoC keine ungefragten Ratschläge. Schon gar nicht auf eine paternalistische Art à la »Wir machen das hier so und so.«
10. Sag nicht Dinge wie »Ihr seid alle so schön ...« oder »Ihr könnt alle so gut ...« Komplimente sind etwas Schönes, wenn sie mir als Individuum gegeben werden. Aber nicht, wenn ich für deine Projektionen gegenüber einer Gruppe herhalten muss. Besser ist: »Ich finde, dass du heute wirklich gut aussiehst«, »Ich bewundere, wie du xy machst.«
11. Vermeide generell Exotisierungen, Dämonisierungen und Stereotypisierungen.
12. Eine Rückmeldung zu Rassismus ist eine Chance für dich, zu wachsen und es das nächste Mal besser zu machen. Atme also einmal tief durch, entschuldige dich und mach es das nächste Mal besser.

Eine Gesprächskultur entwickeln

Das A und O ist, dass wir als Gesellschaft und als Individuen lernen, über Rassismus zu sprechen. Wir haben es als Kinder nicht gelernt, weswegen wir uns jetzt als Erwachsene so schwertun. Um eine rassismuskritische Gesprächskultur im Alltag zu etablieren, braucht es etwas Übung. Ich nenne es »Gesprächsmuskeltraining«. So wie Menschen sich in einem Buchclub zusammenfinden oder in einem Gesprächszirkel, kannst du diese Gespräche zu Anfang auch planen. Zusammen ist man weniger allein. Hier kommen einige Tipps, die dir – besonders in der Anfangszeit – helfen können. Wenn es schwierig werden sollte, dann denk an diesen Spruch:

»We have to get comfortable with the uncomfortable.«

Es ist wichtig, dass wir lernen, mit dem Unbehagen in solchen Gesprächen umzugehen. Aber ich kann dich beruhigen: Je geübter du wirst, desto leichter wird es dir fallen! Hier kommen meine unterstützenden Tipps, mit denen du beginnen kannst, solch eine Gesprächskultur in deinem Leben zu etablieren:

- Suche dir eine andere (erwachsene) Person in deiner Familie oder deinem nahen Umfeld. Es sollte eine Person sein, der du vertraust und von der du weißt, dass sie sich auch auf einen rassismuskritischen Weg begeben hat oder will.
- Wählt einen festen Zeitpunkt am Tag bzw. in der Woche. Es sollte ein Zeitpunkt sein, an dem ihr möglichst entspannt seid. Anfangs reicht daher wirklich auch ein Tag in der Woche. Wichtig ist, dass es ein regelmäßiger Termin in deinem Leben wird. So kannst du dich auf

die Gespräche vorbereiten, und wenn es mal nicht gut läuft, weißt du, dass es ein nächstes Mal geben wird. Und wie überall ist es auch hier so: Übung macht den*die Meister*in!

- Wenn ihr nicht im gleichen Haushalt wohnt, dann trefft euch auf einen Kaffee oder verabredet euch zu einem Videocall oder Telefonat. Sucht euch einen schönen, entspannten Ort, an dem es nicht zu viel Ablenkung (Lärm, viele Menschen) gibt.
- Ziel des Gesprächs ist es, sich über Gedanken, Erkenntnisse und auch innere Widersprüchlichkeiten auf eurem rassismuskritischen Weg auszutauschen.
- Ihr wisst nicht genau, wie ihr anfangen sollt? Dann eignet sich zu Anfang ein Artikel zu einem spannenden Thema oder ein Buch, welches ihr zusammen lest und einmal die Woche besprecht.
- Eine kleine Struktur ist zu Anfang vielleicht hilfreich, einfach um ins Gespräch zu kommen. Hier mein Vorschlag:

Gesprächsfragen

- Was ist meine Haupterkenntnis?
- Womit hadere ich am meisten?
- Wie fühle ich mich damit?
- Welchen Bezug hat das für meinen/unseren Alltag?
- Wie verändert es meine Perspektive auf unsere Gesellschaft/Familie/mich?
- Sprecht auch offen über eure eigenen Gedanken. Denkt daran, immer bei euch zu bleiben und nicht zu generalisieren.
- Achtet unbedingt auf eure eigenen Abwehrmechanismen, wenn ihr etwas lest oder im Gespräch hört, was ihr unbequem findet oder euch nicht gefällt.
- Versucht, diese unangenehmen Gefühle auszuhalten, und werdet nicht gleich defensiv. Hilfreiche Fragen: Warum beharre ich jetzt auf XYZ? Warum fällt es mir so schwer, XYZ zu akzeptieren oder

loszulassen? Wir müssen lernen, mit den unangenehmen Gefühlen umzugehen, die aufkommen, wenn wir über Rassismus sprechen.
- Später könnt ihr das Gespräch auch auf Alltagssituationen, die ihr jeweils erlebt habt, ausweiten.

Hinweise zum Thema Feedback

Eine Feedbackkultur zu etablieren, ist das A und O, um Rassismus besprechbar zu machen. Wichtige Regeln für eine gelebte Feedbackkultur können sein:

Für die Person, die das Feedback gibt:

- Ehrlich sein.
- Bei sich bleiben und nicht pauschalisieren oder generalisieren.
- Ich-Botschaften senden: Sprich davon, was das Gesagte bei dir ausgelöst hat.
- Feedback ohne moralische Verurteilung geben.

Für die Person, die das Feedback erhält:

- Bei innerer Abwehr erst einmal innehalten, ruhig die Abwehr benennen. Du musst nicht immer sofort reagieren.
- Nimm die Kritik mit nach Hause, erbitte dir Zeit zum Nachdenken.
- Versuche, Feedback als Chance zu sehen, weiter zu lernen.

WICHTIG!

Wenn du ganz neu auf der rassismuskritischen Reise bist, kann das mit vielen Gefühlen einhergehen. Oft erzählen mir besonders Eltern, dass sie nun sofort den Impuls verspüren, ihre Kinder zu Rassismus auszufragen oder alle ihre neuen Erkenntnisse mit dem Kind zu teilen. Bitte nicht! Rassismus mag neu für dich sein. Dein Kind jetzt auf einmal aus dem Nichts mit dem Thema zu überhäufen, halte ich für höchst problematisch. Gehe langsam und bedacht vor. Konzentriere dich erst einmal auf dich und deinen rassismuskritischen Weg. Sprich mit deinen erwachsenen Bezugspersonen. Dann später, wenn du ein bisschen Übung im Sprechen über Rassismus hast, kannst du langsam beginnen, auch mit deinem Kind zu sprechen.

Hinweis an Schwarze Menschen und People of Color

Bitte achtet besonders auf das, was ihr braucht. Dieses Gesprächstraining richtet sich vorerst an *weiße* Menschen. Ich finde, es ist in Ordnung, wenn *weiße* Menschen diese Gespräche zuerst einmal mit anderen *weißen* Menschen in ihrem direkten Umfeld führen. Es geht mir dabei in erster Linie darum, dass Verletzungen und Retraumatisierung vermieden werden. Wenn ihr das Gefühl habt, dass ihr diese Gespräche gemeinsam führen könnt und möchtet, dann go for it!

Rassismuskritik nach Hause bringen

Mir ist bewusst, dass das Ansprechen von rassistischen Bemerkungen und Fremdbezeichnungen gerade innerhalb der Familie – also im engsten Personenkreis – nicht leicht ist. Es spielen in der Beziehung viele verschiedene Ebenen und Dynamiken eine Rolle, die immer auch in diesen Gesprächen mitwirken. Wie du dir sicher denken kannst, finde ich es dennoch sehr wichtig. Denn wenn wir in unseren Familien nicht darüber sprechen lernen, wie sollen wir diese Gespräche und die sich daraus ergebenden Erkenntnisse in die Gesellschaft tragen?

Es gibt einen Unterschied zwischen deiner Herkunftsfamilie, in der du Kind, Enkelkind, Geschwister bist, und der Familie, die du vielleicht selbst gegründet hast. Die Menschen in Ersterer kennen dich seit deiner Kindheit, und oft ist es da schwieriger, neue Inhalte und neues Wissen einzubringen.

In meiner Herkunftsfamilie bin ich auch nicht die Autorin oder Rassismusexpertin. Da bin ich Poki oder Tupsl. Das kleine Mädchen, das drei Bratwürste nacheinander essen konnte, oder der bockige Teenie, der im Familienurlaub drei Tage lang bei Minusgraden mit offener Jacke durch Paris lief, um dann drei Wochen mit schwerer Bronchitis bei Oma im Schlafzimmer zu liegen. Daher verstehe ich sehr gut, dass es anstrengend und eine Herausforderung sein kann, sich da Gehör zu verschaffen oder Neues zu beginnen. Mein Wunsch: Versuch es dennoch. Vorausgesetzt, du hast generell eine gute Ebene mit deiner Familie.

Mich erreichen immer wieder Anfragen dazu, wie Menschen reagieren können, wenn in ihrer Familie etwas Rassistisches gesagt wird. Im Januar 2020 habe ich dazu ein Interview in ZEIT Campus[37] gegeben. Die Journalistin Johanna Pankow schrieb über ihre eigene Großmutter. Sie fragte sich:

> **ZEIT Campus:** Meine Oma ist 86, ich bin 26. Ich liebe es, wenn sie Butterkuchen backt und wir die Krankenhausserie »In aller Freundschaft« gucken. Ich kann mit ihr über alles sprechen: über Streit mit meinen Geschwistern, meine Hausarbeiten, meine Zukunftsängste. Aber auch über Donald Trump und Carola Rackete. Sie denkt in vielen Dingen anders als meine Freunde. Das finde ich spannend, aber immer öfter sitze ich am Ende unserer Gespräche schlecht gelaunt und schweigsam da. »Du ordnest jeden Begriff direkt als fremdenfeindlich ein und nervst die ganze Familie damit«, sagt sie. Ich frage mich: Ist meine Oma eine Rassistin? Oder bin ich zu empfindlich? Und wie schaffen wir es, besser miteinander ins Gespräch zu kommen? (...) Ich frage mich, wie ich ihr begreiflich machen kann, dass ihr Wording, ob bewusst oder nicht, manchmal unangebracht ist. Wenn Oma und ich darüber sprechen, werde ich schnell emotional, wiederhole mich und unterbreche sie mitten im Satz. Wenn sie »Das ist nicht böse gemeint« sagt, horche ich erst recht auf. Was kann ich besser machen?
> **Tupoka:** Atmen Sie tief durch. Bleiben Sie bei sich. Sprechen Sie über Ihre Gefühle. Wenn Sie es gar nicht mehr aushalten, gehen Sie kurz raus, und brüllen Sie Ihre Wut ins Leere. Danach kommen Sie wieder rein und umarmen Ihre Oma.
> **ZEIT Campus:** Wie schaffe ich es, sie zu überzeugen?
> **Tupoka:** Fragen Sie Ihre Großmutter, wie sie zu ihren Ansichten kommt. Zitieren Sie Statistiken. Erzählen Sie ihr, was Sie über Alltagsrassismus gelernt haben, anstatt direkt zu sagen: Es ist falsch, was du sagst.

ZEIT Campus: Ist es wichtig, dass ich meine Oma immer wieder für rassistische Äußerungen kritisiere?
Tupoka: Ja. Sie machen den Rassismus damit sichtbar. Wenn Ihre Großmutter ohne böse Absicht Dinge wie »die Türken« sagt, bedient sie sich rassistischer Vorurteile, die sie verinnerlicht hat, weil sie in unserer Gesellschaft rassistisch sozialisiert wurde. Geben Sie ihr Zeit, sich mit rassistischen Mechanismen zu beschäftigen. Jedes Gespräch darüber lohnt sich. Aber es ist wichtig, dass Sie als *weißer* Mensch nicht andere *weiße* Menschen missionieren. Sie sind auch nicht rassismuskritisch geboren.

Um das kurz noch einmal auszuführen: Ich denke, es ist wichtig, sich klarzumachen, dass Menschen, die deutlich älter sind als ich, ihre Auseinandersetzung an einem ganz anderen Punkt begonnen haben. Meine Großmutter wurde beispielsweise 1939 geboren. Sie wurde in einer ganz anderen Zeit sozialisiert. Ich kann nicht erwarten, dass sie mich morgen mit »Black Power«-Rufen begrüßt. (A girl can dream though. :-)) Für sie sind andere Dinge große Schritte als für mich. Als sie mich neulich anrief und sagte: »Hier ist deine *weiße* Großmutter«, lief mir eine Träne der Rührung über die Wange. Oder wenn ich höre, dass mein Großvater in Gesprächen gegen die Nutzung des N-Wortes kämpft. Das berührt mich. Aber auch ich habe im familiären Kontext schon den einen oder anderen Streit gehabt, was das Thema Rassismus betrifft. Natürlich.

Der Pastor und Antirassismusexperte Austen Peter Brandt gab mir dazu einmal einen Ratschlag, den ich besonders an Schwarze Menschen in *weißen* Familien oder Eltern Schwarzer Kinder weitergeben möchte:

»Solange die Liebe stärker ist als das Konstrukt, lohnt es sich zu kämpfen.«

Was er meint, ist: Solange du weißt, dass die Personen in deiner Herkunftsfamilie dich lieben, dich in Notsituationen schützen, sich aber auch für dich weiterentwickeln und lernen wollen – so lange lohnt es sich, für diese Beziehung zu kämpfen. Ich selbst habe Beziehungen in meinem Freundes- oder Familienkreis aber auch beendet, wenn ich gemerkt habe, dass das Konstrukt stärker als unsere Freundschaft oder Liebe war.

Meine Tipps

- Suche dir eine verbündete Person in deiner Familie.
- Trainiert den rassismuskritischen Gesprächsmuskel, indem ihr gemeinsam Bücher lest, über Tagesgeschehen sprecht und euch über neue Erkenntnisse und Gedanken austauscht.
- Nicht missionieren, sondern mitnehmen! Wenn du selbst erst vor Kurzem deine rassismuskritische Reise begonnen hast, dann sei nicht überheblich anderen *weißen* Menschen gegenüber, die noch am Anfang stehen. Nimm sie mit. Erzähle ihnen davon, was bei dir einen Perspektivwechsel ausgelöst hast.
- Hört gemeinsam Podcasts zum Thema Rassismuskritik. Dadurch kommt ihr ins Gespräch.
- Auch Hörbücher kann man gut gemeinsam hören.
- Dinge wirken nach! Auch wenn Menschen direkt in die Abwehr gehen. Sei gewiss, dass ein emotional aufgeladenes Gespräch auch bei ihnen nachwirkt.
- Menschen brauchen Zeit. Erinnere dich an deinen Prozess und wie lange es bei dir gedauert hat, einen Perspektivwechsel vorzunehmen. Gib auch anderen Menschen die Zeit.
- Bleib geduldig. Es geht schließlich um viel. Frag nach. Lass nicht locker.
- Meldet euch gemeinsam zu einem Antirassismusworkshop an. Nicht

selten kommen Großeltern oder Schwiegereltern zu uns in den Workshop mit den Worten: Unsere Tochter, unser Schwiegersohn hat uns diesen Workshop geschenkt.

In der Familie, die du gründest, sind die Dynamiken anders als in deiner Herkunftsfamilie. Du bist nicht das Kind, du hast die Möglichkeit, deine Familienkultur stärker mitzubestimmen. Wenn du eine*n Schwarze*n Partner*in hast oder ein Schwarzes Kind, bedarf es natürlich einer anderen Sensibilität und eines anderen Fokus im Kontext von rassismuskritischem Denken und Leben.

Wie sag ich's meinem Kind?

Eine große Frage, die ich in Elternworkshops immer wieder gestellt bekomme, ist: Wie kann ich mit Kindern über Rassismus sprechen? Im vergangenen Jahr haben wir für den Fernsehsender KIKA gearbeitet und uns auch dieser Frage gewidmet. Es braucht ein eigenes Buch, um dieses Thema in Gänze zu bearbeiten, und an dieser Stelle möchte ich zum Beispiel auf das Buch *Gib mir mal die Hautfarbe* von Olaolu Fajembola und Tebogo Nimindé-Dundadengar hinweisen.[38]

Dennoch möchte ich für unseren Kontext einige Gedanken teilen, die aus meinen Workshops entstanden sind, aber auch aus meiner persönlichen Position als Mutter heraus. Ich kennzeichne im Folgenden immer, welche Tipps ich für alle Familien relevant finde und welche besonders Familien mit Schwarzen Kids im Fokus haben. Wenn du Elternteil eines indigenen Kindes oder Kindes of Color bist, kannst du natürlich auch von diesen Tipps profitieren. Ich beziehe mich deshalb auf Schwarze Kids, weil ich Schwarze Kids habe und meine Workshops diese Zielgruppe im Fokus hatten, sodass ich dazu am meisten sagen kann. Wenn du *weiße* Kinder hast, bist du natürlich auch eingeladen, alle zu lesen!

Rassismuskritisches/diskriminierungskritisches Denken bei Kindern im Alltag fördern (für alle)

Ich halte es für essentiell, Kinder dabei zu unterstützen, schon früh einen gesellschaftskritischen Blick zu entwickeln. Dazu gibt es im Alltag oft die Möglichkeit. Es muss gar nicht immer in »Unterricht« ausarten, sondern kann fast beiläufig ein normalisierter Teil des Alltags sein.

Fragen, die du mit deinem Kind nach dem Ansehen eines Films oder dem Lesen einer Geschichte diskutieren kannst

- Wie sind Schwarze Menschen, People of Color und *weiße* Menschen dargestellt? Sind sie eher nett, eher blöd oder cool?
- Wer spricht am meisten? Männer, Frauen (binär gesprochen) Schwarze Menschen, *weiße* Menschen?
- Gib es Schwarze Menschen oder People of Color im Film?
- Wer ist am wichtigsten in der Geschichte/in dem Film?
- Wer hat die meisten guten Ideen in der Geschichte/in dem Film?
- Wer darf selbst von sich erzählen, und über wen wird erzählt?
- Wissen wir, was für eine Person den Film/das Buch gemacht hat?
- Werden rassistische Worte ausgesprochen? Von wem?
- Kennen die Filmemacher*innen oder die Autor*innen das Wort »Schwarz«?
- Welche Gefühle löst der Film/die Geschichte bei mir aus?

Es ist okay, wenn dein Kind eine andere Meinung hat als du. Es geht nicht darum, das Kind zu überzeugen. Es geht darum, Gedankenanstöße zu geben und einen Perspektivwechsel anzuregen. Du kannst auch immer zugeben, wenn du etwas nicht weißt, und auch erzählen, wenn sich deine Meinung oder Perspektive geändert hat und wodurch. Ich finde es sehr wichtig, dem Kind auch den eigenen Lernprozess aufzuzeigen.

Folgendes Wissen stärkt Kinder:

- Kein Buch/keine Geschichte/kein Film ist perfekt.
- Geschichten werden von Menschen geschrieben. Diese Menschen haben eine eigene Perspektive auf diese Welt, es ist keine objektive Perspektive, und sie ist nicht allgemeingültig. Es ist eine Perspektive von vielen.
- Manche Perspektiven bestätigen uns in unserem Denken, andere fordern uns heraus und wir lernen etwas Neues.
- Kinder können ihre eigene Geschichte erzählen und diese ist wichtig. Ihre Perspektive auf die Welt ist relevant.
- Perspektivwechsel macht Spaß und ist lehrreich.
- Viele Perspektiven machen unsere Welt größer.
- Fragen stellen und Dinge/Situationen/Meinungen infrage stellen ist spannend und erweitert unser Wissen.

Für Eltern Schwarzer Kinder

»Kinder sehen keine Hautfarben!«

»Kinder machen keine Unterschiede!«

Wirklich?

Leider muss ich dir diesen Zahn jetzt ziehen.

Es ist nämlich so: Die Tatsache, dass Kinder miteinander spielen, ist kein Beweis dafür, dass Kinder Rassismus nicht reproduzieren. Es heißt lediglich, dass sie – so wie Erwachsene – auf der Suche nach Verbindungen sind. Dass sie nicht allein sein, sondern spielen und Teil der Gruppe sein wollen. Dazu kommt, dass vielen Kindern

Worte für das fehlen, was sie erleben. So hat das N-Wort bei mir zum Beispiel immer schon zu Bauchschmerzen geführt, aber ich konnte nicht benennen, was ich daran schlimm fand. Im Gegenteil: Ich habe nach außen oft mitgelacht, wenn rassistische Kommentare fielen, weil ich einfach nicht wusste, wie ich mich zur Wehr setzen sollte. Die ein- oder zweimal, die ich es versuchte, wurde mir von den Kindergartenerzieher*innen gesagt, ich solle nicht so empfindlich sein. Dadurch habe ich verinnerlicht, dass ich zu dünnhäutig bin – nicht, dass Rassismus schlimm ist – und habe aufgehört, mich zu wehren.

Es hat lange gedauert – bis ich circa Mitte zwanzig war –, bis ich begann, Worte für meine Erfahrungen kennenzulernen. Durch den Austausch mit anderen Schwarzen Menschen und das Lesen einschlägiger rassismuskritischer Literatur habe ich nach und nach verstanden, dass Rassismus das Problem war und ist – nicht ich. Gewappnet mit diesem Wissen blickte ich zurück auf die Erwachsenen, die mich damals schützen wollten, und mir wurde klar, dass sie dieses Wissen nur bedingt hatten und mich demnach in bestimmten Situationen zwar sehr gut, aber in anderen nur teilweise schützen und unterstützen konnten. Ich war und bin dankbar für die vielen Male, in denen sich besonders meine Mutter und auch meine Großeltern schützend vor mich gestellt haben. Mir geholfen haben. Für mich gekämpft haben. Gleichzeitig gibt es auch schmerzhafte Erinnerungen aus meiner Kindheit – aus Kita und Schule vor allem –, welche mit Trauer und Wut einhergingen. Ich traf in diesem Prozess viele andere Schwarze Menschen, denen es ähnlich ging. Ich traf auch Schwarze Menschen, deren Eltern sich nie mit dem Rassismus, der ihre Kinder zwangsläufig treffen würde, auseinandergesetzt hatten.

Die die Ängste und Sorgen ihrer Kinder relativiert, Rassismus ausgeblendet und sich teilweise sogar davon freigesprochen hatten, eben weil sie Schwarze Kinder hatten. Dies führte bei nicht wenigen Schwarzen Menschen meiner Generation zu irreparablen Brüchen in der Eltern-Kind-Beziehung. Mir wurde klar: *Weiße* Eltern Schwarzer Kinder brauchen eine Community. Deshalb entwickelte ich 2012 einen Workshop für Eltern Schwarzer Kinder. Innerhalb eines Jahres wurde ich in der ganzen Bundesrepublik und dann auch in der Schweiz und in Österreich eingeladen und habe seitdem Hunderte Elternworkshops durchgeführt, in denen ich über tausend Eltern auf einem rassismuskritischen Weg begleitet habe.

Ich weiß heute mehr denn je: Eltern Schwarzer Kinder brauchen Austausch und rassismuskritisches Wissen, um ihre Schwarzen Kinder bestmöglich zu begleiten und zu unterstützen. Denn Liebe allein reicht leider nicht. Oder anders formuliert: Die Liebe für dein Kind ist leider kein Schutzschild gegen Rassismus.

Was eure Bindung stärken wird, ist, wenn du dich für dich und dein Kind auf eine selbstkritische, rassismuskritische Reise begibst. Das ist anstrengend und herausfordernd. Es ist traurig und verunsichernd. Aber: Es wird dich deinem Kind näherbringen. Denn: Wenn dein Kind erst jugendlich oder erwachsen ist und beginnt, sich selbst auf akademische Art und Weise mit Rassismus auseinanderzusetzen, wird es zurückschauen und einen kritischen Blick auf die Menschen werfen, die für seinen Schutz als Kind verantwortlich waren. Meine Frage, die nur du für dich beantworten kannst: Wen soll dein Kind dann in dir sehen?

Übrigens: Das Gleiche gilt auch für dich, wenn du anderweitige Bezugsperson eines Schwarzen Kindes bist.

In unseren Workshops sitzen oft Großeltern, Patentanten, erwachsene Cousinen oder auch Babysitter*innen.

Die Identitätsbildung von Kindern – also der Prozess, in dem sie sich ihrer Rolle und Position als Mensch in unserer Gesellschaft bewusst werden – geschieht maßgeblich in frühkindlichen Bildungseinrichtungen und Kindergärten. Diese sind Ausschnitte gesellschaftlicher Realität, das heißt, in ihnen spiegelt sich wider, was als gesellschaftliche Norm in Deutschland gilt.

Kinder beginnen ab zwei Jahren, Unterschiede in Geschlecht und Hautfarbe wahrzunehmen. *Weiße* Kinder lernen, dass sie mit ihrer hellen Haut Teil der Mehrheit sind. Daher ist Hautfarbe etwas, was sie für sich nicht thematisieren müssen, da sie sich durch die Mehrheitserfahrung bestätigt sehen. Bei Schwarzen Kindern ist das anders. Sie merken, dass sie anhand ihrer dunkleren Hautfarbe von den meisten Kindern unterschieden werden. Und sie lernen wohl oder übel, dass es sich hierbei um eine Kategorie handelt, die aufgrund der Sichtbarkeit als ständige Projektionsfläche gilt. Dies allein bedeutet Stress. Aber es geht noch weiter: Ab zweieinhalb Jahren beginnen Kinder zu begreifen, welche Hierarchien es gibt und welche gesellschaftliche Anerkennung Kategorien wie Sprache, Geschlecht, Behinderung und eben auch Hautfarben in unserer Gesellschaft haben.[39] *Weiße* Kinder sehen sich in ihrer Gruppenzugehörigkeit *»weiß«* überall im Alltag repräsentiert. Auch in Büchern, Filmen und Geschichten erleben sie keine Benennung der Kategorie »*Weiß*sein«, es gibt vielfältige und mehrdimensionale, nicht stereotypisierte Abbildungen von Menschen, die so sind wie sie selbst. Niemand kommentiert ihre Hautfarbe oder die Beschaffenheit ihrer Haare. Sie werden nicht ständig über ihre »Wurzeln« ausgefragt und müssen ihre Präsenz in Deutschland somit nicht permanent legitimieren. *Weiße* Kinder nehmen sich und ihr *Weiß*sein deshalb als selbstverständlich zugehörig – als »normal« – wahr.

Schwarze Kinder haben dieses Privileg nicht. Immer wieder werden sie über ihre Herkunft ausgefragt, selbst wenn sie – genau wie die *weiße* Nele – aus Berlin-Charlottenburg kommen und gar keinen anderen Kontext kennen. Sie werden zu ihrer Hautfarbe ausgefragt, und es wird ihnen immer wieder (teils ungefragt) in die Haare gefasst, auch wenn sie es nicht möchten. Zudem sehen sie sich selbst nicht in Geschichten, Kinderbüchern oder Filmen repräsentiert – oder wenn, dann nur stereotypisiert. Kinder lernen auch über Auslassungen. Sie lernen, wer wichtig ist und wer eben nicht. Durch dieses permanente Othering – also die Art, wie Schwarze Kinder als etwas Fremdes und Andersartiges klassifiziert werden – laufen sie Gefahr, die negativen Botschaften zu verinnerlichen.

Deine Aufgabe als Elternteil eines Schwarzen Kindes ist es, für dein Kind möglichst viele Orte und Kontexte zu schaffen, in denen es möglichst wenig Rassismus erfährt, in denen es sich selbst repräsentiert sieht und in denen es empowert und gestärkt wird – ganz jenseits des es ständig ausgrenzenden White Gaze.

Rassistische Bemerkungen oder Fremdbezeichnungen innerhalb der Familie (besonders für Eltern Schwarzer Kids)

Ich möchte dich auch hier dennoch ermutigen, innerhalb der Familie rassismuskritische Gespräche zu suchen. Einerseits ist es wichtig, Verbündete zu haben. Idealerweise möglichst viele. Menschen, mit denen du dich austauschen sowie deine Perspektive reflektieren und schärfen kannst. Vor allen Dingen geht es aber darum, deinem Kind viele Räume zu bieten, in denen es möglichst wenig Rassismus erlebt. Darüber hinaus geht es darum, ein Support-System aus Bezugspersonen aufzubauen, an die es sich wenden kann, wenn es Unterstützung braucht, ein Gespräch sucht oder sich einfach sicher und geborgen fühlen will.

Möglichkeiten, Menschen innerhalb der Familie für einen rassismuskritischen Weg zu ermutigen:

- Als *weiße* Person solltest du auch hier Menschen, die du gern hast, mitnehmen, anstatt sie zu missionieren. Auch du warst einmal da, wo die Person jetzt steht. Erzähl ihr von deiner Reise, deiner Abwehr, deinen Unsicherheiten und versuche, die Person mitzunehmen und nicht mit erhobenem Zeigefinger zu bevormunden.
- Versuche zu betonen, dass es DIR wichtig ist, dass sie sich mit dir gemeinsam in diese Auseinandersetzung begibt.
- Zeige der Person auf, warum es dir so wichtig ist, dass sie sich mit dem Thema auseinandersetzt: Es geht darum, das Kind zu schützen, zu stärken und als Ansprechpartner*in da sein zu können. Das kann man nicht, wenn man Rassismus gar nicht erkennt.
- Sende der Person Artikel zu, die dich auch bewegt oder inspiriert haben. Erzähle ihr, was dich daran bewegt oder inspiriert hat und auch, was du gelernt hast.
- Schenke tolle rassismuskritische Bücher, zum Beispiel zum Geburtstag oder zu Weihnachten (wenn ihr das feiert). Dies kann kommentarlos passieren, oder du schreibst in der Grußkarte, warum es dir wichtig ist, dass die Person das Buch liest. Du könntest auch einen Gutschein zum gemeinsamen Essen/Kaffee trinken/

Spaziergang dazu verschenken, wo ihr dann über das Buch sprecht. So stellst du eine Deadline her und signalisierst Interesse an einem Austausch.

- Hört euch gemeinsam Podcasts zum Thema Rassismus an. Daraus ergeben sich mit Sicherheit spannende Gespräche.
- Verschenke zu Weihnachten oder zum Geburtstag die Teilnahme an einem Workshop für Eltern und Bezugspersonen Schwarzer Kinder und Kids of Color. Vielleicht sogar mit dir gemeinsam, damit die Person nicht das Gefühl hat, »sie wird vermittelt«, sondern klar wird, dass es eine gemeinsame Auseinandersetzung ist.
- Wichtig! Sei dir bewusst, dass zum Beispiel ältere Menschen an einem anderen Punkt mit der Auseinandersetzung begonnen haben. Was für dich ein kleiner Schritt sein mag, kann für jemand anderen ein großer Schritt sein. Wichtig ist, dass die Person sich in der Auseinandersetzung entwickelt und fortwährend bewegt. Ich finde, solange das so ist, lohnt es sich, in die Beziehung und den Austausch zu diesem Thema zu investieren.

Zu Personen in deiner Familie, die sich weigern, auf die rassismuskritische Reise zu gehen, oder die sogar offen rassistisch sind:

Es gibt natürlich auch Menschen, die sich konstant weigern, sich mit dem Thema auseinanderzusetzen. Wenn das eine Person ist, die dir eigentlich nahesteht oder die Teil deiner Familie ist, ist das nicht leicht. Zum Wohl deines Kindes ist es jedoch unerlässlich, dass du in so einem Fall:

- Klare Grenzen aufzeigst
- Dein Kind vor rassistischen Äußerungen schützt

Ich werde und kann dir in diesem Buch nicht raten, den Kontakt zu Familienmitgliedern abzubrechen. Dennoch möchte ich aber an dieser Stelle davon berichten, dass ich Menschen getroffen habe, denen ein Kontaktabbruch über einen kürzeren oder auch längeren Zeitraum durchaus gutgetan hat, wenn die Situation zu verfahren war und die Verletzungen zu groß. Ich kann dies in solchen Fällen gut nachvollziehen.

Hier eine wichtige Erkenntnis, die mich selbst immer wieder stärkt – vor allem in schwierigen Momenten:
Die Art und Weise, wie Schwarze Kinder und Jugendliche verstehen und definieren, wer sie sind (d. h. Identitätsentwicklung), ist wesentlich für ihre Fähigkeit, in einer rassistischen Gesellschaft zu überleben und zu gedeihen. Für Schwarze Kinder beginnen viele der Lektionen über Rassismus und Strategien, wie man Unterdrückung widerstehen kann, im häuslichen Umfeld.[40]

Selbstbezeichnungen kennen
Ich bin dafür, dass Schwarze Kinder schon früh rassismuskritische Selbstbezeichnungen angeboten bekommen. Ich bin nicht dafür, dass sie gezwungen werden, diese zu benutzen. Aber ich glaube, dass es für sie wichtig ist, den vielen rassistischen Fremdbezeichnungen, denen sie im Alltag begegnen, etwas entgegensetzen zu können – auch, wenn sie es nicht immer schaffen, diese in der entsprechenden Situation anzubringen. Allein das Bewusstsein darüber, dass es sie gibt, stärkt. Wie kann man Kindern politische Begriffe erklären, fragst du dich vielleicht?

Ich habe meinen eigenen Kindern die Selbstbezeichnung Schwarz so erklärt (ab dem Alter von drei Jahren):

»Menschen mit brauner Haut nenne ich Schwarz. Damit meine ich aber nicht die Farbe Schwarz. Es handelt sich dabei um ganz besonderes Schwarz. Es hat eine spezielle Bedeutung. Es bedeutet, dass ganz viele deiner Vorfahren tapfere Krieger*innen waren. Sie haben ganz unterschiedlich gekämpft. Manche mit der Faust, manche mit klugen Worten. Manche durch Tanz, manche dadurch, dass sie Bücher schrieben oder Bilder malten. Sie alle haben gegen Rassismus gekämpft. Und dieses Schwarz bedeutet auch, dass wir alle verbunden sind und nie aufgeben werden, gegen die Ungerechtigkeit namens Rassismus zu kämpfen.« Das ist natürlich nicht perfekt. Aber es ist ein Einstieg.

Wichtig: Du kannst davon ausgehen, dass dein Kind in der *weißen* Gesellschaft aneckt, wenn es die Selbstbezeichnung Schwarz für sich nutzt, andere darauf hinweist oder sich gegen Fremdbezeichnungen wehrt. Daher versuche ich vorzusorgen, indem ich meinem Kind Folgendes sage:

»Leider kennen viele Menschen dieses besondere Schwarz noch nicht. Sie haben es falsch gelernt und benutzen manchmal Worte für Schwarze Menschen, die wehtun und Bauchschmerzen machen.«

Ich sage meinem Kind außerdem, dass es andere nicht davon überzeugen muss, wenn es das nicht will. Es ist okay, wenn das Kind weiß, dass es eine Alternative zu den schmerzhaften und falschen Fremdbezeichnungen kennt. Aber es dauert, bis diese Selbstbezeichnungen auch aktiv angewendet werden. Das ist völlig in Ordnung. Es ist eine Mammutaufgabe, sich in einer rassistischen Welt in Situationen innerhalb von Institutionen zu behaupten und zu positionieren. Das muss – und kann – einem Kind nicht abverlangt werden.

Ich möchte nicht, dass mein Kind sich in Kämpfe und Auseinandersetzungen begibt, denen es noch nicht gewachsen ist – und in denen die Chance zu verlieren dementsprechend hoch ist. Dies ist vor allem deshalb wichtig, weil Fremdbezeichnungen oft auch von Erwachsenen kommen und weil sie oft in Kontexten fallen, in denen das Machtgefälle zwischen Kind und Erwachsenem besonders groß ist – wie beispielsweise in der Schule oder Kita. Gleichzeitig gibt es Kinder, die diese Auseinandersetzungen nicht scheuen. In diesem Fall solltest du dein Kind unbedingt begleiten und unterstützen. Zum Beispiel so:

»Es ist toll, dass du für dich und andere einstehst. Ich bin stolz auf dich! Aber es ist auch okay, wenn du das nicht möchtest, weil ich mir vorstellen kann, dass das sehr schwer ist. Auch dann bin ich stolz auf dich, weil du auf dich geachtet hast. Ich bin immer da, wenn du meine Unterstützung brauchst.«

Kontinuität ist wichtig!

Dein Kind wird die Thematik »Rassismus« höchstwahrscheinlich nicht gleich beim ersten Mal verstehen. Wir wissen alle, dass die meisten Kinder oft nur kurz Interesse und Aufmerksamkeit für solche ernsthaften Gespräche haben. Das ist in Ordnung – es handelt sich immerhin um schwere und komplexe Themen. Auch für uns Erwachsene, richtig? Vermeide also gegenüber deinem Kind stundenlange Monologe. Setze lieber auf viele kleine und kurze Gespräche. Ich habe diese Erklärung oben bestimmt bereits fünfzig- bis sechzigmal gegeben. Vielleicht öfter. Je älter das Kind wird, desto differenzierter werden diese Gespräche und desto mehr verbinden sich die einzelnen Aspekte zu einem Netzwerk, an das das Kind anknüpfen kann. Es wird dann immer mehr verstehen, wie die Geschichte des Rassismus und die gerade erlebte rassistische Grenzüberschreitung miteinander zusammenhängen.

Die wichtigsten Punkte im Umgang mit rassistischen Situationen im Alltag

1. Habe immer ein offenes Ohr. Wenn es gerade nicht passt, verabrede dich mit deinem Kind. Halte dich an die Verabredung.
2. Halte inne und nimm bewusst die eigenen Gefühle und die Gefühle des Kindes wahr: »Was hast du in der Situation gefühlt? Wie geht es dir jetzt?«
3. Nimm die Gefühle, die dein Kind beschreibt, in jedem Falle ernst. »Das muss sich ja schlimm angefühlt haben.« – »Das verstehe ich, dass das für dich richtig blöd war.«
4. Es kann sein, dass das Kind sagt, dass es nicht schlimm war. Das ist natürlich toll. Wenn du aber das Gefühl hast, dass dein Kind dies sagt, weil es sich schämt, über die eigenen negativen Gefühle zu sprechen oder weil es die komplexen Gefühle verdrängen will, wäre es eine Möglichkeit, über die eigenen Gefühle Zugang zum Kind zu bekommen. »Ich höre, dass es dir damit gut geht. Das freut mich. Ich merke, dass ich ganz schön traurig/sauer werde, wenn du mir davon erzählst/dass mich die eben erlebte Situation echt sauer/traurig gemacht hat.«
5. Setze das Kind aber bitte an keinem Punkt unter Druck. Es muss gar nichts. Es geht lediglich darum, die Möglichkeit anzubieten, dass das Kind sich mitteilen kann und dann auch gehört wird.
6. Du brauchst nicht sofort eine Lösung. Ich kann das nicht oft genug wiederholen. Oft haben wir als Bezugspersonen die Tendenz, sofort eine Lösung für ein Problem anzubieten. Manchmal schon bevor das Kind überhaupt um Hilfe gebeten hat. Ich erlebe, dass dies oft aus der eigenen Unsicherheit und Ohnmacht heraus gesagt wird, da wir es als Erwachsene schwer aushalten, wenn unser Kind leidet. Das ist total verständlich! Aber stell dir mal folgendes Szenario vor: Du sagst deinem Kind so etwas wie: »Dann gehst du da hin, und dann machst du XYZ.« Dann geht dein Kind dorthin, schafft es

aber in der Situation nicht, XYZ zu machen. Weil es Angst hat, weil ihm die Worte im Hals stecken bleiben oder aus anderen Gründen. Dann hat dein Kind nicht nur a) eine rassistische Situation erlebt, sondern b) auch noch eine zweite Situation negativ erlebt und c) darüber hinaus dich als Bezugsperson enttäuscht. Aus einer Verletzung werden unter Umständen drei. Schlimmstenfalls kann das zur Folge haben, dass dein Kind sich dir mit solchen Situationen nicht mehr anvertraut, weil es deine Erwartungen nicht enttäuschen will.

7. Eine bessere und empowernde Lösung ist es, mit dem Kind zusammen eine Strategie zu entwickeln. Je nach Alter natürlich. Ist dein Kind noch so klein, dass es nicht sprechen kann, ist klar, dass du viel federführender und gefragter als Entscheidungsperson bist, als wenn dein Kind mitsprechen kann.
8. Ich persönlich beziehe mein Kind, seit es ungefähr drei Jahre alt ist, langsam und Schritt für Schritt in Entscheidungen mit ein, wenn es sich um kleinere und überschaubare Alltagssituationen handelt, bei denen es involviert ist. Ich frage es, was es möchte, und sage ihm auch, was ich tun kann, um es in den Situationen zu unterstützen. Anfangs ist es noch oft auf meine Unterstützungsangebote eingegangen. Mit der Zeit ist es immer mehr so, dass mein Kind die Alltagssituationen selbst regelt und wir danach oder davor darüber sprechen. Es hat durch die vielen Gespräche zudem ein gutes Gespür dafür entwickelt, wann es Hilfe braucht und kann diese auch differenziert benennen.
9. Spielt gemeinsam Möglichkeiten der Intervention durch! Gemeinsam Strategien zu überlegen, kann viel Spaß machen. Auch wenn keine einzige davon umgesetzt wird. Oft habe ich erlebt, dass dies schon reicht, um das Gefühl von Ohnmacht und Entwürdigung wieder zu neutralisieren.
10. Frag also: »Was hättest du denn sagen oder tun können? Was hättest du dir für einen Ausgang gewünscht? Wie hättest du dich

gern gefühlt?« Dabei könnt ihr gern kreativ werden, auch mal über absurde Lösungen nachdenken, schreien oder Schimpfwörter erfinden.

Tipps zum Umgang mit Grenzüberschreitungen

Verbale oder physische Grenzüberschreitungen erleben alle Kinder, rein aufgrund des ungleichen Machtgefälles zwischen ihnen und den Erwachsenen. Es scheint normal, dass Kinder angefasst und ausgefragt werden dürfen. Schwarze Kinder erleben dabei deutlich mehr Grenzüberschreitungen als *weiße* Kinder. Das liegt an der rassistischen Geschichte der Objektifizierung von Schwarzen Menschen. So wird von Schwarzen Kindern ständig erwartet, dass sie Auskunft über ihre Familiengeschichte geben. Im schlimmsten Falle erfüllen sie dann nur noch diese Erwartungen und verlieren somit das Gespür für sich selbst. Besonders für kleinere Kinder ist es schwer, fremden Erwachsenen oder auch sogenannten »Autoritätspersonen« gegenüber zu sagen, dass sie etwas nicht möchten. Oft sind Erwachsene ja leider auch sehr übergriffig und erwarten, dass Kinder sich anfassen, hochheben oder ausfragen lassen.

Deshalb möchte ich dir mit Nachdruck Folgendes mitgeben:

- Dulde bitte keine Grenzüberschreitungen – weder innerhalb der Familie noch außerhalb –, wenn du sie mitbekommst.
- Unterstütze dein Kind darin, eigene Strategien im Umgang mit diesen Grenzüberschreitungen zu finden.
- Es ist wirklich wichtig, dass Kinder von ihren engsten Bezugspersonen Unterstützung darin erhalten, selbst nachzuspüren ob, wann

und wem sie etwas von sich erzählen wollen. Um eine oder mehrere für sich funktionierende Strategien im Umgang mit Grenzüberschreitungen zu entwickeln, bist du als Bezugsperson gefragt.

Safer Spaces (besonders für Eltern Schwarzer Kids)

Um dein von Rassismus betroffenes Kind bestmöglich zu stärken, solltest du möglichst viele Orte und Situationen kreieren, die rassismusarm, vorurteilsbewusst und empowernd sind. Deine Wohnung ist der Ort, wo du am meisten Kontrolle über diese Faktoren hast. Deshalb solltest du sie bewusst so gestalten, dass sie ein »Safe Space« – ein sicherer Raum – für dein Kind ist. Darüber hinaus kannst du gezielt für empowernde Akzente sorgen.

Hier kommen meine Tipps:

Repräsentation

- Bilder, Kalender, Poster mit Schwarzen Vorbildern aufhängen.
- Eine Fotowand mit Bildern von empowernden Momenten kreieren.
- Eine »Wegen ihnen können wir«-Wand gemeinsam mit deinem Kind basteln: Gemeinsam einige Held*innen und Vorbilder aussuchen, Biografien kennenlernen und überlegen, was ihr an den Personen toll findet. Danach ein Foto von der Person ausschneiden und auf eine große Pinnwand kleben. Man kann die Dinge, die man toll findet, auch dazu schreiben. So lässt sich ein großes, empowerndes Bild gestalten. Dieses Poster kann im Vorbeigehen immer wieder besprochen werden, auch mit Besuch zum Beispiel. Das Schöne ist, dass man diese Wand immer wieder überarbeiten und anpassen kann.

Hautfarbenstifte

Dürfen in keinem Haushalt fehlen: Stifte in allen verschiedenen Beige- und Brauntönen. Alle sollen sich selbst zeichnen können. Tipp: Gib eine Packung sogenannter Hautfarbenstifte (im Handel erhältlich) mit in die neue Kita und packe sie direkt in die Schultasche deines Kindes. Ich habe mir auch angewöhnt, der Lehrperson oder Erzieher*in eine Packung zu schenken mit den Worten: »Damit mein Kind sich selbst zeichnen kann.« Ich bin damit nie auf Ablehnung gestoßen.

Bücher/Filme

Bücher und andere Medien sind tolle Möglichkeiten, stärkende, rassismuskritische Inhalte zu vermitteln und Repräsentation zu bieten. Wichtig: Es geht dabei um Bücher, Filme und Serien, in denen Schwarze Menschen als agierende, aktive, komplexe und nicht eindimensionale, stereotypisierte Protagonist*innen vorkommen. Auch hier kann ich empfehlen, mit Kindern zu Geschichten in Büchern, Filmen und Serien ins Gespräch zu gehen. »Was ist empowernd und was nicht?«
Kinder lernen auch über Auslassungen!
Solltet ihr Bücher haben oder geschenkt bekommen, die sehr homogen gestaltet sind, lohnt es sich, diese Auslassungen mit Kindern zu besprechen.
»Warum kommen in der Geschichte keine Kinder vor, die aussehen wie ich?« – »Warum kommen keine Schwarzen Erwachsenen vor?«

Affirmationen

Affirmationen sind kleine positive Botschaften an das Gehirn. Dadurch, dass Schwarze Kinder täglich sehr vielen negativen Botschaften über ihre Gruppenzugehörigkeit als Schwarze Menschen ausgesetzt sind – in Werbung, Büchern, Filmen etc. – ist es wichtig, dem entgegenzusteuern. Affirmationen sind da eine tolle Möglichkeit. Einen Spruch, den wir sowohl am Spiegel im Bad hängen haben als auch bei jedem Abschied morgens vor der Kita oder Schule ins Ohr flüstern: »Du bist richtig. Du bist wichtig.«

Spielzeug

Achte darauf, dass auch bei Puppen, Lego- und Playmobilfiguren Vielfalt repräsentiert ist, zum Beispiel Schwarze Figuren, verschiedene Körperformen, Figuren mit Behinderungen.
Es gibt inzwischen immer mehr Firmen, die Diversität und Vielfalt als Lebensrealität von Kindern wahrnehmen und sich darauf fokussieren. Du findest inzwischen online, aber auch in vielen Läden Schwarze Puppen, Figuren in Spielsets sowie unterschiedliche Familienkonstellationen. Achte auch dabei darauf, dass Diversität nicht bedeutet, dass unreflektiert Stereotype reproduziert werden. Es geht um Repräsentationsvielfalt. Eine Schwarze Pilotin, eine Familie mit zwei Müttern etc.
Eine Firma, die ich dir sehr ans Herz legen kann, ist: www.tebalou.de. Tebalou ist eine Online-Firma für diversitätsbewusstes Spielzeug und Bücher. Ein großes Plus: Mit dem Kauf von Produkten unterstützt du auch ein Black Business, denn die Gründerinnen von Tebalou sind Schwarze Frauen.

Der Rassismus und die Liebe

Weinend saß ein *weißer* Adoptivvater eines Schwarzen Kindes vor mir. »Wir lieben unser Kind. Wie kann es sein, dass ich es nicht schützen kann vor all diesen Rassismuserfahrungen. Reicht unsere Liebe denn nicht?«

Ein *weißer* Ehemann legt den Arm um seine Schwarze Frau, um das, was er sagt, noch einmal nonverbal zu untermauern: »Dieses Schwarz-*weiß*-Ding brauchen wir in unserer Ehe nicht. Wir haben unsere Liebe. Das muss reichen.«

»Die Liebe kennt keine Schranken. Sie überspringt Hürden und Zäune, durchdringt Mauern, um an ihrem Ziel voll von Hoffnung anzukommen«, sagt die Autorin und Aktivistin Maya Angelou. Und sie hat recht, wie ich finde. Liebe kann all das und mehr. Allerdings nur dann, wenn wir verstehen, dass Liebe politisch ist und nicht losgelöst von gesellschaftlichen Verhältnissen gedacht werden kann. Gesellschaftliche Verhältnisse und Sozialisierung haben Einfluss darauf, in wen wir uns verlieben. Aber darum soll es hier nicht gehen. Ich möchte mit dir darüber nachdenken, was es bedeutet, zu lieben, und was das mit Rassismus zu hat.

Denn natürlich gibt es viele Definitionen und Vorstellungen davon, was Liebe ist und wie erfüllende Beziehungen aussehen. Aber angenommen, zu lieben bedeutet, die andere Person zu sehen, wirklich wahrzunehmen. Sie ernst zu nehmen in ihren Bedürfnissen. Sie zu verstehen. Sie im Alltag unterstützen oder begleiten zu können, in ihren Träumen und Visionen: Wenn wir als Eltern unsere Kinder lieben, bedeutet es, dass wir unsere Kinder schützen müssen. Dass wir sie darin unterstützen müssen, dass sie für sich gute und hilfreiche Strategien entwickeln, um gut durchs Leben zu kommen.

Wie können wir aber Menschen lieben, wenn wir die Augen vor dem verschließen, was diese Menschen erleben? Wenn wir ihre Erfahrungen nicht verstehen (wollen) und im schlimmsten Fall selbst negativ zu diesen Erfahrungen beitragen? Wie können wir lieben, wenn wir uns selbst nicht verstehen? Was uns geprägt hat und was wir aufgrund dieser Prägung erkennen und was nicht?

Rassismus trennt uns. Das ist eine der traurigsten Wahrheiten, die das Leben in einer rassisfizierten Welt für uns parat hält. Viele *weiße* Menschen glauben allerdings, dass sie diese Trennung verhindern, indem sie Rassismus ignorieren. Sie glauben, Liebe würde Rassismus ersetzen. Ein fataler und tragischer Irrtum.

Ich glaube: Wir müssen Rassismus ins Gesicht schauen. Die Trennung, die Rassismus hervorruft, erkennen und anerkennen. Wir müssen verstehen, dass Rassismus uns unterschiedlich in dieser Welt positioniert und dass dies auch nicht vor unseren engsten Beziehungen Halt macht. Das ist ein schwieriger und schmerzhafter Prozess. Die Kraft der Liebe kann uns durch diesen Prozess hindurchtragen.

Wenn dieser Prozess nicht stattgefunden hat und Rassismus nie offen besprochener Bestandteil der Beziehung und des Alltags war, sind *weiße* Menschen oft perplex, dass ihre erwachsenen Schwarzen Kinder oder auch ihre Partner*innen sich »auf einmal« verändern. Plötzlich – so erscheint es ihnen – werden diese empfindlich, was das Thema Rassismus angeht. Man könne »gar nicht mehr mit ihnen reden«. Sie wundern sich, da Rassismus ja »vorher nie ein Thema« war.

Das liegt daran, dass Politisierung für BIPoC ebenfalls ein Prozess ist. Dieser Prozess bedarf verschiedener Anstöße und vor allem Vernetzung und Austausch mit anderen BIPoC. Es ist ein Prozess, der Zeit braucht. Und der sehr schmerzhaft sein kann. Er löst oft Wut aus. Stell dir vor, du hast über Jahrzehnte verinnerlicht, dass du das Problem bist. Deine Erfahrungen wurden nicht ernst genommen oder relativiert, wenn du es geschafft hast, sie anzusprechen. Also machst du es schon lange nicht mehr. Du hattest eh keine wirkliche Sprache, um benennen zu können, was anscheinend nur du wahrnimmst. Bist eben sensibel. Du warst allein damit. Hast irgendwie Strategien entwickelt, die mehr oder weniger funktionieren. Du lachst mit, wenn ein rassistischer Witz fällt oder machst ihn vielleicht sogar selbst, weil du weißt, dass es dann schneller vorbei ist mit dem Ziehen in deiner Magengegend. Du verkrampfst zwar innerlich, aber lächelst dich durch den Tag. Oder bist ständig wütend und weißt nicht so recht, warum.

Und dann liest du dieses bestimmte Buch. Und du hast das Gefühl, jemand hat deine Geschichte aufgeschrieben. Oder du triffst diese Gruppe, und eine andere Schwarze Person erzählt dein Leben. Dinge bekommen einen Namen. Langsam und dann immer schneller verstehst du: Das Problem bist nicht du. Das Problem hat einen Namen: Rassismus. Du bist gar nicht übersensibel, und das Gefühl in deiner Magengegend war nicht falsch. Es ist befreiend. Und dann, mitten in deinem Rausch der Selbsterkenntnis, schaust du über die Schulter in deine Vergangenheit. Du schaust in dein Hier und Jetzt. Und vor allem: Du lässt Beziehungen und Erlebnisse Revue passieren. Du denkst an deine *weißen* Eltern, Großeltern. An deine

Freund*innen. In dir sammelt sich Trauer, Enttäuschung und Wut. Über Situationen und Momente, in denen du Schutz gebraucht hättest oder von denen du heute weißt, dass der Magenschmerz berechtigt war.

Du beginnst, die Menschen in deinem Leben mit deinen Erkenntnissen zu konfrontieren. Sprichst Dinge an, wenn sie dir auffallen, nimmst nicht mehr lächelnd hin. Du lässt die Wut raus. Du hast dich verändert. Die Frage ist: Verändert sich die *weiße* Umgebung mit dir?

Das ist der Moment, in dem mich viele Paare oder auch Eltern kontaktieren. Die, die ihre Kinder oder ihre Partner*innen verstehen wollen. Die bereit sind, sich auf die rassismuskritische Reise zu begeben.

Die aktive Auseinandersetzung mit Rassismus wird die Beziehung nicht leichter machen. Aber sie kann ein Scheitern verhindern. Und sie hat großes Potential, euch einander wirklich näherzubringen. Denn glaube mir: Ich kenne so viele erwachsene Schwarze Menschen, die mit ihren Eltern gebrochen haben, oder Beziehungen, die aufgrund mangelnder Reflexionsbereitschaft zerbrechen. Anstatt aktiver Teil des Systems zu sein, das die BIPoC in deiner Umgebung unterdrückt, kannst du die verbündete Person an der Seite dieses Menschen sein. Raum für Erholung bieten. Zuhören und unterstützend sein.

Wenn die Liebe euch durch diesen Prozess trägt, dann, so glaube ich ganz fest, kennt sie keine Schranken. Sie überspringt Hürden und Zäune, durchdringt Mauern, um an ihrem Ziel voll von Hoffnung anzukommen. Lesetipp: Alice Hasters, *Was weiße Menschen nicht über Rassismus hören wollen, aber wissen sollten*, Kapitel: »Deine erste Schwarze Freundin«.

Rassismus im Alltag ansprechen

Eine Frage, die viele *weiße* Menschen beschäftig, ist: Wie kann ich Rassismus ansprechen? Es gibt unterschiedliche Szenarien, aber lass uns hier einmal unterscheiden zwischen dem öffentlichen Raum und dem privaten.

Privater Bereich

Hier geht es oft um Situationen, in denen in einer Gruppe etwas Rassistisches gesagt wird oder eine Person beim Abendessen einen rassistischen Witz raushaut. Folgendes gebe ich *weißen* Menschen in Workshops dazu mit: Ihr müsst nicht FÜR die Schwarze Person sprechen. Es sei denn, diese bittet euch aktiv um Hilfe. BIPoC können im Allgemeinen gut für sich selbst sprechen. Aber das ist es gar nicht. Es geht bei Rassismus nicht um das Thema »der Schwarzen oder der rassismuserfahrenen Menschen«. Rassismus ist das Thema von uns allen. Und *weiße* Menschen können und sollten ein großes Interesse daran entwickeln, ihren Beitrag dazu zu leisten, Rassismus zu dekonstruieren. Ich nehme an, du möchtest das und hältst auch deshalb das Buch in den Händen. Daher: Du kannst und sollst dich gegen Rassismus positionieren – komplett unabhängig davon, ob eine Schwarze Person im Raum ist oder nicht. Rassismus ist nicht nur dann schlimm und entmenschlichend, wenn BIPoC mit im Zimmer sind. Viele *weiße* Menschen halten sich vielleicht vor BIPoC eher zurück, meinen dann aber, dass rassistische Witze okay seien, wenn sie unter sich sind. Dein Schweigen gibt dem in solchen Momenten Zustimmung. So darf Rassismus stehen bleiben. Wieder einmal zementiert werden. Mach dir in solchen Momentan klar: Du sprichst für die Welt, in der du leben möchtest.

Wenn mein Mann in einer Runde von Männern ist und dort ein sexistischer Witz fällt, erhoffe ich mir auch, dass er dies als Sexismus aufzeigt und nicht zustimmend lacht.

Wenn eine Schwarze Person im Raum ist, kann es gut sein, dass diese Person in dem Moment die Strategie wählt, nichts zu sagen oder auch mitzulachen. Das mag dich verwirren, aber auch hier hilft vielleicht ein Schwenk rüber zum Patriarchat. Wenn wir Workshops in großen Führungsetagen anbieten, sitzen dort oft überwiegend Männer. Nicht selten ist keine oder nur eine Frau dabei. Nicht selten sagt diese Frau dann in der Eröffnungsrunde so was wie: »Ach, Sexismus gibt es hier nicht.« Oder: »Ach, ist doch witzig, ich lach einfach mit, wenn die Männer ihre Witze reißen. Das stört mich nicht.«

Ich hab es schon so oft erlebt, dass ebendiese Frau dann in der Pause auf mich zukam – mehrmals auch schon im geschützten Raum der Toilette –, um mit mir das Gespräch zu suchen. Was sie mir sagte, klang so oder so ähnlich: Sie sei doch nicht wahnsinnig und thematisiere in diesem Raum Sexismus. Das sei viel zu anstrengend. Außerdem möchte sie ja eigentlich nur ihre Arbeit machen können. Und sie habe Sexismus einmal thematisiert und sei dafür so derb abgestraft worden, dass sie nun um ihre Beförderung fürchten müsse. Es sei einfach zu anstrengend. Da lache sie lieber mit und schlucke den Schmerz runter.

Zurück zum Rassismus. Es kann eine valide Strategie sein, Rassismus nicht jedes Mal zu thematisieren, um möglichst gut durch den Tag zu kommen. Denn die Realität ist: Wenn BIPoC Rassismus in *weißen* Spaces thematisieren, werden sie oft abgestraft, nicht ernst genommen oder mundtot gemacht. Es hat mitunter schwerwiegende Auswirkungen auf die Beziehungen zu den *weißen* Menschen im Raum.

Dazu kommt, dass es wahnsinnig ermüdend ist, Rassismus immer und immer wieder ansprechen, erklären und »beweisen« zu müssen. Es ist so anstrengend und weit verbreitet, dass es dafür einen Namen gibt: »Racial Battle Fatigue«[41]: Die Ermüdung darüber, dass du beweisen musst, was bereits bewiesen wurde.

Und um es nochmals zu betonen: So wie du als *weißer* Mensch nicht rassismuskritisch geboren bist, sind es auch Schwarze Menschen nicht. Ich selbst war Mitte zwanzig, als ich mit dieser Auseinandersetzung begann. Und es hat lange gedauert, bis ich Rassismus verstehen, thematisieren und ansprechen konnte.

Dazu erinnere ich mich an eine Situation, die mich sehr berührt hat. Im Anschluss an eine Lesung zu *exit RACISM* kam eine Schwarze Frau Mitte vierzig auf mich zu. Tränen liefen ihre Wangen herunter. Aber sie lächelte mich an: »Jetzt. Jetzt weiß ich endlich, dass all das, was ich täglich erlebe, nicht eingebildet ist. Es ist echt, und es hat einen Namen.«

Du siehst daran, dass es auch für Schwarze Menschen ein Prozess ist, der auch mit Anbindung an Ressourcen und Communitys zu tun hat.

Aber zurück zu dir bei dem (nicht so) lustigen Dinnerabend mit Freund*innen, nachdem der rassistische Kommentar fällt. Hilfreich ist es, dir vorab für solche Fälle bereits ein paar Sätze zu überlegen, die du dann sagen kannst.

»Ich finde, Rassismus ist nicht lustig. Auch in 2022 nicht.«

»Ich möchte das hier jetzt nicht so stehen lassen. Ich finde es unangebracht und nicht okay.«

Vielleicht findest du auch ein paar ironische oder sarkastische Statements. Oder etwas anderes, was gut zu dir passt. Wenn du es in der Situation selbst nicht schaffst, dann kannst du die betreffende Person auch im Nachhinein noch ansprechen. Du kannst sie anrufen oder eine E-Mail senden. So kannst du genauer formulieren, was du sagen willst. Wie auch immer, denk daran, dass Schweigen in solchen Situationen Zustimmung bedeutet. Es geht nicht darum, perfekt zu reagieren, es geht darum, als *weiße* Person deinen Beitrag dazu zu leisten, dass Rassismus nicht unhinterfragt stehen bleibt.

Ich selbst war vor nicht allzu langer Zeit bei einem Vereinstreffen. Im Raum waren circa 30 *weiße* Menschen und ich. Eine Person sagte etwas Rassistisches und benahm sich sehr unangenehm mir gegenüber. Die meisten anderen schwiegen. Die Person, die mich da anging, war das eine. Die schweigende Mehrheit zu spüren, war das, was mich in dem Moment am meisten verletzte und auch am gewaltvollsten wirkte. Im Nachhinein erhielt ich von vielen im Raum E-Mails und Anrufe, in denen sie mich fragten, ob ich okay sei und meinten, dass sie gar nicht einverstanden gewesen seien mit der Person.

Natürlich hat das gutgetan. Aber wo waren diese Stimmen in dem Moment?

Interessant ist: Wenn eine verbündete Person sich zu Wort gemeldet und etwas gesagt hätte, hätte es eventuell eine Art Kettenreaktion gegeben. Und schon hätte sich die gesamte Dynamik im Raum geändert.

Übrigens: Wenn du die Schwarze Person oder Person of Color in deinem Kontext gut kennst und ihr eine Ebene habt, wo ihr über Rassismus sprechen könnt, dann könnt ihr auch bereits vor solchen Meetings Verabredungen treffen. Frag sie, was sie sich von dir wünscht. Vielleicht könnt ihr auch ein Zeichen ausmachen, das die Person dir gibt, wenn sie getriggert ist.

Auch hier braucht es Übung und Überwindung. Aber niemand hat gesagt, dass diese Auseinandersetzung leicht wird, richtig? Ich wünsche mir viel mehr Situationen, in denen *weiße* Menschen Rassismus thematisieren und von sich aus eine Position einnehmen, weil sie wütend auf ein rasisstisches System sind, welches ihre Mitmenschen unterdrückt.

Öffentlicher Raum

Hier geht es oft mehr um das Thema Zivilcourage. Wichtig ist natürlich immer, dass du dich selbst nicht in Gefahr begeben sollst. Was kannst du also tun, wenn jemand in der U-Bahn rassistische Parolen brüllt? Beratungsstellen empfehlen, nicht nur den*die Täter*in im Auge zu haben, sondern auch das Opfer. Diese Person anzusprechen, sich neben sie zu stellen und sie gegebenenfalls aus der Gefahrensituation zu begleiten.

Wichtig ist auch, andere Menschen anzusprechen und um weiteren Support zu bitten. Es gibt dieses psychologische Phänomen, dass Menschen nicht eingreifen, weil sie glauben, dass wenn es schlimm wäre, Menschen ja eingreifen würden.

Sollte es notwendig werden, dann rufe die Polizei. Da

ist es sehr wichtig, dass du dabei bleibst, bis die Polizei kommt, und dich als Zeug*in zur Verfügung stellst. So kannst du mit vermeiden, dass es zu einer Täter*in-Opfer-Umkehr kommt. Denn nicht selten werden BIPoC, die die Polizei rufen, weil sie angegriffen, beleidigt oder attackiert wurden, zuerst einmal von der Polizei des Fehlverhaltens beschuldigt. Das liegt daran, dass auch die Polizei ein rassistisch sozialisiertes System ist.

Das bringt uns unweigerlich zum Thema »Racial Profiling«. Racial Profiling liegt immer dann vor, wenn Menschen allein aufgrund ihres Äußeren kontrolliert und verhaftet werden. Es ist eine rassistische Praxis, die in der Konsequenz vor allem in den USA den Tod von Schwarzen Menschen zu verantworten hat. George Floyd, Tamir Rice, Sandra Bland sind nur drei der vielen Namen der Opfer. Auch in Deutschland gibt es ein massives Racial-Profiling-Problem. Denn natürlich sind anlasslose Personenkontrollen aufgrund des Phänotyps nicht zulässig unter dem Grundgesetz (Art. 3 Abs. 3 GG), dem Allgemeinen Gleichbehandlungsgesetz (AGG) und dem in der Europäischen Menschenrechtskonvention sowie in der internationalen Anti-Rassismus-Konvention angelegten Verbot der rassistischen Diskriminierung.[42] In Deutschland gibt es aber leider gesetzliche Grauzonen, die Racial Profiling begünstigen. So sehen Artikel 22 und 23 des Bundespolizeigesetzes verdachts- und anlassunabhängige Personenkontrollen in Grenzräumen bis zu dreißig Kilometer ins Landesinnere, an Flughäfen, in Zügen und an Bahnhöfen sowie auf Autobahnen zur Kontrolle und Verhinderung unerlaubter Einreisen vor. Zudem geben die Landespolizeigesetze über die Ausweisung und Festlegung von sogenannten »Gefahrengebieten«, »gefährlichen« oder

»gefährdeten« Orten anlass- und verdachtsunabhängigen Kontrollen eine rechtliche Grundlage zur präventiven Kriminalitätsbekämpfung.[43]

Racial Profiling reproduziert Rassismus, da in solchen Kontrollen überwiegend Schwarze Menschen/People of Color kriminalisiert werden. Mein Sohn war zwölf Jahre, als er in den Augen der *weißen* Mehrheitsgesellschaft vom »süßen Schokobaby« zur »potentiellen Gefahr« wurde. Ältere Damen, die ihm vorher ohne zu fragen in die Haare gegriffen hatten, hielten auf einmal im Vorbeigehen die Handtasche etwas fester. Eltern von *weißen* Töchtern, die auf dem Spielplatz noch vor Kurzem darüber sinnierten, was für eine »entzückende Mischung« rauskäme, wenn ihre Tochter und mein Sohn irgendwann heiraten würden, gaben auf einmal vor, dass ihre Tochter keine Zeit mehr zum Spielen habe. Hintenrum hörten wir dann, dass dem Mädchen gesagt wurde, sie solle bloß nicht mit so einem heimkommen.

Was sich ebenfalls veränderte, waren Reisen. Jede Sicherheitskontrolle an Flughäfen wurde auf einmal zur Belastung. Regelmäßig wurde er rausgezogen und gesondert abgesucht. Heute haben wir als Familie mit Söhnen und meinem Mann etablierte Routinen. Wir bleiben eng zusammen, damit wir immer bezeugen können, was passiert. Handys sind bereit, für den Fall, dass wir schnell eine Situation dokumentieren müssen. Meine Position als Mama der Familie »nutzen« wir, um die »potentielle Bedrohung«, die von meinen Söhnen und meinem Mann ausgehen könnte, abzumildern. Kurz vor der Kontrolle steigt die Anspannung jedes Mal. Erleichterung, wenn wir durch sind.

Nein, wir übertreiben nicht. Wir sind auch nicht hypersensibel. Ich habe Schwarze Söhne, und wir leben in einer Welt, in der Schwarze Menschen von Polizei und Sicherheitsbeamt*innen … getötet werden.

Scary Fact: In den USA ist die Chance, dass ein Schwarzes Kind von der Polizei getötet wird, sechsmal so hoch wie bei einem weißen Kind.[44]

In unseren Elternworkshops gibt es ein Modul, welches sich »Das Gespräch« nennt. Darin zeigen wir ein Video, in dem Eltern Schwarzer Kinder berichten, wie sie ihre Kinder auf Begegnungen mit der Polizei vorbereiten. Ein kleines Schwarzes Mädchen macht vor, was sie zu Hause immer wieder für den Ernstfall üben: Sie hält beide Arme hoch, zeigt ihre Handflächen und sagt: »Ich bin Erica Williams. Ich bin acht Jahre alt. Ich bin unbewaffnet und habe nichts an mir, was dich verletzen könnte.«

Sie ist acht Jahre alt. Lass das auf dich wirken. Acht.

Auch in Deutschland führen Eltern Gespräche mit ihren Schwarzen Kindern. Sie versuchen ihr Bestes, ihre Kinder auf eine Welt vorzubereiten, in der Racial Profiling, rassistische Polizeigewalt, mit hoher Wahrscheinlichkeit Teil ihres Alltags sein wird. Einer der schwersten Momente als Mutter war es für mich, meinem Schwarzen Kind zu erklären, dass ein Polizist – eigentlich »dein Freund und Helfer« – George Floyd ermordet hat und was das mit ihm zu tun hat.

Deutschland hadert mit der längst überfälligen Erkenntnis, dass die Polizei hierzulande ein strukturelles Problem mit Rassismus hat. Im Herbst 2020 wurde diese Frage in diversen Talkshowformaten diskutiert. Das Problem ist oft, dass ein grundsätzliches Verständnis von Rassismus einerseits, aber auch davon, was »strukturell« in diesem Fall bedeutet, fehlt. Rassismus bei der Polizei wird gleichgesetzt mit rechtsextremen Polizist*innen.

Abgesehen davon, scheint die Polizei übrigens auch damit ein Problem zu haben. Denn die Zahl der rechten Verdachtsfälle steigt. Der Journalist und Autor des Buches *Auf dem rechten Weg*, Aiko Kempen, spricht von einem sich wiederholenden Muster.[45]

Aber dies ist nicht das Thema, um welches es hier gehen soll.

Wenn wir davon ausgehen, dass Rassismus und vor allem rassistische Sozialisierung gesamtgesellschaftliche Probleme sind, besteht die Polizei natürlich auch aus Menschen, die diese Sozialisierung durchlaufen haben.

Und wenn wir wissen, dass institutioneller Rassismus in allen Bereichen der Gesellschaft wirkt, muss doch eigentlich klar werden, dass die Polizei da keine Ausnahme ist.

Stattdessen geht es in den Diskussionen immer wieder darum zu beteuern, dass es sich um ein Randproblem handle und die Mehrheit unserer Polizist*innen keine Rassist*innen seien. Ich gehe auch davon aus, dass die Mehrheit der Polizist*innen keine bekennenden Rassist*innen sind, auch wenn mich die Entdeckungen über die rechtsextremistischen Chatgruppen innerhalb der Polizei natürlich in höchste Alarmbereitschaft versetzen. Aber das sollte vor allem für die Menschen innerhalb der Polizei selbst gelten.

Wenn Rassismus abgelehnt wird, heißt der erste Schritt leider, anzuerkennen, dass Rassismus auch innerhalb der Strukturen der Polizei wirkt. Ein ehrlicher Blick in den Spiegel in Form von Studien und Analysen muss her. In einem weiteren Schritt braucht es Aufarbeitung, Sensibilisieren, Aufklärung, strukturelle Maßnahmen, Richtlinien. Ressourcen müssen dafür aufgebracht werden.

Durch berufliche Anfragen, die ich erhalten habe, weiß ich, dass es einige Bemühungen in diese Richtung bereits gibt. Das freut mich. Es braucht aber dringend mehr. Es gibt zahlreiche Organisationen, die seit Langem fordern, dass die deutsche Polizei sich dem Thema stellt. Darunter auch die Initiative Schwarze Menschen in Deutschland.[46]

Was du tun kannst, ist, dich zu informieren, wie du als Zeug*in in Situationen, in denen du Racial Profiling mitbekommst, agieren kannst. Die Kampagne für Opfer rassistischer Polizeigewalt oder das Büro zur Umsetzung von Gleichbehandlung können erste Anlaufstellen dafür sein.

IV.

Und jetzt konkret: Rassismuskritisch leben im institutionellen Kontext

Wie eingangs erwähnt, leiten wir in unserer täglichen Arbeit Workshops mit unterschiedlichen Einrichtungen des öffentlichen Lebens. Wir haben bereits mit einem großen Teil gesellschaftlicher Institutionen gearbeitet. Daher weiß ich: Institutionen bestehen immer aus Individuen. Und diese Individuen haben Unsicherheiten, oder ihnen fehlen rassismuskritische Kompetenzen. Natürlich ist es wichtig, Rassismuskritik auch durch strukturelle Veränderungen und Maßnahmen umzusetzen. Durch Gesetze, Standardisierungen, Leitfäden. Dies ist ein wichtiger Teil der Arbeit. Allerdings konzentriere ich mich in diesem Buch eher darauf, was du als Individuum innerhalb (d)einer Institution tun kannst, und möchte dir einige Problemfelder und Schaltstellen aufzeigen.

Wie gesagt: Institutionen bestehen immer aus Individuen, die sie prägen. Je mehr rassismuskritische Individuen in einer Institution mitwirken, desto besser. Darüber hinaus gibt es Prozesse und Strukturen, die in Institutionen etabliert werden, die rassistische Effekte haben können. Dies geschieht ungeachtet dessen, ob die Menschen in den Systemen nett sind oder nicht.

Die Konzeptions- und Beratungsstelle für Diversitätsentwicklung im Kulturbetrieb Diversity Arts Culture[47] hat in Zusammenarbeit mit der Antidiskriminierungstrainerin Anja Schütze einen Fragebogen für den Kulturbereich entwickelt, der sich auf alle Diversitätsmerkmale bezieht und kontinuierlich weiterentwickelt wird. Ich habe ihn ergänzt und auf Rassismus fokussiert und möchte ihn dir hier in Teilen vorstellen. Er ist sehr hilfreich, wenn es darum geht, sich selbst und die eigene Institution in Bezug auf Rassismuskritik zu überprüfen. An dieser Stelle möchte ich dir sowohl die Website von Diversity Arts Culture als auch deren Arbeit sehr ans Herz legen. Zum Einstieg in die unterschiedlichen Themenfelder kannst du dir die nun folgenden Fragen bereits einmal durchlesen und im Stillen für dich und die Institution, in der du tätig bist, beantworten.

- Gibt es in deinem Team/deiner Institution ein gemeinsames Verständnis über Begriffe wie Othering, Racial Stress, Rassismus?
- Gibt es eine Diskussion darüber, welche Rolle Privilegien und Machtverhältnisse im Alltag der Institution / im Team spielen?
- Gibt es Methoden für eine interne Feedbackkultur zu Rassismus und anderen Diskriminierungsformen?
- Gibt es eine Diskussion und ein Verständnis über die Wirkmächtigkeit von White Fragility und deren Auswirkungen?
- Hat die Institution die Absicht, sich für mehr Diversität zu öffnen?
- Gibt es mindestens 10 % Schwarze Menschen in deiner Institution?
- Gibt es Schwarze Menschen/BIPoC auch auf höheren Entscheidungsebenen?
- Werden für die Öffnung Zeit und (finanzielle) Ressourcen zur Verfügung gestellt?
- Verfügt die Struktur über eine Stelle, an die sich alle, die Diskriminierung, hier speziell Rassismus, erfahren, wenden können?
- Wird in deiner Institution/in deinem Team Rassismus nicht als individuelles, sondern als strukturelles Problem anerkannt?
- Wird bei der Einstellungspraxis darauf geachtet, eine Vielfalt an biografischen und fachlichen Erfahrungen im Team zu ermöglichen?
- Fühlen sich im Team alle wohl oder nur die mehrfach privilegierten Mitarbeiter*innen in fest angestellten Positionen?
- Wenn ja, woran merkst du das?
- Wird die Meinung bzw. Kritik von BIPoC ernst genommen, und fließt sie in den Arbeitsalltag ein?

- Gibt es für betroffene BIPoC regelmäßige Möglichkeiten, sich über ihre Rassismuserfahrungen auszutauschen, sich gemeinsam Handlungsmöglichkeiten zu überlegen?
- Gibt es regelmäßig Raum und Ressourcen für alle, um sich über rassismuskritische Themen auszutauschen?

Die Diversity-Falle

Ich bin etwas überdrüssig, was die Begriffe Diversität und Vielfalt angeht. Vielleicht stammt mein Verdruss aber auch eher daher, wie diese Begriffe oft benutzt werden.

Sätze wie »Oh, wir haben so viel Vielfalt bei uns« oder »Diversity ist bei uns ein großes Thema« lösen bei mir Irritation aus. Oft wird Diversität oder Vielfalt als etwas gesehen, was »die Anderen« mitbringen. Beides wird betrachtet aus der Position einer unbenannten Norm heraus.

Wir und die Vielfalt. Diversity und wir. Sie werden herumgetragen wie ein Badge, man schmückt sich mit »Vielfalt« auf Festen oder Fotos auf der Website. Mit Vielfalt gemeint sind dann alle, die nicht *weiß*, cis, heterosexuell etc. sind. Aber halt, doch nicht alle. Es ist eine bestimmte Vielfalt, die wünschenswert und präsentierbar ist. Noch nah genug an der *weißen* cis-hetero-Norm dran, sodass sie nicht »bedrohlich« wirkt. Ein bisschen Schwarz, ein bisschen behindert, ein bisschen schwul. Und immer freundlich, angepasst, »integriert«. Doch wehe, wenn diese Vielfalt dann Ansprüche stellt und mitsprechen, mitgestalten möchte. Schlimmer noch, wenn sie Veränderungen des ach so bequemen Status quo fordert. Wenn wir Diversity und Vielfalt lediglich als passives Schmuckstück betrachten, halten wir das rassistische Narrativ des »wir« und »die Anderen« aufrecht. Gleichzeitig instrumentalisieren wir »die Anderen«, um uns selbst als offen, tolerant und multikulti zu legitimieren. Und das ist problematisch.

Vielfalt und Diversity dürfen nicht als Thema, Trend oder Projekt verhandelt werden, wenn es darum gehen soll, eine wirklich inklusive Umgebung zu schaffen. Es ist nichts, was vorübergehend mal »in« ist und mal nicht. Und Vielfalt sind auch nicht »die Anderen«. Was können wir tun, um dieser Diversity-Falle zu entrinnen? Vielfalt sind wir alle. Es geht darum, rassistisches Othering zu vermeiden und zu dekonstruieren. Es geht um echte Teilhabe. Menschen müssen nicht nur die Möglichkeit erhalten, sich »einbringen zu dürfen«, sondern sich wirklich ermächtigt dazu fühlen, sich in ihrer Gänze zu zeigen und aus ihren Ressourcen zu schöpfen. Dazu ist es wichtig, alle Barrieren in Bezug auf alle Vielfaltsmerkmale zu identifizieren, zu verstehen und dann abzuarbeiten. Ein essentieller Teil dieser Arbeit bezieht sich darauf, die vermeintliche Norm zu hinterfragen und selbstkritisch zu beleuchten.

- Wer fühlt sich in dem Bereich als normal und dazugehörig? Wer nicht?
- Wer fühlt sich repräsentiert? Wer nicht?
- Wer wird gehört? Wer wird »gesilenct«?

Oft erlebe ich einen großen Enthusiasmus, wenn es um die ersten Schritte dieser Auseinandersetzung geht. Menschen sind dabei, wenn es darum geht, die eigene ausgrenzende Sprache zu beleuchten, *Weiß*sein zu verstehen und genutzte Materialen kritisch anzuschauen und neu zu gestalten. Wirklich gelebte Diversity bedeutet aber auch, dass diese Heterogenität auch in der Verteilung von Macht sichtbar wird. Wenn auch in den Entscheider*innenpositionen Menschen mit unterschiedlichen gesellschaftlichen Perspektiven sitzen. Und ja, faktisch bedeutet das: Wir haben drei *weiße* männliche CEOs in einer Firma. Wenn wir Diskriminierungskritik ernst nehmen, müssen zwei von ihnen gehen. Und das ist oft der Punkt, an dem der Spaß aufhört und das Interesse rapide sinkt. Auf einer individuellen Ebene finde ich das durchaus verständlich. Gleichzeitig ist aber wichtig zu verstehen, dass Diskriminierungskritik auch immer Teilhabe auf allen Ebenen bedeutet. Um dies nachhaltig zu ermöglichen, gehen die Institutionen, mit denen wir arbeiten, folgenden Weg. Sie arbeiten daran,

- die Zugänge zu ihrer Institution barriereärmer zu machen, damit sich mehr Schwarze Menschen/Menschen of Color bewerben und ausgewählt werden
- die Institution rassismuskritischer in sich zu machen, damit Menschen bleiben, weil sie sich gehört und gesehen fühlen und aus ihren vollen Ressourcen schöpfen können
- gläserne Decken abzubauen, um allen Menschen echte Aufstiegschancen zu vermitteln

Was kannst du als Individuum tun?

- Du kannst in der Institution, in der du arbeitest, die Auseinandersetzung mit Rassismuskritik und generell Diskriminierungskritik anregen.
- Ladet externe Expert*innen ein für Vorträge und Workshops zu den Themen, wenn die Expertise innerhalb der Institution fehlt.
- Sprich an, wenn dir auffällt, dass Diversity lediglich als performative Checkliste genutzt wird. Tu es immer wieder, auch wenn es anstrengend ist.
- Such dir Verbündete. Gründet eine Gruppe, die sich dem Thema widmet. Sprich nicht für, sondern mit den Schwarzen Menschen und People of Color. Was wollen sie? Was ist ihnen wichtig?

- Wenn es in deiner Macht steht: Ermögliche Empowermentspaces für Schwarze Menschen und People of Color. Misch dich aber nicht in die Konzeption, Leitung oder Durchführung ein. Sei unterstützend, aber nicht bevormundend.

In der Kita

Ein Kindergarten in Berlin-Charlottenburg. Ich hole meinen Sohn – drei Jahre – ab und finde ihn im Kita-Garten. Er sieht mich und kommt weinend auf mich zu. Schluchzend erzählt er mir, dass eine Gruppe von Kindern nicht mit ihm spielen wollen, weil er keine »normalen« Haare habe. Sie seien nicht so glatt wie ihre. Obwohl ich diese Situationen antizipiere, rutscht mir mein Herz in die Hose. Ich gehe mit ihm zu den Kindern hin und sage ihnen, dass das unfair ist und nicht okay. Anschließend spreche ich die Erzieherin an und bitte sie, das Thema mit den *weißen* Kindern zu besprechen. Sie nickt eifrig. Am kommenden Tag weist sie mich beim Abholen begeistert auf ein Plakat hin. Sie strahlt und sagt: »Wir haben die Situation von gestern bearbeitet. Es lief ganz toll. Alle haben gut mitgemacht.« Ich schaue an die Pinnwand und finde folgenden Text:

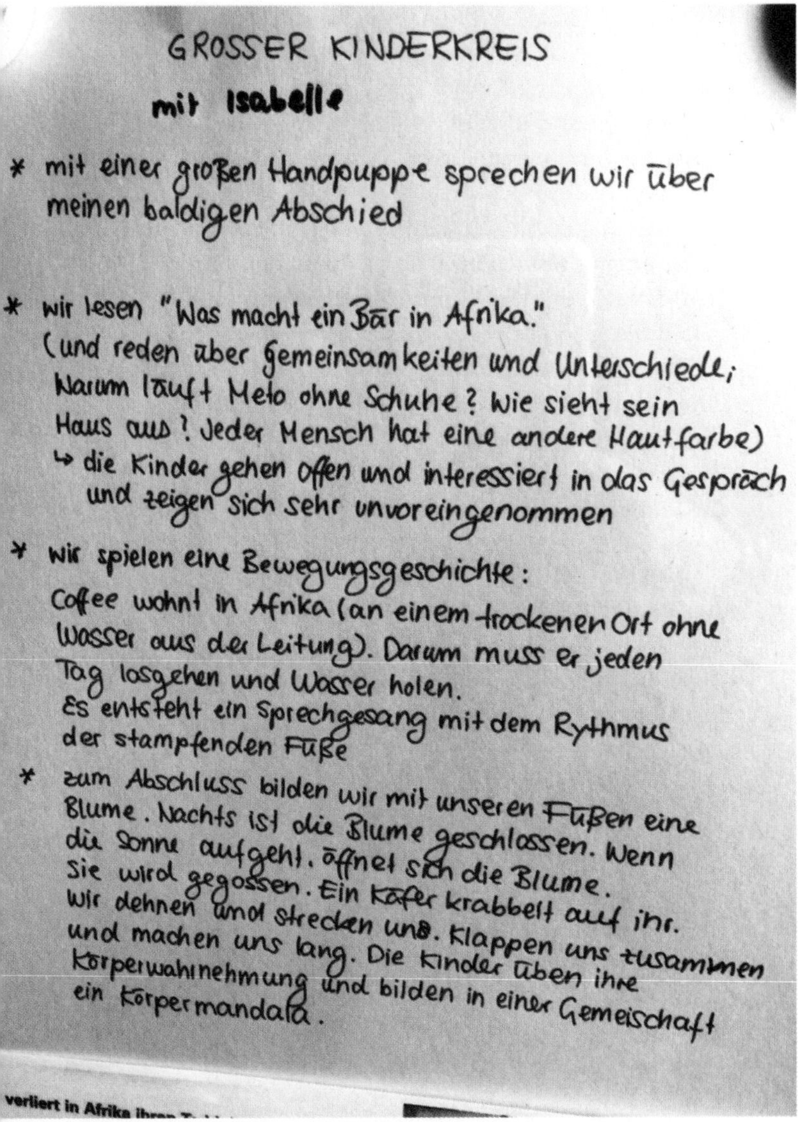
GROSSER KINDERKREIS

mit Isabelle

* mit einer großen Handpuppe sprechen wir über meinen baldigen Abschied

* wir lesen "Was macht ein Bär in Afrika."
(und reden über Gemeinsamkeiten und Unterschiede;
Warum läuft Melo ohne Schuhe? Wie sieht sein Haus aus?. Jeder Mensch hat eine andere Hautfarbe)
↳ die Kinder gehen offen und interessiert in das Gespräch und zeigen sich sehr unvoreingenommen

* wir spielen eine Bewegungsgeschichte:
Coffee wohnt in Afrika (an einem trockenen Ort ohne Wasser aus der Leitung). Darum muss er jeden Tag losgehen und Wasser holen.
Es entsteht ein Sprechgesang mit dem Rythmus der stampfenden Füße

* zum Abschluss bilden wir mit unseren Füßen eine Blume. Nachts ist die Blume geschlossen. Wenn die Sonne aufgeht, öffnet sich die Blume.
Sie wird gegossen. Ein Käfer krabbelt auf ihr.
Wir dehnen und strecken uns. Klappen uns zusammen und machen uns lang. Die Kinder üben ihre Körperwahrnehmung und bilden in einer Gemeischaft ein Körpermandala.

verliert in Afrika

Neben unseren allerersten Bezugspersonen spielt die erste Institution, in die wir eintreten, eine große Rolle, wenn es um die Konfrontation mit gesellschaftlichen Vorurteilen, Stereotypen und Machtschieflagen geht.

Kinder lernen von Erwachsenen in diesen Systemen. Und wenn diese rassistisch sozialisiert sind und nicht gelernt haben, kritisch zu hinterfragen und zu entlernen, dann ist es doch irgendwie logisch, dass sie die eingeschliffenen Denkmuster an Kinder weitergeben.

In der oben geschilderten Situation handelte es sich um einen Vorfall, in dem mein Schwarzes deutsches Kind in einer Kita in Berlin-Charlottenburg von *weißen* deutschen Kindern geandert wurde. (Du erinnerst dich an Othering? Wir versus die Anderen?) Anstatt die Situation aber in Charlottenburg zu belassen und auch dort zu klären, in dem

- die Kinder lernen, dass alle Haare normal sind,
- dass es nicht okay ist, Kinder auszugrenzen,
- schleunigst Bilder und Bücher angeschafft werden, in denen alle Hautfarben und alle Haarstrukturen vorkommen,
- sich nach Schwarzen Erzieher*innen umgesehen wird,

wurde die Situation rassistisch verstärkt und mein Kind barfuß nach Afrika verlagert, abgerundet mit einem merkwürdigen stampfenden Gesang und großer selbstgefälliger Begeisterung darüber, wie die Situation ›gehandelt‹ wurde. Wenn wir einmal unsere rassistisch sozialisierte Brille absetzen, wirkt die Auflösung des Vorfalls bestenfalls absurd.

Das Tragische daran ist, dass die Kinder eine rassistische

statt einer rassismuskritischen Lektion erhalten haben. Die Pädagogin Miriam Nadimi Amin in Leipzig appelliert an Betreuungspersonal, sofort auf rassistische Äußerungen zu reagieren: »Es ist ganz wichtig, mit dem Kind zu reden, das ausgegrenzt wurde, es zu schützen, zu trösten und zu bestärken«, erläutert die Diversity-Trainerin. Denn sonst werde dem Kind vermittelt: »Mit dir stimmt was nicht.« Und dass es nicht dazugehöre. Deshalb müsse man dem Kind sagen: »Mit dir stimmt alles, du bist richtig, du bist toll, so wie du bist.« Es sei nicht in Ordnung, dass ein Kind nicht mit ihm spielen wolle, weil sie unterschiedliche Hautfarben haben. Und: »Komm, wir suchen dir jemanden, der gerne mit dir spielen möchte.«[48]

Gemeinsam verschieden

Wir alle sind Menschen, die täglich in diesem Kindergarten sind. Wir alle gemeinsam bilden diese Kita ab, und alle gehören dazu. Und wir alle sind unterschiedlich voneinander. Und mit dieser Verschiedenheit bereichern wir unseren Kindergarten.

Es gibt nicht wir und »die Anderen«. Wir alle haben unterschiedliche Hauttöne. Manche heller, manche dunkler. Alles ist schön. Wir alle haben unterschiedliche Haarfarben, Augenfarben, Körperformen.

Rückmeldungen

Ich bin sehr dafür, dass auch kleine Kinder bereits Rückmeldungen zu grenzüberschreitendem Verhalten bekommen. Denn aus Kindern, die anderen ungefragt in die Haare fassen, werden Erwachsene, die sich berechtigt fühlen, dies zu tun. So wie wir Kindern beibringen, dass es nicht in Ordnung ist zu beißen, zu schlagen oder zu schubsen, sollten Kinder auch lernen, sich nicht diskriminierend zu verhalten.

Natürlich sollten die Erwachsenen dann auch mit gutem Beispiel vorangehen.

Fokus auf Familienkultur

Um rassistisches Othering und Exotisierung zu vermeiden, ist es hilfreich, einen Fokus auf Familienkultur statt einer stereotypisierten Version von Nationalkultur zu legen. Welche Feste feiern die Kinder in ihren Familien? Was essen sie gern? Welche Traditionen und Rituale haben sie? Diese Fragen helfen, Schubladendenken zu vermeiden und Kinder und ihre Familien in eine projizierte Version von dem, was sie sein sollten, versus dem, was sie sein möchten, zu stecken.

Repräsentation Matters

Kinder müssen sich in ihrem Umfeld repräsentiert sehen. In Bildern an den Wänden (Familienwände?), in Büchern, in Spielzeugen. Es gibt diesen Spruch, der lautet: »You can be what you can see.« Da ist etwas dran. Wir kennen dies auch aus der geschlechtergerechten Forschung. Wen stellen sich Kinder vor, wenn sie an Piloten, Polizisten oder Politiker denken?

Und in der Konsequenz: Sehen sich Kinder selbst darin? Ich erinnere mich an einen kleinen Schwarzen Jungen, der darauf beharrte, dass er kein Zugführer werden könne. Es gäbe schließlich keine so wie ihn. Man mag von Barack Obamas Politik halten, was man möchte. Aber das Gesicht meines damals zehnjährigen Jungen werde ich nie vergessen: »Mama, heißt das, dass auch ich Präsident werden könnte? In echt?«

Ich selbst ging vor einigen Jahren in eine Apotheke am Hamburger Bahnhof. Dort war eine Schwarze Frau. Sie leitete die Apotheke. Ich erinnere mich, wie mir die Tränen kamen. Ich starrte sie an und stammelte irgendetwas von »wie schön, dass es dich gibt« und »danke«. Sie lächelte freundlich zurück. Keine Ahnung, ob sie mich insgeheim seltsam fand. Der Grund, warum ich weinen musste, lag allerdings nicht darin, dass ich dachte: »Oh, endlich eine Schwarze Frau, die eine Apotheke leitet.« Ich war darüber entsetzt, dass ich in den damals 35 Jahren meines Lebens noch nie auf den Gedanken gekommen war, dass es überhaupt eine Möglichkeit sein könnte, dass eine Schwarze Frau eine Apotheke in Deutschland leitet. Selbst ich, die sich seit vielen Jahren intensiv mit dem Thema auseinandersetzte. Es war nicht im Bereich meiner imaginierten Möglichkeiten gewesen. Wie traurig.

Repräsentation ist aber nicht gleich Repräsentation. Schwarze Schauspieler*innen, die ich kenne, können davon ein Lied singen. Die Rollen, die ihnen überwiegend angeboten werden, sind zum Beispiel: Kriminelle*r,

Drogendealer*in oder Geflüchtete*r. Wenn dies die Bereiche sind, in denen BIPoC überproportional vorkommen in Filmen, Serien, Schulbüchern, handelt es sich um einseitige Repräsentation. Die Gefahr ist, dass BIPoC-Kids sich lediglich in diesen Rollen imaginieren – und auch *weiße* Kinder sie automatisch und ausschließlich damit verbinden.

Die Politikerin Aminata Touré ist für so viele Menschen und besonders für Schwarze junge Mädchen ein großes Vorbild. Weil sie da ist, können kleine Schwarze Mädchen davon träumen, Politikerin zu werden, und diese Träume für sich auch wahr werden lassen. An dieser Stelle möchte ich dir wärmstens Aminata Tourés Autobiografie *Wir können mehr sein. Die Macht der Vielfalt* ans Herz legen.

In der Schule

Über das Thema Schule und Rassismus zu schreiben und zu sprechen, fällt mir nicht leicht. Und dies in einer Profession, in der ich seit langer Zeit mit dem Sprechen über das Thema Rassismus mein Leben bestreite. Mensch sollte meinen, dass ich genug Routine besitze, genug »Professionalität«, um über ein vermeintlich rationales Thema wie den Bildungskontext locker sprechen zu können.

Sidenote: Ich glaube übrigens nicht an objektive Rationalität im Bereich der Geisteswissenschaften. Ich glaube, dass Positionen immer subjektiv sind und die vermeintlich objektive oft die *weiße* männliche ist, die so tut, als wäre sie objektiv und rational.

Aber das ist gar nicht der Punkt. Das Sprechen über das Thema Schule und Rassismus löst in mir eine unglaubliche Schwere aus. Denn hier spreche ich eben auch als Kind, das in diesem System schwer verletzt und traumatisiert wurde. In dem mir und allen anderen BIPoC in der vierten Klasse keine Gymnasialempfehlung gegeben wurde, weil »die Welt ja auch Handwerker und Reinigungskräfte braucht.« In der mir als Fünfzehnjährige von meinem Sportlehrer gesagt wurde, dass, wenn man mich in zwei Teile schneide, man wenigstens mit dem unteren noch was anfangen könne. In dem meine Französischlehrerin mir kurz vor dem Abitur sagte, dass es Zeitverschwendung sei, mich zu unterrichten, da Menschen wie ich eh unter der Brücke landen würden. Und in dem ich in den letzten zwei Jahren in fast jeder Pause zu meiner Deutschlehrerin rannte, um mich wieder stark zu weinen. Ohne sie hätte ich es sicher nicht geschafft.

Zu dem Thema spreche ich auch als Mutter, die erleben muss, wie ihre eigenen Kinder in ebendiesem System wieder sehr ähnliche Erfahrungen machen. Die zusehen muss, mit welcher Härte institutioneller Rassismus auf alle BIPoC-Kinder, aber in unserem Fall auf Schwarze Jungs reagiert. Ich sage es dir ehrlich: Es fällt mir schwer, dieses Sprechen und auch das Schreiben. Und manchmal fehlt mir die Kraft.

Aber gleichzeitig weiß ich: Ich kann und darf nicht verstummen. Denn wahr ist auch, dass meine Geschichte und die meiner Kinder bei Weitem nicht nur nicht die einzige ist, sondern auch nicht die schlimmste. Das System Schule ist noch gewaltvoller, wenn du kein *weißes* Elternteil hast, das in die Schule kommen und sein Privileg nutzen kann, um für dich zu sprechen, oder wenn du keinen deutschen Pass hast und zusätzlich noch ständig mit der Angst lebst, abgeschoben zu werden, oder wenn du der deutschen Sprache nicht mächtig bist, um bei Elternabenden oder Lehrer*innengesprächen der Diskussion zu folgen und dich bei Ungerechtigkeiten verbal zu wehren. Wenn dir die Verbindung zu unterstützenden Strukturen fehlt und du nicht weißt, wo und wie du dir für dein Kind Hilfe holen kannst.

Ich habe eine Plattform und werde eingeladen, über dieses Thema zu sprechen oder zu schreiben. Mir hören viele Menschen zu. Im Gegensatz zu vielen BIPoC, die täglich mundtot gemacht werden. Das gibt mir eine Verantwortung. Und in dieser finde ich Kraft.

Wenn du *weiß* bist, dann bist du vielleicht irritiert über die Schwere in meinem Ton und die Heftigkeit dieser Einleitung in das Thema. Es würde mich nicht wundern. Denn oft habe ich das Gefühl, dass wir innerhalb unserer Gesellschaft in verschiedenen Welten leben, in unterschiedlichen

Universen, und das oft im gleichen Raum. Schule ist so ein Raum. Die einen finden die »bunte Vielfalt« spannend und freuen sich darüber, dass ihre Kinder »Freund*innen aus aller Welt« haben. Die anderen erleben täglich Mikro- oder Makroaggressionen, Ausschluss, und stehen permanent unter einem immensen Druck. Denn klar ist: Es gibt keine rassismusfreien Räume. Schule ist nicht rassistischer als andere Räume, aber sie ist ein genauso rassistisch sozialisierter Ort wie alle anderen.

Prof. Dr. Karim Fereidooni ist Juniorprofessor für Didaktik der sozialwissenschaftlichen Bildung an der Ruhr-Universität Bochum. Er forscht unter anderem zu Rassismuskritik in pädagogischen Institutionen. In einem Interview des SPIEGEL vom 15. Juni 2020 sagte er: »Überall, wo es Machtasymmetrien gibt, gibt es auch Rassismus.« In der Schule komme die Besonderheit hinzu, dass die Macht bei wenigen Lehrerinnen und Lehrern liege, die viele Menschen unterrichteten. Zudem sei der Machtunterschied auch altersbedingt sehr groß.[49]

Noch heute bekomme ich feuchte Hände und einen Knoten im Magen, wenn ich ein Schulgebäude betrete. Alte Ängste, Verunsicherungen und Ohnmachtsgefühle paaren sich mit der Wut und dem Entsetzen über die Verletzungen, die nun unsere Kinder erleben, dem Gefühl und dem Wissen, das eigene Kind nicht oder nur sehr bedingt schützen zu können.

Ich weiß, dass viele Schwarze Eltern nicht selten eine Art Retraumatisierung erleben, wenn ihre Kinder in der Schule die erste Mikro- oder Makroaggression erleben. Das Schlimmste für mich – und viele Schwarze Menschen, die ich kenne – ist, dass die Personen, die innerhalb der Systeme wirken, die strukturelle Gewalt und die Mikroaggressionen, den Racial Stress und das Trauma, mit denen Schwarze Kinder und Kids of Color und deren Familien täglich zu tun haben, nicht erkennen oder anerkennen. Rassismus wird wegdiskutiert, relativiert, ignoriert. Wer es wagt, ihn laut zu benennen, wird zum Schweigen gebracht, zur Not mit rechtlichen Drohungen oder Anzeigen.

Denn das Bildungssystem – vor allem die Regelschule – ist ein sehr normierendes, machtvolles und großes System. Es tut sich daher auch schwer mit Veränderungen. Rassismuskritik setzt sich nur langsam durch innerhalb dieses schwerfälligen Systems. Bis jetzt kommt Veränderung oft durch engagierte Individuen oder externe Organisationen. Aber vor ihnen liegt ein langer und steiniger Weg.

Auf den folgenden Seiten werden wir uns intensiv mit dem Thema Schule auseinandersetzen. Wie eingangs bereits gesagt, prägt uns die Schule wie kaum eine andere Institution. Je nachdem verbringen wir dort zwischen zehn und dreizehn Jahre lang täglich viele Stunden. Viele von uns kehren auf die eine oder andere Art wieder in diese Institution zurück, wenn wir Kinder haben oder selbst in der Schule arbeiten. Schule ist gerade deshalb ein Ort, an dem Rassismuskritik so wichtig ist.

Ich selbst war vierzehn Jahre in der Schule, bekam in meinem zwölften Schuljahr ein Kind und fand mich daraufhin bereits vier Jahre nach dem Abitur bei Elternabenden eines Erstklässlers sitzend. Nachdem mein großer Sohn Abitur machte, hatte ich genau ein schulfreies Jahr, bis mein zweiter Sohn in die erste Klasse kam. Was bedeutet, dass ich insgesamt circa 38 Jahre intensiv mit diesem System zu tun haben werde. Wahrscheinlich ungefähr die Hälfte meines Lebens. Zudem waren meine Kinder und ich an Grundschulen in Leipzig, einem humanistischen

Gymnasium, einer Grundschule in Frankreich, einer internationalen Oberschule in Frankreich, einer Schweizer Privatschule in Berlin, einer internationalen Schule in Berlin, einer klassischen Regelschule, einer kleinen Gemeinschaftsschule und einer freien Schule. Ich war im Schulvorstand der jetzigen Schule meines Sohnes und in der Diversity-AG. Ich habe zudem viele rassismuskritische Workshops an Schulen, mit Lehrer*innen und mit Schulsozialarbeiter*innen durchgeführt. Kurz: Ich kann also mitreden.

Weiße Lehrkräfte

> »Liebe Frau Ogette,
> ich bin in meiner Elternzeit nach und nach aus dem Happyland ausgezogen und will mich von ganzem Herzen bei Ihnen und Ihrem Kind für mein Verhalten (als Lehrerin Ihres Kindes) entschuldigen. Es tut mir so leid! Dass ich nicht zugehört habe, dass ich stattdessen in eine Abwehrhaltung gegangen und Ihnen mit Oberflächlichkeiten begegnet bin, anstatt Sie wirklich zu hören, mit aller Kraft zu unterstützen, den Weg mit Ihnen gemeinsam zu gehen und mich selbst zu hinterfragen.
> (…) Ich hoffe sehr, dass Sie eine Schule gefunden haben, in der Ihr Kind sich wohlfühlt und in der die *weißen* Menschen, die Sie dort begleiten, möglichst schon länger aus dem Happyland ausgezogen und auf der Reise sind.«

Wenn du als Lehrkraft an einer Schule arbeitest und *weiß* bist, dann bin ich besonders froh, dass du dieses Buch in den Händen hältst! So viele Kinder und deren Familien werden davon profitieren, wenn du dich auf die rassismuskritische Reise begibst. Und nicht nur Schwarze/Kids of Color, sondern auch *weiße* Kinder. Der Beginn der Auseinandersetzung liegt auch an dieser Stelle bei dir als Lehrkraft.

Das sage ich so bewusst, weil wir immer wieder Anfragen für einen Workshop für Schüler*innen erhalten. Mit der Bitte, dass diese sich mit Rassismus auseinandersetzen mögen. Diese Anfragen lehnen wir immer ab. Erstens liegt das Problem längst nicht allein bei den Schüler*innen. Ja, natürlich erleben Schwarze Kinder und Kids of Color auch Rassismus durch ihre Klassenkamerad*innen. Aber das viel größere Problem ist der Rassismus innerhalb des Systems – Lehrpersonen, Materialien, Bücher, Aufgabenstellungen etc. Und zweitens bringt es nichts, wenn die Kinder durch so einen Workshop rassismussensibler werden, aber das System, in dem sie agieren, nicht.

Erinnerst du dich an den Hashtag #MeTwo, der im Sommer 2018 aufkam und unter dem Hunderte BIPoC ihre Erfahrungen mit Alltagsrassismus teilten? Ein großer Teil dieser Erlebnisse stammte aus dem Bildungskontext, genauer gesagt, der Schule. Interessant zu sehen war auch, dass es vor allem Berichte darüber waren, wie Lehrpersonen sich rassistisch verhielten.

Dabei denke ich auch an meinen Sohn, der in der zweiten Klasse eine Lehrerin darauf hinwies, dass das I-Wort rassistisch sei, und der daraufhin zur Strafe den Raum verlassen und den Rest der Stunde im Flur sitzen musste.

White Fragility in der Schule, gekoppelt mit dem Machtverhältnis zwischen Lehrperson und Schüler*in, erwachsener Person und Kind, wirkt exponentiell und straft sehr gewaltvoll.

Tipp

Zuallererst rate ich dir daher, dich mit deinen Privilegien, die innerhalb des Systems Schule wirken, auseinanderzusetzen. Bevor du weiterliest, empfehle ich dir in deinem Journal oder auf einem Zettel eine Liste mit *weißen* Privilegien speziell für den Schulkontext zu machen. Dabei helfen Fragen wie: Worüber muss ich mir aufgrund meines *Weiß*seins **keine** Sorgen machen? Was stresst mich **nicht** aufgrund meines *Weiß*seins? Wo erlebe ich in meinem Schulalltag keine Barrieren, werden mir Zugänge nicht verwehrt oder finde ich mich nicht nicht repräsentiert?
Jule Bönkost, die Wissenschaftlerin und Mitbegründerin[50] des Instituts für diskriminierungsfreie Bildung[51], hat in einem gleichnamigen Artikel zwei Listen von *weißen* Privilegien in der Schule verfasst[52], von denen ich hier einen Teil abbilden möchte.[53] Lies dir die Liste in Ruhe durch. Achte dabei auf spontane Gedanken – Fragen, Erinnerungen, Widersprüche und auch Emotionen, die beim Lesen hochkommen. Notiere diese anschließend in deinem Journal oder auf einem Zettel. Die erste Liste bezieht sich auf Lehrende.

Here we go

1. Aufgrund meines *Weiß*seins erfahre ich im Schulalltag ein gewisses unhinterfragtes Zugehörigkeitsgefühl, eine Art Willkommenskultur, Vertrautheit und Sicherheit. Das wirkt sich positiv auf meine Identifikation mit meinem Arbeitsplatz aus.
2. Ich werde von anderen Lehrkräften, pädagogischem Personal und Schüler*innen nicht automatisch als fremd betrachtet.

3. Ich kann mit hoher Wahrscheinlichkeit davon ausgehen, dass (die Mehrheit) meiner Kolleg*innen und meine Vorgesetzten, die Schulleitung, wie ich *weiß* sind.
4. Beim ersten Arbeitstag muss ich nicht befürchten, von anderen Personen in der Schule mit dem Putzpersonal verwechselt zu werden oder beim Parken darauf hingewiesen zu werden, dass ich mein Auto hier nicht abstellen könnte, da dies ein Lehrer*innenparkplatz sei.
5. Ich kann sicher sein, aufgrund meines *Weiß*seins anderen nicht erklären zu müssen, wo ich herkomme bzw. mich rechtfertigen zu müssen, weshalb ich in meinem eigenen Land lebe.
6. Ich muss nicht mit rassistischen Fremdbezeichnungen rechnen, wenn ich angesprochen werde oder über mich gesprochen wird.
7. Ich kann sicher sein, dass ich von meinen Kolleg*innen, der Schulleitung sowie Schüler*innen und deren Eltern aufgrund meines *Weiß*seins keine diskriminierenden Stereotypisierungen, Vorurteile, Kulturalisierungen und Exotisierungen erfahre.
8. Ich muss nie darüber nachdenken, ob ich an meinem Arbeitsplatz aufgrund meines *Weiß*seins diskriminiert werde.
9. Ich muss keine Bewältigungsstrategien gegen Rassismus in der Schule entwickeln.
10. Wenn mein Unterricht oder meine Zusammenarbeit mit meinen Kolleg*innen oder Eltern schlecht läuft, brauche ich mich nicht zu fragen, ob dies rassistische Gründe hat.
11. Ich habe nicht das Gefühl, dass ich mehr leisten muss als meine Schwarzen Kolleg*innen und Kolleg*innen of Color.
12. Ich kann sicher sein, dass ich im Kollegium nicht aufgrund meines *Weiß*seins auf eine Sonderrolle reduziert werde, z. B. als Übersetzer*in bei Elterngesprächen.
13. Ich unterrichte nach Lehrplänen, deren fester Bestandteil ein Weltbild ist, das Menschen, die, wie ich, *weiß* sind, als Norm darstellt, zentriert und aufwertet.

14. Ich kann sicher sein, dass in den Lehr- und Lernwerken, mit denen ich unterrichte, Menschen, die, wie ich, *weiß* positioniert sind, adressiert werden sowie nicht in der Rolle des Opfers oder Außenseiters, sondern als selbstbestimmte Akteur*innen dargestellt werden.
15. In meinem Unterricht kann ich Erfahrungen, Perspektiven, Stimmen und Widerstand gegen Rassismus von Menschen mit Rassismuserfahrung unbeachtet lassen, ohne dass im *weißen* Schulumfeld meine pädagogische Eignung und Professionalität für eine solche Gleichgültigkeit infrage gestellt wird.
16. In meinem Unterricht kann ich Menschen kategorisieren und definieren, wo Unterschiede zwischen »den Kulturen« liegen sowie diese hierarchisieren.
17. Ich kann sicher sein, auf Bildern und Postern auf den Wänden Darstellungen von Menschen zu finden, die, wie ich, *weiß* sind.
18. Ich kann mit hoher Wahrscheinlichkeit davon ausgehen, bei Ausflügen Personen zu begegnen, die, wie ich, *weiß* sind, und dass meine Anwesenheit als normal angesehen wird.
19. Ich kann davon ausgehen, beim Besuch externer Fortbildungsveranstaltungen von Personen umgeben zu sein, die, wie ich, *weiß* sind, und dass meine Anwesenheit als normal angesehen wird.
20. Ich kann sicher sein, dass ich aufgrund meines *Weiß*seins von Schüler*innen und deren Eltern als Expert(e)*in und Lehrperson nicht weniger akzeptiert und respektiert werde.

Bist du überrascht? Fallen dir noch mehr ein?

In einer Privilegienrunde in unseren Workshops – also wenn alle Teilnehmenden diese Privilegien nacheinander vorlesen – kommt oft eine eher bedrückte Stimmung auf. Niemand freut sich, auch wenn es um Privilegien, also Vorteile geht. Und natürlich ist es logisch, warum dies keine Jubelrunden sind. Denn oft denken wir sofort an die Deprivilegierung. Daran, dass dies Vorteile sind, die wir nicht alle teilen. An dieser Stelle kann es übrigens zu Scham oder Schuldgefühlen kommen. Das ist okay.

Viel wichtiger finde ich, jetzt nicht aufzuhören, sondern weiterzugehen und sich zu fragen: Was bedeutet das für mich? Was sehe ich, aber vor allem, was sehe ich vielleicht in meinem Schulalltag auch nicht? Welche Perspektiven fehlen mir, und wo bin ich auf Feedback angewiesen, wo muss ich kräftig dazulernen?

Meine Tipps

Disclaimer: Diese Tipps ersetzen niemals eine rassismuskritische Weiterbildung. Es ist eine sehr unvollständige Liste für einen Einstieg im Umgang mit dem Thema.

- Sieh dich selbst als permanent Lernende. Es ist okay, Fehler zu machen. Es ist nicht okay, aufzugeben und wegzuschauen und in Happyland zu verweilen, wenn du es eigentlich besser weißt.
- Such dir Fortbildungsangebote zu den Themen Rassismuskritik, aber auch darüber hinaus zu anderen diskriminierungskritischen Themen. In Berlin gibt es zum Beispiel die Organisation I-Päd. Vielleicht gibt es auch in deiner Region Fortbildungsangebote zu diesen Themen.
- Rege die Auseinandersetzung mit diesen Themen im Kollegium an. Je mehr ihr seid, desto besser.
- Hole dir idealerweise die Direktion mit ins Boot. »Der Fisch stinkt vom Kopf« – Wenn die Direktion sich auf den rassismuskritischen Weg begibt und dies vorlebt, ist schon viel gewonnen für die gesamte Schule.
- Suche dir Verbündete – Kolleg*innen, von denen du weißt, dass sie auch bereit sind, sich diesen Themen zu widmen.

- Tauscht euch aktiv und regelmäßig aus. Seid dabei ehrlich und selbstkritisch. Toll sind auch regelmäßige Treffen, wo ihr euch Feedback gebt, miteinander lernt.
- Solltest du diesen Rückhalt im eigenen Kollegium nicht haben, dann such dir Verbündete außerhalb der Arbeit.
- Teilt Literatur und Materialien miteinander, aus denen ihr gelernt habt.
- Schau dir die Materialien, die du im Unterricht nutzt, unter einer rassismuskritischen Lupe an. Wenn Kindern oder dir im Unterricht etwas auffällt, was rassistisch ist, thematisiere das und überlege gemeinsam mit den Kindern, was ihr tun könnt.
- Achtung: Es bedarf vielen Wissens, um einen sicheren Klassenraum für rassismuserfahrene Kinder zu schaffen. Vor allem als *weiße* Lehrperson. Ich möchte dir sehr ans Herz legen, dich da so gut es geht fortzubilden.
- Suche dir externe Unterstützung. Es gibt beratende Organisationen, die dir zur Seite stehen können.

Gespräche mit Eltern

- Wenn sich Schwarze Eltern/Eltern of Color oder Eltern Schwarzer Kinder an dich wenden und es um Rassismus geht, dann hör ihnen zu. Immer.
- Wenn du gerade keine Zeit hast, dich dem Gespräch zu widmen, dann sag ihnen genau, wann du dir Zeit nehmen kannst, und sei dabei zuverlässig.
- Mach dir bewusst, dass es mitunter ein großer Kraftakt für Eltern ist, das Thema bei dir anzusprechen. Dass sie sich wahrscheinlich vorab viele Gedanken darüber gemacht haben, wie sie das Thema ansprechen können und Sorgen haben, wie deine Reaktion sein wird.
- Daher nimm die Eltern ernst in dem, was sie sagen.
- Relativiere ihre Erfahrungen nicht.

- Wenn du merkst, dass in dir Abwehrgefühle aufkommen oder du den Impuls verspürst, dich zu verteidigen – atme tief ein und aus –, und tu es nicht.
- Bedanke dich für das Vertrauen und dafür, dass die Eltern sich an dich gewandt haben.
- Frag nach, wenn du etwas nicht verstehst oder einordnen kannst.
- Glaub mir, die meisten Eltern, deren Kinder Rassismus erleben, erwarten nicht, dass du perfekt bist. Sie hoffen inständig, dass du sie ernst nimmst, ihnen glaubst und mit ihnen gemeinsam das Problem angehst. Denn sie wissen, dass sie ihre Kinder morgen wieder in deine Klasse schicken müssen, und sie wünschen sich nichts sehnlicher, als dass es ihrem Kind dort gut geht.

Im Klassenraum

- Es ist dein Raum. Du bist verantwortlich dafür und lebst vor, wie mit Rassismus und Diskriminierung umgegangen wird.
- Auch hier gilt: Es geht nicht darum, perfekt zu sein. Es geht darum, vorzuleben, dass auch du nicht alles weißt, dass du eine spezifische Sichtweise auf die Welt hast und dadurch bestimmte Dinge weißt und siehst, andere Dinge aber eben auch nicht. Und es geht darum, Fehler, die du machst, anzuerkennen, dafür Verantwortung zu übernehmen und vorzumachen, dass man aus Fehlern lernen kann.
- Wenn es um das Thema Rassismus geht oder um gesellschaftspolitische Themen, sprich von dir selbst als *weiß*. So wie du auch kein Problem hättest, dich als Frau, Deutsche, Akademikerin etc. zu bezeichnen. Beispiel: »Ich als *weiße* Frau bin mir im Klaren darüber, dass ich nicht nachfühlen kann, was Schwarze Menschen erleben, wenn es um Alltagsrassismus geht.« Das braucht ein bisschen Übung, wenn du das vorher noch nie gemacht hast. Aber es ist wichtig, nicht immer nur »die Anderen« zu benennen, sondern eben auch die Norm sichtbar zu machen.

- Die Studienrätin und ehemals Antidiskriminierungsbeauftragte Berlins Saraya Gomis empfiehlt Lehrpersonen, mit der Klasse einen Verhaltensrahmen zu verabreden. Sie sagt: »Als Lehrerin habe ich gemeinsam mit meinen Klassen Verhaltensrahmen festgehalten. Darin haben wir vereinbart, was wir tun wollen, wenn es zu Diskriminierungen kommt. Meine Schüler*innen haben dann lautstark eingefordert, dass alle die Regeln einhalten. Sie haben auch mich darauf hingewiesen, wenn ich mich diskriminierend verhalten habe.«[54]
- Ich finde ebenfalls, dass es wichtig ist, Kinder zu kritischen – und in unserem Fall rassismuskritischen – Denker*innen zu erziehen. Dies lernen sie in einem Rahmen, in dem *weiße* Kinder lernen, Verbündete zu sein, und Schwarze/PoC-Kids wissen, sie werden mit ihren Erfahrungen und Erlebnissen gehört und ernst genommen. Regeln in diesem Verhaltensrahmen könnten unter anderem sein, dass rassistische Worte nicht reproduziert werden. Saraya Gomis sagt hier: »In Lehrmaterialien kommen immer noch diskriminierende Texte, Bilder, Aufgabenstellungen oder Begriffe vor, wie etwa das N-Wort. Ich hatte Klassen, die entschieden haben, das N-Wort auf Arbeitsblättern durchzustreichen. Andere Klassen haben es im Text belassen, es aber nicht vorgelesen. Wichtig war, dass wir im Unterricht unter anderem gelernt hatten, über Diskriminierungen zu sprechen. Basis ist eine diskriminierungskritische Bildung.«[55]

Weiße Schüler*innen

Wir sind so gewöhnt daran, immer die »Die Anderen« zu thematisieren und zu problematisieren. Was ist aber mit der vermeintlichen Norm? Wie wir bereits wissen, gibt es die Anderen nur, weil die Norm unerkannt bleiben kann. Ein essentieller Teil von Rassismuskritik ist es, diese Norm sichtbar zu machen und die Mechanismen zu verstehen, die dazu führen, dass es die Anderen überhaupt gibt. Versuch nun wieder, bevor du weiterliest, eine Liste mit Privilegien für *weiße* Schüler*innen zu erstellen. Woran müssen *weiße* Schüler*innen nicht denken aufgrund ihres *Weiß*seins? Was müssen sie nicht befürchten?

Fertig? Okay, dann möchte auch ich wieder Jule Bönkost zitieren und zwanzig *weiße* Privilegien von *weißen* Schüler*innen mit dir teilen.[56]

1. Aufgrund ihres *Weiß*seins erfahren *weiße* Schüler*innen im Schulalltag ein gewisses unhinterfragtes Zugehörigkeitsgefühl, eine Art Willkommenskultur, Vertrautheit und Sicherheit. Das wirkt sich positiv auf ihre Identifikation mit der Schule aus.
2. *Weiße* Schüler*innen können mit hoher Wahrscheinlichkeit davon ausgehen, dass ihre Lehrer*innen und anderes pädagogisches Personal, wie sie, *weiß* sind.
3. *Weiße* Schüler*innen können mit hoher Wahrscheinlichkeit davon ausgehen, dass die meisten ihrer Mitschüler*innen, wie sie, *weiß* sind.
4. Wenn sie zur Schulleitung bestellt werden, können *weiße* Schüler*innen in der Regel sicher sein, dass sie dort Personen antreffen, die, wie sie, *weiß* sind.
5. *Weiße* Schüler*innen werden von Lehrkräften, pädagogischem Personal und anderen Schüler*innen aufgrund ihres *Weiß*seins nicht automatisch als fremd betrachtet.
6. *Weiße* Schüler*innen müssen nicht mit rassistischen Fremdbezeichnungen rechnen, wenn sie angesprochen werden oder über sie gesprochen wird.
7. *Weiße* Schüler*innen erhalten Lernangebote, in denen Wissensbestände vorherrschen, die von und für Menschen, die, wie sie, *weiß* sind, (re)produziert wurden und die *weiße* Menschen als Norm darstellen, zentrieren und aufwerten.

8. *Weiße* Schüler*innen können sicher sein, aufgrund ihres *Weiß*seins anderen nicht erklären zu müssen, wo sie herkommen, bzw. sie müssen sich nicht rechtfertigen, weshalb sie in ihrem eigenen Land leben.
9. Wenn ihre Leistungen bewertet werden, müssen *weiße* Schüler*innen sich bei schlechten Noten nicht fragen, ob für die Benotung ihr *Weiß*sein eine Rolle spielt.
10. *Weiße* Schüler*innen müssen in Testsituationen keine Angst haben, dass andere, falls ihre Leistungen schwach ausfallen sollten, ihre rassistischen Stereotype darin bestätigt sehen.
11. *Weiße* Schüler*innen können sich insgesamt sicher sein, dass ihre schulischen Leistungen nicht aufgrund von Rassismus in der Schule beeinträchtigt werden.
12. Wenn *weiße* Schüler*innen und Schwarze Schüler*innen bzw. Schüler*innen of Color die gleichen Leistungen erbringen, ist die Wahrscheinlichkeit hoch, dass die Leistungen der *weißen* Schüler*innen als besser eingeschätzt werden.
13. *Weiße* Schüler*innen können sicher sein, dass ihr *Weiß*sein nicht gegen ihr Wohlbefinden in der Schule arbeitet.
14. *Weiße* Schüler*innen können sicher sein, die Schule besuchen zu können, ohne aufgrund von Rassismus Stress ausgesetzt zu sein und psychische Belastungen zu erleben, die ihren Lernerfolg beeinträchtigen können.
15. *Weiße* Schüler*innen können zu spät zum Unterricht kommen, ihre Hausaufgaben nicht machen oder den Unterricht stören, ohne dass Lehrkräfte, pädagogisches Personal und die Schulleitung dies darauf zurückführen, dass sie *weiß* sind.
16. *Weiße* Schüler*innen lernen in der Schule, dass sie ihr *Weiß*sein und *weiße* Privilegien als selbstverständlich und normal betrachten können.
17. *Weiße* Schüler*innen lernen mit Bildungsmaterialien, die *weiße* Menschen adressieren.

18. *Weiße* Schüler*innen können ihre Schulbücher aufschlagen und in diesen eine Auswahl an positiven, nicht stereotypen Vorbildern und Identifikationsfiguren finden, die, wie sie, *weiß* sind. Sie finden Menschen, die, wie sie, *weiß* positioniert sind, nicht in der Rolle des Opfers oder Außenseiters, sondern als selbstbestimmte Akteur*innen dargestellt vor.
19. In der Schulbibliothek können *weiße* Schüler*innen leicht Materialien finden, die Darstellungen, Bilder, Geschichten und Perspektiven von Menschen enthalten, die, wie sie, *weiß* sind.
20. *Weiße* Schüler*innen erhalten Lernangebote, die das nationale Erbe und »Zivilisation« als Errungenschaften von Menschen definieren, die, wie sie, *weiß* sind.

Erst einmal ein kurzer Gefühls-Check-in: Was für Gedanken kamen hoch? Was für Emotionen? Kannst du dir vorstellen, wie anstrengend es sein muss, als nicht *weiße*r* Schüler*in den Schulalltag zu durchstehen? Vor allem dadurch, dass es in den meisten Bereichen des Schulsystems kein Bewusstsein zu diesem Thema gibt und Schwarze Kids und Kids of Color alleingelassen werden mit dem Stress, den sie erleben. Zumal auch Schwarze Kinder und Kids of Color diesen Stress nicht per se benennen können. Kinder kommen nicht nach Hause und sagen: »Oh, heute habe ich aber viele Mikroaggressionen erlebt, ich brauche dringend Empowerment.« Sie sind gestresst, müde, erschöpft oder verärgert.

Farbignoranz in der Schule

Ein kleines Schulbüro in Berlin. Die Leiterin der kleinen privaten Grundschule sitzt vor uns. Wir, das sind mein Mann, mein Sohn – damals sieben Jahre alt – und ich. Die Leiterin schwärmt von der Schule, will sie uns schmackhaft machen. Sie schwenkt bunte Broschüren. Nach einiger Zeit frage ich (ehrlich gesagt druckse ich eher herum), wie das denn sei, wie sie denn so mit dem Thema Rassismus an der Schule umgingen. Sie wird kurz blass, wirkt irritiert und hebt abwehrend die Hände [TW]: »Neiiiin, so was gibt es hier gar nicht. Wir haben hier viele Kinder von überallher. Wir haben sogar, na, wie nennt man die … Mischlinge. Die mag hier jeder.« Sie blickt uns an, offensichtlich sehr beeindruckt von sich selbst. Wir sind nicht beeindruckt. Gar nicht. Wir sind besorgt.

Farbignoranz kennst du bereits. Im Kontext Schule ist sie besonders problematisch und auch besonders stark verbreitet. Lehrer*innen wollen Menschen damit versichern: »Rassismus, das gibt es hier nicht.« Dahinter verstecken sich verschiedene Fehlannahmen:

1. Rassismus bedeutet gleich Neonazi oder rechtsradikal.
2. Es ist möglich, durch Distanzierung zum Thema Rassismus tatsächlich rassismusfreie Räume zu schaffen à la: Wir finden Rassismus falsch. Also sind wir nicht rassistisch. Ergo: Rassismus gibt es nicht an unserer Schule.

Eine Mutter schrieb mir einmal einen verzweifelten Brief, der an dieser Stelle gut veranschaulicht, was ich meine. Ich paraphrasiere: »Meine Tochter wird an ihrer Schule immer wieder von anderen Kindern mit dem N-Wort malträtiert.

Ich habe einen Brief an die Direktorin geschrieben, in dem ich um Hilfe bat. Ich erhielt eine Antwort, in der stand: Wir sind eine Schule ohne Rassismus. Rassismus gibt es bei uns nicht.«

Wie absurd, oder? Passt aber gut in das oben beschriebene Narrativ und auch in unser Gespräch mit der Schulleitung.

Es ist aber nicht das »Nichtwissen« allein. In vielen schulischen Kontexten erlebe ich auch eine gewisse Behäbigkeit gegenüber neuem Wissen. Und mir ist klar, dass ich damit den vielen Individuen unrecht tue, die sich unter großem Kraftaufwand ständig Neues aneignen. Solltest du Lehrperson sein, dann versteh meine Kritik eher auf das System bezogen als persönlich. Regelschule hat das Konzept verinnerlicht, dass Wissen nur in eine Richtung fließt: Vom Lehrpersonal zu den Schüler*innen. Wissensvermittlung ist eine One Way Street und Lehrer*innen sind die, die Wissen vermitteln und nicht per se Lernende.

Dies steht natürlich diametral zu einem rassismuskritischen Ansatz, der uns alle zu ständig Lernenden macht – quasi ist dies der Staus quo.

Farbignoranz ist fatal an Schulen. Denn damit einher geht das Ignorieren von Rassismus im schulischen Alltag. Und nicht nur das: Rassismus wird zum Tabuthema. Zum individuellen Problem der Anderen. Und das könnte nicht ferner jeglicher Realität sein. Sei dir dessen zu allen Zeiten bewusst.

Der defizitorientierte Blick

Es gibt einen gesellschaftlichen defizitorientierten Blick auf Schwarze Menschen und People of Color und somit auch auf Schwarze Kinder und Kids of Color. Dieser Blick wirkt auch im Bildungssystem.

Schwarze Kinder und Kinder of Color werden tendenziell älter geschätzt,[57] als sie sind. Dies hat zur Folge, dass ihnen mehr abverlangt wird, die übersteigerten Erwartungen ihnen bei Nichterfüllung aber als Defizit angelastet werden.

Schwarzen Kindern/Kids of Color wird selbst bei guten Noten – vermehrt – der Besuch der Real- oder Hauptschule empfohlen.[58] Es wird unter anderem angenommen, dass sie nicht genügend Unterstützung aus dem Elternhaus bekommen.

Ebenso problematisch ist der Umgang mit »Fehlverhalten«. Schwarze/PoC-Kinder, vor allem Jungs, werden durch eine strukturell verankerte defizitorientierte Brille betrachtet, weshalb ihr Verhalten viel eher negativ bewertet wird, als es bei gleichaltrigen *weißen* Kindern der Fall ist.[59] Statt lebhaft sind sie »wild«, statt selbstbewusst »aggressiv« und statt durchsetzungsfähig »gewaltbereit«. Als Konsequenz werden sie viel schneller pathologisiert, und das Thema wird individualisiert. Rassismus wird lediglich als Einzelfall gesehen oder ganz wegdiskutiert, relativiert oder ignoriert. Schwarzen Menschen/People of Color, die Rassismus thematisieren, wird unterstellt, sie seien zu empfindlich oder würden Rassismus erfinden.

Als ich einer Schulleitung einmal von den traumatischen Erfahrungen erzählte, die dazu geführt hatten, dass mein Kind mitunter im Unterricht in die Verweigerungshaltung ging, sagte sie mir: »Das glaube ich nicht. Ich nehme eher an, dass sie zu Hause keine Regeln kennen.«

Rassismus im Alltag zu erleben, ist Stress. Schwarze Kinder/Kids of Color müssen diesen bewussten und unbewussten Stress täglich navigieren. Das kann sich in unterschiedlichen Verhaltensweisen zeigen. So kenne ich Kinder, die versuchen überangepasst zu sein, um dadurch negative Erfahrungen zu verhindern. Andere Kinder wiederum verweigern sich oder leisten Widerstand. Wird dieses Verhalten nun nicht auch aus einem rassismuskritischen Blickwinkel betrachtet, sondern das Kind lediglich als Problem dargestellt, kann das zu einer Negativspirale führen.

Die Diversity-Falle im Kontext Schule

Zitat 1:
»Die Kinder kommen aus 16 Nationen. Unter dieser Voraussetzung ist es für die Verständigung untereinander und für die Umsetzung des Bildungs- und Erziehungsauftrags der Schule wichtig, dass die Kinder und Lehrkräfte eine Sprache sprechen.«[60]

Zitat 2:
»Jedes Kind ist SprachschülerIn, unabhängig davon, welche Sprache es zu Hause spricht und aus welchem Herkunftsland es stammt. Sie alle haben ihr eigenes kulturelles Erbe und bringen dies in einzigartiger Weise ein, was für ihre kognitive Entwicklung und die Bewahrung ihrer kulturellen Identität entscheidend ist.
Aus diesem Grund sieht sich unsere Schule gegenüber den SchülerInnen und deren Eltern in der Pflicht, eine Lernatmosphäre zu schaffen, die die Sprachentwicklung in einer mehrsprachigen Umgebung fördert

und unterstützt. Im Verbund mit einer durch Eigeninitiative geprägten Lernmethodik fördert dieser Ansatz die Entwicklung der SchülerInnen zu selbstbewussten, kreativen und gleichzeitig verantwortungsvollen Persönlichkeiten.«[61]

Zwei Schulen in Deutschland. Zwei scheinbar gänzlich unterschiedliche Haltungen zum Thema Sprache, aber eigentlich handelt es sich um zwei Seiten der gleichen Medaille. Schule eins ist eine Grundschule in Baden-Württemberg, die im Jahr 2020 in den Schlagzeilen war, weil eine Schülerin in der Pause auf dem Schulhof Türkisch sprach und daraufhin eine Strafarbeit schreiben musste. Schule zwei ist eine private internationale Schule in Berlin. Wichtig zu wissen ist, dass es in der ersten Schule um die Sprache Türkisch geht, die unter Strafe gestellt wurde. Die zweite Schule spricht als Klientel eher zahlungskräftige Expats aus den USA, UK, Schweden etc. an. Dies ist kein Zufall.

Englisch oder Französisch zu sprechen, ist cool und ein Zeichen für Internationalität, Weltgewandtheit und mit Sicherheit gut für die kindliche Entwicklung. Arabisch, Türkisch oder Twi zu sprechen, ist ein Zeichen von mangelndem Integrationswillen und führt zu Parallelgesellschaften und im schlimmsten Fall zu Terrorismus (Sarkasmus aus). Diese Narrative hat – ob wir es wollen oder nicht – mit Rassismus zu tun. Die Wertigkeit, die wir als Gesellschaft bestimmten Sprachen geben, hat damit zu tun, wie wir die Menschen sehen, die sie sprechen. Die einen sind die Expats, die anderen die Migrant*innen oder Menschen mit Migrationshintergrund. Eine Schule mit einem hohen Anteil an Kindern mit Migrationshintergrund wird assoziiert mit Förderbedarf, Aggressionspotential, Lernschwierigkeiten und Ghettoisierung. Eine Schule mit Expat-Kindern hat Hipster-Potential und *world flair*. Eine Studie der Johns-Hopkins-Universität bestätigt, was rassismuskritische Menschen schon lange wissen: den sogenannten »Role Model Effect«. In einer Studie des Institute of Labor Economics wurde dieser 2017 untersucht:

»Schwarze Grundschüler, die eine*n Schwarze*n Lehrer*in haben, schneiden bei standardisierten Tests besser ab und werden von den Schwarzen Lehrer*innen positiver wahrgenommen. (…) Wir zeigen, dass die Zuweisung eines Schwarzen Kindes zu einer Schwarzen Lehrperson in der dritten, vierten oder fünften Klasse die Wahrscheinlichkeit eines Schulabbruchs signifikant reduziert. Der Kontakt zu mindestens einem Schwarzen Lehrer in den Klassen 3 bis 5 erhöht auch die Wahrscheinlichkeit, dass alle Geschlechter den Besuch eines vierjährigen Colleges anstreben.«[62]

Meine Vision einer rassismuskritischen Schule

Ich möchte mein Kind in einer Schule wissen, die sagt: Ja, Rassismus ist ein gesellschaftliches Problem, und wir nehmen dies ernst, wann immer wir ihn erkennen oder aufgezeigt bekommen.

In einer Schule, in der es wichtiger ist, sich mit den Wirkungsweisen von Rassismus und der eigenen Positioniertheit zu beschäftigen als mit der Frage, ob das Aufzeigen von Rassismus überhaupt legitim ist.

In einer Schule, in der auch mein Kind das Privileg hat, als Individuum wahrgenommen zu werden, und seine Per-

ergab.[64] Alisha Qamar schreibt weiter: »So unterschätzten die Ärztinnen und Ärzte den Schmerz, den schwarze Patientinnen und Patienten verspürten, um 47 %, den *weißer* um 33,5 %. Die Behandlung schwarzer Patientinnen und Patienten steht unter großer Gefahr und hat große Konsequenzen, wenn solche Irrglauben nicht aufgeklärt werden. Schwarze Patientinnen und Patienten warten im Durchschnitt länger in der Notaufnahme und werden in ihrem Anliegen nicht ernstgenommen.«

Damit nicht genug. In einer Studie der *Frontiers in Psychology* fanden Wissenschaftler*innen heraus, dass es einen sogenannten *empathy gap* zwischen *weißen* und Schwarzen Menschen gibt: »Wir untersuchten die Existenz eines rassistischen Bias in der emotionalen Reaktion auf den Schmerz anderer Menschen und dessen Zusammenhang mit impliziten rassistischen Vorurteilen. Bei der Messung der physiologischen Erregung der Teilnehmer fanden wir heraus, dass *weiße* Beobachter*innen auf Schmerzen von Schwarzen Personen signifikant weniger reagierten als auf Schmerzen von *weißen* Personen. Die reduzierte Reaktion auf den Schmerz Schwarzer Personen korrelierte auch mit den individuellen impliziten rassistischen Vorurteilen der Beobachter.«

Rassismus im Gesundheitssystem hat mitunter sogar tödliche Folgen. So fand eine Studie[65] in den USA heraus, dass wenn sich *weiße* Ärzt*innen um *weiße* Neugeborene kümmern, die Sterblichkeitsrate bei 290 pro 100.000 Geburten liegt. Kümmern sich *weiße* Ärzt*innen um Schwarze Neugeborene, liegt die Sterblichkeitsrate bei 894 pro 100.000. Also dreimal so hoch. Kümmern sich hingegen Schwarze Ärzt*innen um Schwarze Neugeborene anstatt *weißen* Ärzt*innen, sinkt die Sterblichkeitsrate um 39 %.

Diese traurigen Statistiken veranschaulichen auch, wie Rassismus uns von klein auf begleitet, von dem Moment an, in dem wir auf die Welt kommen. Auch ich wurde von einer »sehr überraschten« Hebamme in diese Welt begrüßt, als ich als Schwarzes Baby aus meiner *weißen* Mutter kam. Rassismus während der Geburt ist auch in Deutschland ein großes, wenn auch wenig öffentlich zur Sprache gebrachtes Thema.

Es ist wichtig, dies zu wissen, wenn man im medizinischen Bereich tätig ist. Patient*innen sind auf die Empathie der behandelnden Ärzt*innen angewiesen. Sie müssen ihnen vertrauen können. Besonders in diesen vulnerablen Situationen, die große Ohnmacht hervorrufen können. Die Liste an Situationen, in denen ich Rassismus bei Ärzt*innen erfahren habe, ist lang. Von grenzüberschreitenden Fragen auf dem Zahnarzt- oder Gynäkologiestuhl bis hin zu Beleidigungen während der Geburt meines Kindes. So viele Schwarze Menschen erzählen mir von ähnlichen und noch gewaltvolleren Situationen. Der Stress, die Sorge oder die Angst, die bei Arztbesuchen oder Aufenthalten im Krankenhaus dazukommen, sind enorm und wirken sich natürlich negativ auf den Gesamtzustand aus.

Das bringt uns direkt zu einem weiteren Bereich im Gesundheitssektor, der dringend einer großen rassismuskritischen Reform bedarf: nämlich dem Feld der mentalen Gesundheit, der Psychologie und Psychiatrie. Rassismus hat negative Auswirkungen auf die mentale Gesundheit. Die Summe der im Alltag gemachten Rassismuserfahrungen wird unter dem Begriff »race-based traumatic stress« beschrieben. Diese Erfahrungen können große Belastungssituationen hervorrufen, wobei Symptomatiken entstehen, die durchaus mit der posttraumatischen Belastungsstörung vergleichbar sind. Die Schwarze Psychologin Stephanie Cuff-Schöttle sagt: »In meiner Arbeit sehe ich eine große Bandbreite an Themen, die mit Rassismuserfahrungen zusammenhängen. Für die Personen, die im beraterischen Kontext zu mir kommen, stellt sich nicht die Frage, ob Rassismus vorhanden ist, sondern wie lange sie es noch damit aushalten.« Die Rate der PTBS bei BIPoC ist um ein Vielfaches höher als bei *weißen* Menschen. Dies ist zum Großteil auf rassistische Erfahrungen/Strukturen zurückzuführen. Stephanie Cuff-Schöttle sagt weiter: »Das Traumatische am Rassismus ist, dass Menschen ihm mit maximaler Hilflosigkeit gegenüberstehen. Egal wie sehr man sich angestrengt hat und angepasst verhält, man kann auf die Entwertungen, die gemacht werden, zurückgeworfen werden. Gefühle wie Angst, Hoffnungslosigkeit und reduzierte Selbstwirksamkeit können aus rassistischen Diskriminierungen resultieren und bei Erwachsenen und Kindern Wunden hinterlassen, die der Heilung bedürfen.«[66]

Das Problem ist, dass rassismuskritisches Wissen unter Therapeut*innen noch sehr rar ist. Menschen wie Stephanie Cuff-Schöttle oder Dr. med. Amma Yeboah und andere versuchen dies zu ändern. Aber es braucht einen Wandel in der Struktur. Natürlich machen Schwarze Menschen/People of Color, die selbst im medizinischen Bereich arbeiten, auch Rassismuserfahrungen. Ein guter Schwarzer Freund von mir ist Arzt und berichtet mir, wie oft er von Patient*innen beschimpft und angegriffen wird, und dass viele sich gar nicht erst von ihm behandeln lassen wollen. Eine PoC-Ärztin erzählte mir davon, wie sie von einem Neonazi-Patienten angespuckt wurde. Aber auch kleine alltägliche Mikroaggressionen unter Kolleg*innen belasten den Arbeitsalltag.

Rassismuskritisches Wissen muss dringend Bestandteil aller medizinischen Ausbildungen werden.

Solltest du im medizinischen Bereich tätig sein:

- Bilde dich rassismuskritisch weiter und suche dabei auch gezielt Informationen zu Rassismus und Gesundheit. Ein Startpunkt kann das Buch des Psychologen Fakhry Davids *Innerer Rassismus. Eine psychoanalytische Annäherung an* race *und Differenz* sein.
- Halte Ausschau nach rassismuskritischen Fortbildungen im Gesundheitsbereich. Wenn es in deinem Handlungsspielraum liegt, dann rege deine Abteilung oder dein Team an, solch eine Fortbildung zu machen.
- Nimm Ängste und Sorgen ernst und geh nicht darüber weg oder belächle sie. Auch wenn die Patient*innen von Erfahrungen sprechen, die du nicht sofort nachvollziehen kannst.

Psychotherapie

- Setze dich mit *race-based stress* auseinander. Lerne so viel du kannst über die Verbindung von Rassismus und psychischer Gesundheit.
- Rassismuserfahrungen sind Teil des täglichen Lebens einer jeden Person of Color und spielen somit auch eine Rolle in der Suche nach Gründen für eine psychische Erkrankung.
- Rassismus erleben ist eine Traumaerfahrung, die nicht abgeschlossen ist und die auch nach der Behandlung noch anhält.
- Rede Rassismus also nicht weg. Relativiere Rassismuserfahrungen NIE.
- Wenn Patient*innen mit dir über Rassismus sprechen und du noch nicht sehr viel darüber weißt, dann sag das. Mach klar, dass du dir bewusst bist, dass du als *weiße* Person diese Erfahrungen nicht

nachempfinden kannst, sie aber ernst nimmst und nicht relativieren wirst.

- Bekommst du eine Rückmeldung, dass etwas, was du gesagt hast, rassistisch war, dann mach dir klar, dass das kein Angriff, sondern ein für dich hilfreicher Hinweis ist. Bedanke dich dafür und geh nicht in die Abwehr. Diese Rückmeldung muss wahnsinnig viel Kraft gekostet haben, denn der Ort, in dem Therapie stattfindet, ist ein sehr verletzlicher.
- Wenn du nicht weiterweißt, such dir Unterstützung bei Kolleg*innen, die über eine entsprechende Weiterbildung verfügen.

[TW] In der Werbung

1. Ein Schwarzer Junge trägt einen grünen Hoodie. Darauf steht »Coolest Monkey in the Jungle!« (Coolster Affe im Dschungel).

2. Eine Schwarze junge Frau zieht vor der Kamera ihr braunes T-Shirt aus. Darunter kommt eine *weiße* Frau in hellem T-Shirt zum Vorschein.

3. Eine Smoothieflasche mit schwarzem Getränkeinhalt. Daneben ein Schriftzug: »Schafft es selten über die Grenze.«

4. Ein Schwarzer Mann, der von einer riesigen *weißen* Hand durchs Bild geschoben und anschließend in den Eingang eines Hauses geschnippt wird. Auf dem Haus steht: »Petit Colonie« (kleine Kolonie). Am Ende werden Buchstaben eingeblendet, die für einen Moment das N-Wort darstellen.

All dies sind Werbespots oder Werbeplakate der letzten Jahre. Es sind unterschiedliche Firmen und unterschiedliche Produkte, die da beworben werden. Was sie eint, ist, dass sie mit der Reproduktion von rassistischen Narrativen oder Bildern spielen oder rassistische Punchlines nutzen, um ihre Produkte zu bewerben. In Workshops zeigen wir immer eine Zusammenstellung von Bildern und Zitaten aus dem Alltag, in denen Rassismus eine Rolle spielt. Anschließend besprechen wir sie. Oft sind Menschen besonders irritiert über den Rassismus in der Werbung. Es werden Vermutungen darüber angestellt, was das für Menschen seien, die sich solche Werbespots überlegen.

Nicht selten kommen die Teilnehmenden zu dem Schluss, dass dort offene Rassist*innen sitzen müssten, die ihre nationalsozialistische Agenda durch die Werbung pushen wollten. Ich kann nicht garantieren, dass das nie der Fall ist. Aber mit einigen der Firmen, aus denen die Beispiele oben stammen, haben wir anschließend gearbeitet. Als es um die Schadensbegrenzung nach dem Shitstorm ging, und vor allem die Aufarbeitung. Und ich kann dir sagen, das waren – surprise – ganz »normale« Menschen. Die meistens auch ziemlich aufgeregt und vor allem etwas zerknirscht darüber waren, was passiert war. Ich will sie weder in Schutz nehmen noch das Geschehene relativieren. Aus meiner Sicht ist solche Werbung hochproblematisch. Aber ich finde es wichtig zu wissen, dass es nicht irgendwelche radikalen Neonazis waren, die auf die Ideen dieser Werbung gekommen sind, sondern Menschen, die sich nicht für rassistisch hielten. Die Rassismus ablehnen.

Wie kann das passieren? Eine Möglichkeit ist, dass die Menschen den Rassismus darin nicht erkennen. Dass der Spot oder das Plakat quasi ein Zufallsprodukt oder den Menschen die Tragweite nicht bewusst war. Wahrscheinlich ist Letzteres eher der Fall. Und vielleicht kratzt du dir auch gerade den Kopf auf der Suche nach dem Rassismus in den oben genannten Beispielen. Dann kommt hier zuerst einmal die Erklärung.

1. Ein Schwarzer Junge trägt einen grünen Hoodie. Darauf steht »Coolest Monkey in the Jungle!« (Coolster Affe im Dschungel).
   Teil der rassistischen Entmenschlichung war es schon immer, einen Vergleich zwischen Schwarzen Menschen und Affen herzustellen. In rassentheoretischen Überle-

gungen gibt es viele Illustrationen, die die vermeintliche engere Verwandtschaft von Schwarzen Menschen und Affen zu beweisen versuchen. Schwarzen Menschen wird unterstellt, animalisch zu sein, triebhaft und aggressiv. Schwarze Menschen wurden in Gehegen im Zoo ausgestellt, um diese These zu zementieren. Es gibt zahlreiche Geschichten, Filme etc., die mit dieser Analogie spielen. Solch eine Werbung reproduziert nicht nur diese Narrative, sondern hat ganz klare Konsequenzen für den Alltag von Schwarzen Menschen. Bis heute werden Schwarze Fußballer*innen von rassistischen Fußballfans mit Bananenschalen beworfen. Die ehemalige Antidiskriminierungsbeauftragte Saraya Gomis wurde in einer Schule mit Affengeräuschen »begrüßt«.[67] Als ich mit meinem Sohn im Zoo war, sagte eine Frau im Vorbeigehen: » Schau mal, da ist ein Äffchen entlaufen.« Dies ist der Grund, warum der Witz in dieser Werbung »funktioniert«. Und sie sorgt dafür, dass dieses Narrativ einmal mehr zementiert und legitimiert wird. Wenn es auf dem Pullover steht, scheint es okay, das weiterhin zu sagen.

2. Werbung für ein Body-Wash-Gel. Eine Schwarze junge Frau zieht vor der Kamera ihr braunes T-Shirt aus. Darunter kommt eine *weiße* Frau in hellem T-Shirt zum Vorschein.
   Hier wird sich des Stereotyps und der rassistischen Zuschreibung bedient, dass Schwarze Menschen schmutzig seien. Die Kehrseite der Medaille ist, dass *Weiß*sein als rein und sauber gilt. Dass man sich rein und *weiß* waschen könne. Ich kann nicht zählen, wie oft mir Schwarze Menschen berichten, dass ihnen

gesagt wurde, sie seien unrein. Als ich mit achtzehn wegen meiner Neurodermitis in einer Rehaklinik war, hatten wir einen Kochkurs. Vor dem Kochen wusch ich meine Hände. Eine Dame stand neben mir und schrie mit gespielter Empörung auf: »Hahahah, du wirst ja gar nicht sauber!« Diese Botschaften haben reale Konsequenzen für Schwarze Menschen. Besonders für Kinder. Eine schmerzliche Erinnerung ist der Schwarze sechsjährige Junge, der Bleichmittel trinken wollte, um »sauber« zu werden.

3. Eine Smoothieflasche mit schwarzem Getränkeinhalt. Daneben ein Schriftzug: »Schafft es selten über die Grenze.«
Der Hersteller nimmt Bezug auf Schwarze Menschen/People of Color, die sich auf der Flucht nach Europa befinden. Alles, was mir hier zu sagen bleibt, ist Folgendes: In einer Zeit, in der Millionen von Menschen den gefährlichen Weg auf sich nehmen in der Hoffnung auf eine bessere Zukunft für sich und ihre Familien und auf dieser Reise tausendfach vor den geschlossenen Toren Europas sterben, wirkt diese Werbung unfassbar pietätlos. Diese Assoziation zu nutzen, um für ein Lebensmittel zu werben, ist aus meiner Sicht an Geschmacklosigkeit kaum zu überbieten.

4. Eine Autowerbung.[68] Ein Schwarzer Mann, der von einer riesigen *weißen* Hand durchs Bild geschoben und anschließend in den Eingang eines Hauses geschnippt wird. Auf dem Haus steht: »Petit Colonie« (kleine Kolonie). Am Ende werden Buchstaben eingeblendet, die für einen Moment das N-Wort darstellen.

Hier ist die Werbung so plakativ, dass es eigentlich nicht nötig ist sie zu erklären. Die *weiße* Übermacht, die den Schwarzen Menschen wie eine Puppe herumnavigiert und anschließend in die Kolonie befördert. Dann die Buchstaben, die das N-Wort ergeben. Die fatalen Konsequenzen der Kolonien sind bis heute in einem deutlichen Wirtschaftsgefälle zwischen dem globalen Norden und Süden spürbar. Bis heute gibt es eine *weiße* Vorherrschaft, und das N-Wort wird nach wie vor benutzt, um Menschen zu degradieren und zu entmenschlichen. All dies wirkt täglich. Das in einem Werbeclip darzustellen, ist zutiefst schockierend und unverantwortlich.

Es ist auch wahrscheinlich, dass die Werbeproduzent*innen sich des Rassismus in den Spots sehr wohl bewusst waren und entweder die Tragweite unterschätzt haben oder auch ganz bewusst mit dem Rassismus spielen wollten. Denn schließlich wird solch eine Werbung bis zur Freigabe durch mehrere Korrekturschleifen geschickt. Es gibt ganze Teams, die sie entwickeln, die Bilder machen oder den Spot drehen. Es erscheint unmöglich, dass es tatsächlich niemandem aufgefallen ist. Ich glaube daher eher, dass wir es oft mit einem Phänomen zu tun haben, welches ich die »Tautologie der Antirassist*innen« nenne. Die dahinterstehende Logik ist die folgende:

»Wir sind nicht rassistisch, weil wir Rassismus ablehnen. Genau deshalb können wir auch rassistische Stereotype reproduzieren oder mit rassistischen Bildern arbeiten. Alle wissen, dass wir Rassismus von uns weisen. Wir sind bunt und weltoffen. Genau deshalb können wir uns auch dieser Stereotypen bedienen, denn wir stehen quasi drüber.«

Klar ist, dass Schwarze Menschen nicht als potentielle Zielgruppe mitgedacht wurden. Dies zeigt auch, wer als exklusive Kund*innen mitgedacht wird, wer ernst genommen und als Teil Deutschlands akzeptiert wird. Und das entlarvt nicht nur einen rassistischen Blick auf die Welt, sondern ist auch marketingtechnisch nicht sehr klug, da so eine kaufkräftige Zielgruppe übersehen wird.

Was tun?

- Bestimmte Dinge passieren nicht, wenn bestimmte Perspektiven mit im Raum sind, ernst genommen werden, entsprechende rassismuskritische Kompetenzen mitbringen und mit in Entscheidungsprozesse einbezogen werden. Damit will ich sagen, es ist wichtig, Räume – in diesem Falle Teams – diverser zu gestalten. Es ist aber ebenso wichtig, gezielt Personen einzuladen oder zu beauftragen, die eine rassismuskritische Expertise haben und auch dafür gebucht und bezahlt werden.
- Reagieren, bevor das Kind in den Brunnen gefallen ist. Oft melden sich Firmen erst, wenn es bereits einen Shitstorm gab. Warum nicht vor der Produktion Ressourcen in einen Diskriminierungs-Check investieren?

In Satire und Comedy

Man wird ja wohl noch lachen dürfen! Comedy/Satire und Rassismus – spätestens jetzt steigen viele Menschen aus: »Du findest Rassismus wirklich überall, jetzt ist doch mal gut. Humor muss schließlich geschützt werden vor diesen politisch überkorrekten Spaßkillern.« Ich bin nicht so verkniffen, wie diese Leute denken. Ich lache sogar sehr gern. Eigentlich würde ich am liebsten den ganzen Tag lachen. Vielleicht ist das übertrieben. Aber ich möchte definitiv mehr lachen als weinen. Lachen kann viele Funktionen haben. Lachen lockert unangenehme Situationen auf, es schafft Gemeinsamkeit, es kann befreiend sein. Aber auch gehässig, boshaft oder erniedrigend.

Witze auf meine Kosten als Schwarzer Mensch in einer *weißen* Dominanzgesellschaft begleiten mich von klein auf. »Wenn's dunkel ist, musst du die Augen weit aufmachen, sonst sieht man dich gar nicht. Hahahahah.« – »Deine Haare sind wie Schafwolle.« Hahahaah. »Du wirst gar nicht sauber.« Hahahahah. Es sind schreckliche Momente gewesen. Selten habe ich mich in Menschengruppen so allein gefühlt. Strategien im Umgang damit hatte ich lange Zeit kaum. Nicht selten lachte ich mit. Oft mit Tränen in den Augen. Denn ich habe News für dich: Rassismus verpackt in Humor ist immer noch Rassismus. Und er ist immer noch verletzend, demütigend und entmenschlichend.

In weiten Teilen der deutschen Comedy/Satire/Kabarett-Szene sind diese News noch nicht angekommen. Oder zumindest findet sich dort ein Irrglaube wieder, der davon ausgeht, dass Rassismus dadurch okay wird oder zur Gesellschaftskritik, dass er auf der Bühne, verpackt in einen Witz, herüberkommt. Das Argument lautet: »Ich genieße Narrenfreiheit. Die gilt aber nur auf der Bühne.«

Ich möchte nicht pingelig sein, aber da mir dieses Argument zunehmend aufstößt, will ich doch einmal darauf schauen, welche Funktion Satire eigentlich hat, was ein Narr ist und wem diese Narrenfreiheit eigentlich galt. Satire als Kunstform soll Ereignisse, Personen oder Gesellschaft mittels Spott, Übertreibung, Überhöhung oder Untertreibung kritisieren. Der zentrale Punkt ist allerdings, dass diese Kritik von »unten« nach »oben« ausgeübt wird. Humor und Witz werden dazu genutzt, diejenigen, die die gesellschaftliche Macht haben, zu kritisieren. Die Narr*innen an den Fürstenhöfen hatten die politische Funktion, zu Zeiten absolutistischer Herrschaft die Einzigen zu sein, die dem Fürsten noch die Wahrheit übermittelten und ihn über das Geschehen in seinem Herrschaftsbereich aufklärten.[69]

Wenn eine *weiße* Person rassistische Witze auf der Bühne macht, haben wir folgendes Szenario: Eine Person, die von der Struktur Rassismus profitiert, macht sich über Menschen lustig, die marginalisiert werden. Ergo ist der Effekt dieses Witzes lediglich eine weitere Zementierung dieser Machtschieflage. Dieses Handeln erfordert keinerlei Mut und ist wahrlich kein revolutionärer Akt. Auch sind die Adressat*innen dieser Witze und dieses Humors eindeutig *weiße* Menschen. Imaginiert wird sich ein *weißes* Publikum, ein Publikum aus ihresgleichen. Die Menschen, die die Leidtragenden dieser Witze sind – BIPoC– werden instrumentalisiert und dann als Kollateralschaden hingenommen.

In ihrem erfolgreichen Podcast *Feuer & Brot* reden die Autorin Alice Hasters und die Sprecherin Maxi Häcke über den Fall Lisa Eckhart. So sagt Alice Hasters:

»Sie stellt sich hin und sagt antisemitische und rassistische Sachen, und das soll dann der Gesellschaft den Spiegel vorhalten, Leute provozieren. Aber im Endeffekt ist es so, dass eine *weiße* Frau in einem *weißen* Raum sitzt. Und der Punkt, dass alle Menschen *weiß* sind, spielt eine totale Rolle. Denn es gibt eine unausgesprochene Einigkeit im Raum. Alle haben das gleiche (Macht-)Verhältnis zu dem Gesagten. Und Lisa Eckhart weiß das, und für diese Menschen macht sie das auch.«

Insgeheim würde ich – ebenso wie Alice Hasters – gern einmal Mäuschen spielen, wenn diesen Komiker*innen kurz vor einer Show mitgeteilt würde, dass sie heute vor einem rein Schwarzen oder rein jüdischen Publikum auftreten würden. Wie wäre ihre Reaktion? Würden ihre Witze genauso funktionieren? Ich denke nicht.

Ist Satire nun untauglich für Gesellschaftskritik? Ganz und gar nicht, im Gegenteil! Humor kann wunderbar für echte Gesellschaftskritik genutzt werden. Witze, die zum Ziel haben, rassistische Mechanismen sichtbar zu machen, sind sogar ein sehr wirkungsvoller Kanal der Rassismuskritik. Menschen wie Trevor Noah oder in Deutschland Aurel Original nutzen diesen Kanal sehr erfolgreich. Menschen fühlen sich ehrlich ertappt in ihrem Alltagsrassismus, bekommen gesellschaftliche Machtschieflagen gespiegelt und erhalten dadurch einen Zugang, der vorbeiführt an den sonstigen Abwehrmechanismen der White Fragility.

Tatsächlich ist Lachen auch eine Widerstandsstrategie. Ein guter Freund von mir ist ein Schwarzer US-amerikanischer Gospelsänger. Immer wenn er mir von unfassbar schweren Situationen aus seinem Alltag erzählt – die Angst vor Polizeigewalt in seiner Heimatstadt Chicago, die tägliche Angst um seinen Sohn – tut er dies mit einem bitteren, oft trotzigen Lachen. Als ich ihn einmal darauf ansprach, sagte er: »Wenn ich nicht lachen würde, würde ich immer weinen.« Humor hat Schwarze Menschen/People of Color schon immer durch schlimmste Situationen getragen. Es hat etwas Trotziges, etwas Kämpferisches, dieses Lachen. Es trotzt einer Welt, die eigentlich so viel Grund zum Weinen bietet.

»Warum wird auf dem Rücken der Kultur eine politische Korrektheit ausgetragen, die in der Politik ihren Platz hätte?[70]«, lamentiert Lisa Eckhart.[71] »Während im Politischen die Grenzen des Sagbaren ausgeweitet werden, werden sie in der Kunst immer mehr beschränkt.«[72]

Da ist sie wieder. Diese Behauptung, dass Sagbares beschränkt würde, es Verbote gäbe. Es wirkt fast absurd, wenn diese Aussagen in einem öffentlichen Interview getätigt werden oder nach einem erfolgreichen Auftritt. Wer sich auf die Bühne stellt und rassistische und antisemitische Witze macht, muss damit leben (lernen), dass dieser Rassismus und Antisemitismus benannt und kritisiert wird. Das hat nichts mit Einschränkung, sondern mit ausgeübter Freiheit zu tun, nämlich der Meinungsfreiheit. Denn genau so, wie Künstler*innen rassistische Inhalte in ihren Shows reproduzieren dürfen, dürfen Menschen daran Kritik üben. Sie dürfen das sogar ziemlich beschissen finden. Sie dürfen Petitionen starten, auf Social Media Position beziehen oder anderweitig Kritik üben. (Natürlich beziehe ich mich dabei auf Kritik, die innerhalb des legalen Spektrums geäußert wird. Todesdrohungen und

Ähnliches gehören selbstverständlich nicht dazu.) Institutionen dürfen sich dementsprechend auch entscheiden, betreffende Künstler*innen nicht mehr zu buchen. Auch dies ist nicht die Einschränkung der Kunstfreiheit, sondern lediglich die Entscheidung, die eigene Bühne nicht für die Reproduktion von rassistischen Inhalten zur Verfügung zu stellen. Das mag ungewohnt, unbequem oder ärgerlich für die betroffenen Künstler*innen sein. Aber eine Beschneidung der Kunstfreiheit ist es nicht.

In der Musikbranche

Kaum eine Branche lebt so sehr von Inspiration und Austausch. Und ja, ich kann mir vorstellen, dass es einem erst einmal merkwürdig vorkommt, Rassismus und die Musikbranche zusammen zu betrachten. Musik ist verbindend und berührt. Aber wie du inzwischen weißt, gibt es keine rassismusfreien Räume. Die Musikindustrie ist da keine Ausnahme.

Bestimmte Musikrichtungen, wie zum Beispiel Soul, Rap oder Hip-Hop, gelten als »Schwarz«, und Schwarze Musiker*innen, die diese Erwartungshaltungen bedienen, werden dort in ihrem »natürlichen Habitat« verortet.

Es ist aber kein Zufall, dass wir zum Beispiel in der Klassik wenig Schwarze Menschen in den Orchestern finden. Auf Dirigent*innen-Ebene sind sowohl Frauen als auch BIPoC drastisch unterrepräsentiert. Dies hat auch mit den rassistischen Ausschlussmustern zu tun, die bereits von früh an wirken. So erzählte mir ein Schwarzer Musiker, dass er als Kind gern klassische Musik spielen wollte, aber von seinem *weißen* Lehrer ermutigt wurde, doch eher Soul, Blues und Hip-Hop zu machen. Während eine gleich talentierte *weiße* Kindheitsfreundin im selben Alter zur Violine ermutigt wurde. Wer in einem großen Orchester Violinist*in werden möchte, muss im Alter von vier oder fünf Jahren beginnen, um eine Chance zu haben. So verschließt sich der Weg automatisch für das Schwarze Kind. Nein, die Lehrer*innen haben es nicht böse gemeint. Im Gegenteil, wahrscheinlich wollten sie sogar nur das Beste für ihre Schüler*innen. Aber in einer Welt, in der wir Klassik nur *weiß* imaginieren, ist es eben schwer vorstellbar, dass ein Schwarzes Kind Violine spielt, und wir halten es im Hip-Hop für besser aufgehoben. Warum stellen wir uns die Klassik – auch historisch gesehen – eigentlich komplett *weiß* vor?

Tja, das liegt unter anderem daran, dass nicht nur Schwarze Musiker*innen, sondern auch Schwarze Dirigent*innen und Komponist*innen bewusst »vergessen« wurden oder ihre Musik nicht gespielt wurde. Gegeben hat es sie. Zum Beispiel Scott Joplin. Der Schwarze US-Amerikaner war an der Wende zum 20. Jahrhundert bekannt für seine Ragtime-Klaviermusik. Er war aber auch als Klassikkomponist tätig und schrieb sowohl unterschiedlichste Ballettmusik als auch zwei Opern. Verleger für seine klassische Musik fand er nicht. Ein anderes Beispiel ist die Schwarze Komponistin Florence B. Price. Bereits im Alter von vier Jahren trat sie erstmals als Pianistin auf, mit elf Jahren ging ihre erste Komposition in den Druck. Sie absolvierte das New England Conservatory. Zwar komponierte sie kurze Melodien für Radiowerbespots und war Organistin in Stummfilmkinos. Der große Dauererfolg blieb dennoch aus. »Die Konzertbühne blieb größtenteils die Domäne toter *weißer* männlicher Komponisten.«[73] Das liegt daran, dass die Klassik nach wie vor als die »gehobene Bildung« einer exklusiven *weißen* Elite gilt. Bis heute finden wir kaum Schwarze Menschen in den klassischen Orchestern, als Dirigent*innen oder auch in den Zuschauersälen. Einer der wenigen Schwarzen Dirigenten in Deutschland ist der US-Amerikaner Brandon Keith Brown. Er sagte in einem Interview mit dem Deutschlandfunk: »Wir werden immer als etwas Unerwartetes bestaunt, wenn wir die Bühne eines klassischen Orchesters betreten. Wir gelten unbewusst als minderwertig – einfach, weil wir Schwarz sind.«[74] Rassismus im klassischen Musikalltag kommt meistens nicht als direkte Anfeindung daher, sondern indirekt durch entgegengebrachtes Misstrauen, dadurch, immer wieder unterschätzt zu werden oder durch kleine abwertende Kommentare.

Weiterhin sagt Brown: »Die klassische Musik unterteilt die Gesellschaft nach Rasse und Klasse. Schauen Sie sich doch in den Konzertsälen um, wer da sitzt und wer da nicht sitzt. (…) Das ist eine hochfein verlesene Zuhörerschaft, ein ganz bestimmtes Grüppchen von *weißen* Menschen, die da zuhören. Und hier wird natürlich nicht die Musik verkauft, sondern hier wird im Grunde nur die Überlegenheit der *weißen* Rasse* verkauft. Das klingt jetzt sehr abstoßend und ekelhaft – weil es abstoßend und ekelhaft ist.«

Es gibt Anstrengungen, dies zu ändern. In Berlin gibt es das The String Archestra, ein BIPoC-Streichensemble, welches sich bewusst der Musik Schwarzer Komponist*innen widmet.

Musik ist Kunst und Innovation. Musik ist Erinnerung und Zukunft. Musik ist und war besonders für Schwarze Menschen Verbindung, aber auch Widerstand. Musikrichtungen wie zum Beispiel Gospel, Blues, Rock 'n' Roll, Hip-Hop, Jazz, Reggae haben ihre Geburtsstätte im Widerstand gegen *weiße* Vorherrschaft. Sie zelebrierten die Kraft und Verbundenheit Schwarzer Menschen. Musik ließ sie sich erinnern an die Liebe für sich selbst, ihre Community und ihre eigene Menschlichkeit in einer Welt, die ihnen täglich ebendiese Menschlichkeit absprach. Diese Kraft hat Musik noch heute.

Die Musikindustrie profitiert seit Beginn ihrer Existenz

---

* Begriff ist aus dem Originaltext unverändert übernommen

von der Schönheit, der Innovation, der Kreativität und vor allem der Kraft Schwarzer Musik und der Musik von Schwarzen Menschen. Nicht nur *white-owned* Studios, Produktionsfirmen, Plattenfirmen, sondern auch *weiße* Musikschaffende selbst. Kulturelle Aneignung bis hin zu kultureller Übernahme ist von Anfang an ein intrinsischer Teil der Musikindustrie.

Wir müssen uns bewusst sein, dass Schwarze Musiker*innen tagtäglich rassistische Zuschreibungen, Exotisierungen, Silencing und Ausschluss innerhalb der eigenen Branche erleben.

Die Musikindustrie hat – eben weil ein Großteil ihres Erfolgs auf der Kunst und Innovation von Schwarzen Menschen und Schwarzer Kultur basiert – auch eine besondere Verantwortung. An diese Verantwortung haben die »The Show Must Be Paused«-Initiative und die Black Music Coalition, bestehend aus Mitarbeiter*innen der Musikindustrie in Großbritannien, appelliert. So steht in ihrem offenen Brief aus 2020:

»Die Musikindustrie profitiert seit vielen Generationen von der reichen und vielfältigen Kultur Schwarzer Menschen, aber insgesamt sind wir der Meinung, dass sie den strukturellen und systemischen Rassismus, der genau dieselbe Schwarze Gemeinschaft betrifft, nicht anerkannt hat und so zwar den Rhythmus genießt, aber den Blues ignoriert.«[75]

Es ist toll, wenn Plattenlabels sich nach außen gegen Rassismus stark machen. Wenn sie Zeichen setzen, zum Beispiel auf Social Media.

Damit dies aber nicht nur ein performativer Akt bleibt, ist es noch wichtiger, einen selbstkritischen Blick nach innen, auf sich selbst zu werfen.

Folgende Fragen sind auch hier wichtig:

- Wer wollen wir sein und wer sind wir tatsächlich?
- Welche Rassismuserfahrungen machen Schwarze Menschen und People of Color innerhalb der Musikindustrie?
- Wer profitiert in welchem Verhältnis von Schwarzer Musik?
- Wie viele Schwarze Menschen und People of Color gibt es in Führungspositionen?
- Wie viele Schwarze Frauen gibt es in diesen Führungsetagen?
- Wie viele trans Menschen, wie viele nicht binäre BIPoC?
- Welche Barrieren gibt es, und wie können wir sie abbauen?
- Wie rassismuskritisch sind wir?
- Welche Mechanismen können wir etablieren, um uns selbst als Institution in die Verantwortung zu nehmen und nachhaltig zu wachsen und zu lernen?

Die Forderungen der Black Music Coalition richten sich an die Musikindustrie in Großbritannien, können aber meiner Meinung nach durchaus auf Deutschland übertragen werden:

1. Verpflichtendes Antirassismus-/Unconscious-Bias-Training in jedem Unternehmen für alle nicht Schwarzen Mitarbeiter*innen, geleitet von Schwarzen Pädagog*innen in diesem Bereich, und kostenlose Beratung sowie ganzheitliche Dienstleistungen für Schwarze Mitarbeiter*innen mit sofortiger Wirkung.
2. Jedes Unternehmen verpflichtet sich, ein bestimmtes Jahresbudget zur finanziellen Unterstützung von Schwarzen Organisationen, Bildungsprojekten und Wohltätigkeitsorganisationen in ganz Großbritannien bereitzustellen, z. B. The Black Curriculum.
3. Karriereentwicklung für Schwarze Mitarbeiter*innen, in allen Geschäftsbereichen, einschließlich langjähriger Berater*innen, um

die nächste Generation von Führungskräften zu fördern. Das Fehlen von Schwarzen Mitarbeiter*innen im Senior Management und von Schwarzen Präsident*innen/Vorsitzenden in der gesamten Branche ansprechen, hinterfragen und ändern.

4. Eine spezielle interne Arbeitsgruppe einrichten, die sowohl die Gleichstellungs- und Diversitätsziele innerhalb ihrer Unternehmensstruktur als auch die Förderung von Schwarzen Führungskräften in ihrem Unternehmen, einschließlich gleicher Bezahlung, Mentorenschaft und Karriereentwicklung, überprüft und vorantreibt.[76]

In Film, Fernsehen und Literatur

Ich liebe es, Filme und Serien zu schauen. Eine meiner schönsten Kindheitserinnerungen ist, dass ich einen ganzen Nachmittag lang Kinderfernsehen schauen durfte, während meine Familie eine Wanderung machte. Ich weiß einen Netflix-Binge-Marathon auch heute sehr zu schätzen, wöchentliche Familien-Film-Abende sind oft ein schöner Start in unser Wochenende. Wir alle werden aber nicht nur amüsiert und unterhalten durch die Filme und Serien, die wir schauen. Die Geschichten, die dort erzählt werden, prägen uns als Individuen und als Gesellschaft. Sie haben Auswirkungen auf unsere realen Vorstellungen von Leben, Liebe, Moral, Gemeinschaft und Gesellschaft. Sie prägen Stereotype, zementieren sie oder können sie auch auflösen. Wir alle konsumieren das, was die Film- und Fernsehindustrie produziert. Und alle Menschen innerhalb der Industrie sind Menschen, die in dieser Gesellschaft sozialisiert wurden. Dementsprechend werden bestimmte Narrative immer wieder in den Mittelpunkt gerückt, bestimmte Verzerrungen und Stereotype zementiert. In einer patriarchalen, sexistischen Gesellschaft finden wir Sexismus auch im Film. Wir sehen es zum Beispiel daran, wie viel größer der Sprechanteil von Männern in vielen Filmen ist, im Vergleich zu Frauen. Selbst in Filmen, in denen Frauen die Hauptrolle spielen. [77]

Rassismuskritisch denken und leben lernen bedeutet auch, rassistische Narrative in Filmen zu verstehen und zu entlarven. Denn nicht immer ist es leicht, diese zu erkennen.

In den letzten Jahren hatten wir das Privileg, verschiedene Fernsehsender, große Medienunternehmen und Filmproduktionsfirmen auf ihrem rassismuskritischen Weg zu begleiten. Ich sage Privileg, da ich eben von der großen Verantwortung dieser Branche überzeugt bin. Ich war und bin begeistert, an dieser Schnittstelle mitdenken zu dürfen, die wie kaum eine andere die Möglichkeit hat, Gesellschaft mitzuprägen. Geschichten zu erzählen, die gesellschaftliche Realitäten abbilden. Geschichten, in denen alle Menschen vorkommen, die in der Gesellschaft existieren. Die Perspektiven all dieser Menschen, ihre Träume, ihre Hoffnungen, aber auch ihre *struggles* sichtbar zu machen. Aber es kann sogar noch weitergehen. Film hat die Möglichkeit, rassismuskritische Visionen zu erzählen. Visionen von einer Gesellschaft, in der wir gern leben würden. Film kann die Stimmen derer hörbar machen, die sonst mundtot gemacht werden. Er kann die Menschen sichtbar machen, die sonst viel zu oft verdrängt werden. Filme können von einer Gesellschaft erzählen, die rassismuskritisch ist und Diskriminierungskritik lebt. Und sie können Geschichten erzählen, die bis hin zur märchenhaften diskriminierungsfreien Utopie reichen. Durch das Erzählen dieser Geschichten würden Filme empowernd und lehrreich sein, für alle.

Die deutsche Film- und Theaterlandschaft ist davon aus meiner Sicht noch sehr weit entfernt. Ich habe mir das Wort Lichtjahre hier verkniffen, da dieses Kapitel dich zwar aufrütteln, aber auch ermutigen soll. Und auch weil ich weiß, dass es viele Individuen und Institutionen gibt, die hart an dieser Vision der Filmlandschaft arbeiten. Ich denke dabei an das Maxim Gorki Theater, das Ballhaus Naunynstraße, Panthertainment oder Label Noir in Berlin. Aber auch viele Schauspieler*innen und Drehbuchautor*innen haben sich der rassismuskritischen Vision verschrieben.

Kurz gesagt: Film hat Macht. Weil dies so ist, haben Individuen und Institutionen, die Filme erschaffen und produzieren, eine große Verantwortung. Welche Drehbücher sie schreiben, welche Bilder sie wählen und welche Besetzung, kreiert Wirklichkeit. Damit neue Geschichten erzählt werden können, müssen wir die alteingesessenen machtvollen Institutionen (selbst)kritisch beleuchten.

Aber nicht nur Menschen, die Filme machen, sind hier angesprochen, sondern auch die, die Filme konsumieren. Nicht selten höre ich von Regisseur*innen Sätze wie: »Wir richten uns nach der Nachfrage. Dies oder das können wir einem deutschen Publikum nicht zumuten.« Ich glaube, man kann dem deutschen Publikum so einiges zumuten. Vor allem rassismuskritische Perspektiven in Filmen und Serien. Du bist Teil dieses Publikums, über das diese Regisseur*innen sprechen. Habe ich recht?

Zur Analyse führe ich im Folgenden einige bekannte rassistische Filmtropen auf. Filmtropen sind immer wieder plakativ erscheinende Stilfiguren oder Themen. Diese werden immer weitergetragen und selten hinterfragt. Wir nehmen sie dann als »gegeben« hin, verinnerlichen sie und übertragen sie auf Menschen, die wir im wahren Leben treffen. Lass uns einige davon gemeinsam anschauen:

»Muster-Integration«

Ein Dorf sieht schwarz. Frankreich 1975. Seyolo Zantoko, ein aus dem damaligen Zaire stammender Absolvent der Medizin, erhält einen Erstjob als Arzt in einem kleinen Dorf im Norden Frankreichs. Gemeinsam mit seiner Ehefrau und seinen zwei Kindern kommen sie an einem verregneten und grauen Tag in dem kleinen Dörfchen Marly-Gomont an. Dort treffen sie auf harsche Ablehnung, denn: Die Dorfbewohner*innen kennen keine Schwarzen Menschen. Einen Schwarzen Arzt wollen sie erst recht nicht. Die Kinder werden in der Schule rassistisch gemobbt und ausgegrenzt. Die Arztpraxis bleibt leer. Die Dorfbewohner*innen fahren lieber in die nächstgelegene Stadt, als sich von einem Schwarzen Arzt behandeln zu lassen. Um Geld für den Lebensunterhalt zu beschaffen, hilft Seyolo einem Bauern auf dem Hof. Um sich zu integrieren und den Dorfbewohner*innen die Angst zu nehmen, beginnt er regelmäßig in die Dorfkneipe zu gehen und dort Dart zu spielen. Als eine schwangere Frau ihr Kind bekommt und es zu spät ist, in die nächste Stadt zu fahren, »muss« sie sich von Dr. Zantoko behandeln lassen. Dieser hilft ihr, ein gesundes Baby auf die Welt zu bringen, obwohl die Frau ihn selbst in ihren schlimmsten Wehen aufs Übelste rassistisch beleidigt, bespuckt und die Behandlung fast bis zum Schluss verweigern will. Danach beginnt die Praxis sich zu füllen. In der Schule stellen die Kinder fest, dass die Tochter eine exzellente Fußballspielerin ist. Als Junge verkleidet schießt sie in einem wichtigen Turnier viele Tore und verhilft der Dorfmannschaft so zum ersehnten Sieg.

Ein neuer Bürgermeister soll gewählt werden. Der will

verhindern, dass die Familie Zantoko eine Aufenthaltserlaubnis erhält. Deshalb appelliert Zantoko verzweifelt an die Dorfbewohner*innen, dass er das Dorf verlassen müsse und sie mit ihm auch den Star der Fußballmannschaft verlieren würden. Nur mit dem amtierenden Bürgermeister würden er und seine Familie im Dorf bleiben können. Als den Dorfbewohner*innen dies klar wird, entscheiden sie sich bei der Bürgermeisterwahl für den amtierenden Bürgermeister und somit für den Verbleib der Familie Zantoko Die Familie bleibt im Dorf, Ende gut, alles gut.

Was für eine schöne Geschichte über Integration und Zusammenhalt. Die verbitterten, ewig gestrigen, rassistischen Dorfbewohner*innen werden schließlich und endlich überzeugt davon, dass diese Schwarzen Fremden auch Menschen sind, dass sie bleiben sollen, und am Ende werden alle sogar Freunde. Wie schön. Gelungene Integration auf ganzer Linie. Wenn es nur immer so einfach wäre. Oder?

Ich hatte am Ende des Films Tränen in den Augen. Ja, ich bin schnell zu Tränen gerührt, und nein, es waren keine Tränen der Rührung über dieses Musterbeispiel an »Völkerverständigung«. Ich war wütend. Und traurig.

Darüber, was Schwarze Menschen selbst in Filmen tun müssen, was sie über sich ergehen lassen müssen und was sie mehr leisten müssen, um dann lediglich die grundlegendsten Rechte zugesprochen zu bekommen. Und dies auch nur, weil für die *weißen* Menschen etwas dabei herausspringt.

Denn dieser Film bedient sich einer Erzählweise über die Themen »Integration« und Rassismus, die wir in unzähligen Geschichten – in Büchern, Filmen und Serien wiederfinden.

Du kannst mir nicht folgen? Pass auf:

Den ganzen Film über erträgt die Familie die rassistischen Erniedrigungen. Meistens sogar mit einem Lächeln im Gesicht. Lediglich Sylvie, die Ehefrau von Seyolo wehrt sich einmal, als es ihr zu viel wird. Go, female power! Seyolo lässt sich anschießen. Seine Kinder werden erniedrigt und ausgegrenzt. Und all dies ertragen sie mit einer unterwürfigen Freundlichkeit, denn »so ist es halt«.

Der Wendepunkt ist die Geburt, bei der Dr. Zantoko assistiert. Die Pointe ist: Die *weiße* Frau würde lieber sterben, als sich von einem Schwarzen Arzt behandeln zu lassen, und der Schwarze Arzt erduldet ihre Beleidigungen und Abwehr mit einem Lächeln und hilft ihr trotzdem.

Nachdem die Familie alle rassistischen Erniedrigungen »mit Würde« ertragen hat, der Arzt extrem hart arbeitet – zu großen Teilen umsonst –, zeigt sich sofort wieder, wie fragil dieser hart errungene Zustand ist: Seine Arbeitserlaubnis wird ihm entzogen. Und nein, er erhält sie nicht etwa dadurch zurück, dass sich die *weißen* Dorfbewohner*innen zusammentun, die Ungerechtigkeit erkennen und ihn unterstützen – einfach deshalb, weil es das Richtige wäre, dies zu tun.

Nur weil sein Kind besser Fußball spielt als alle anderen und die Dorfmannschaft nicht mehr weiterhin gewinnen würde, bemühen sich die Bewohner*innen darum, die Familie zu retten. Denn: Man bekommt nichts geschenkt im Leben!

Die Quintessenz ist: Schwarze Menschen müssen deutlich mehr leisten als alle anderen. Und dies in einer Welt, die ihnen permanent die Menschlichkeit abspricht. Sie dürfen nicht wütend werden über die Ungerechtigkeiten, die sie erfahren, sondern müssen diese erdulden und sich einfach noch mehr anstrengen. *Weiße* Menschen können so rassistisch sein, wie sie wollen. Die Erkenntnis, dass Schwarze Menschen tatsächlich auch Menschen mit Bedürfnissen und Gefühlen sein könnten, kommt erst, wenn sie dies immer wieder bewiesen haben. Im Grunde bleiben sie für immer in dieser Beweispflicht hängen. Denn sobald sie es wagen, etwa nur durchschnittlich zu sein, legitimiert das wieder das Grundmisstrauen und die Ablehnung durch *weiße* Menschen. *Weiße* Menschen, die nun »erkannt« haben, dass Schwarze Menschen auch Menschen sind, werden überhöht und gelobt. Fein gemacht, heißt es dann. Alles, was vorher war, ist natürlich nicht mehr relevant. Die körperlichen Übergriffe, die Beleidigungen – alles vergeben und vergessen. Es wird im Nachhinein nicht etwa über die eigene rassistische Haltung reflektiert, eine Entschuldigung ist auch nicht nötig, denn schließlich reicht es aus, nicht mehr extrem rassistisch und unfassbar ignorant zu sein. Allein das ist schon Entschuldigung genug.

Die gesellschaftliche Hierarchie wird weder hinterfragt, geschweige denn kritisiert. Denn feststeht: Ein bisschen Abhängigkeit zwischen *weißem* Subjekt und Schwarzem Objekt muss sein, damit Filme wie dieser funktionieren. Solange *weiße* Menschen vom Fußball spielenden Mädchen profitieren, darf die Schwarze Familie bleiben.

Die Botschaft für *weiße* Menschen ist: Ihr könnt euch benehmen, wie ihr wollt. Und nur, wenn sich jemand auf übermenschliche Art und Weise bemüht und alles erträgt, was ihr ihm entgegenschleudert, könnt ihr die- oder denjenigen ein bisschen reinlassen. Aber wirklich nur, solange es euch nutzt.

Die Botschaft für Schwarze Menschen lautet: Schluckt alle Erniedrigungen herunter. Die Welt ist, wie sie ist. Rassistisch und unfair. Seid bloß immer und überall doppelt so gut wie *weiße* Menschen und findet euch dann gefälligst mit halb so viel ab. Nein, seid sogar dankbar und glücklich darüber. Ihr müsst euch konstant um den Respekt und die Anerkennung von *weißen* Menschen bemühen, egal, wie rassistisch sie sich verhalten.

»Magical Negro«

Die Figur des sogenannten »Magical Negro« ist alt und ein fester Bestandteil der Filmindustrie. Die Bezeichnung stammt von dem bekannten Regisseur Spike Lee.[78] Er beschreibt damit eine Schwarze Film-/Serienfigur, die oft mittels spiritueller oder anderer spezieller Fähigkeiten der*dem *weißen* Protagonist*in hilft. Ein Paradebeispiel für den Magical Negro ist der Film *The Green Mile.* Der Film spielt 1935. Ein Schwarzer Mann – John Coffey – wird zum Tode verurteilt, weil er angeblich zwei *weiße* Mädchen vergewaltigt und ermordet haben soll. Der Protagonist des Films, Paul Edgecomb, gespielt von Tom Hanks, arbeitet als Wärter im Todestrakt. Es stellt sich heraus, dass John Coffey eigentlich »ein sanftmütiger Hüne mit naivem Wesen und Angst vor der Dunkelheit ist, der niemandem gegenüber jemals Gewalt anwendet oder auch nur Drohungen ausspricht.«[79] Darüber hinaus verfügt er über übernatürliche Fähigkeiten: Er kann Tiere und Menschen von Leid und Krankheit befreien. Er tut dies, indem er das Leid aus den Lebewesen heraussaugt und in sich aufnimmt. Dadurch befreit er Paul von einer schlimmen Blaseninfektion, rettet einer Maus das Leben und heilt die krebskranke Ehefrau eines anderen Wärters. Klar wird auch, dass er die

Mädchen, die er angeblich ermordet haben sollte, schwer verletzt vorfand und vergeblich zu heilen versuchte. Der tatsächliche Mörder war ein anderer. All dies nützt John Coffey nichts. Am Ende des Films ist er so erschöpft und müde von all dem Leid, dass er buchstäblich aus der Welt in sich hineingesaugt hat, dass er sich seinem Schicksal hingibt und auf dem elektrischen Stuhl getötet wird. Vorab spricht er Paul von jeglicher Schuld frei. Er versichert ihm, dass er sterben wolle, er sei müde. Ganz ehrlich: Ich bin auch müde. Und zwar von dieser Filmtrope.

Oft erscheint der Magical Negro aus dem Nichts, hilft der *weißen* Hauptfigur und verschwindet danach wieder aus der Storyline. Er hat keine eigene Agenda, keine Vergangenheit, keine eigenen Ambitionen, keine Komplexitäten und keine Zukunft. Seine Funktion ist es, der *weißen* Person auf ihrem Lebensweg, bei ihren Problemen zu helfen und dann wieder in der Versenkung zu verschwinden. So hängt die emotionale Genesung von Carrie Bradshaw in *Sex and the City – Der Film* vollständig von dem Engagement ihrer mutigen Schwarzen Assistentin (gespielt von Jennifer Hudson) ab, die sofort von der Bildfläche verschwindet, sobald es Carrie besser geht.[80]

In *The Queen's Gambit* ist es Jolene (gespielt von Moses Ingram), die einzige Schwarze Figur der ganzen Serie, die die Protagonistin Beth begleitet. Reduziert auf die Helfende beschützt und bedient sie die schüchterne Beth. Sie greift ein, als Beth immer weiter in eine selbstzerstörerische Sucht abrutscht, sie hilft Beth, durch ihre Trauer zu navigieren, als jemand stirbt. Jolene geht sogar so weit, dass sie Geld aus ihrem eigenen Fonds für ihr Jurastudium verwendet, um Beths Reise zu einem Schachturnier in Russland zu bezahlen.

Die Magical-Negro-Figur tut alles, einschließlich sich selbst zu opfern, um die*den *weiße*n* Protagonist*in zu retten. Abgesehen von der Unterkomplexität der Charaktere muss man sich die Frage stellen: Warum tut sie das? Warum nimmt John Coffey das Leid der gesamten *weißen* Menschheit in sich auf, nur um am Ende dann doch zu sterben? Die Antwort liegt in der Funktion, die John Coffey und seine filmischen Leidensgenossen aus *weißer* Perspektive erfüllen soll.

Die Trope des »Magical Negro« ist die ideale Version eines Schwarzen Menschen aus einer *weißen* Perspektive. Indem Schwarze Menschen magisch gemacht werden, um *weißen* Protagonist*innen zu helfen, wird impliziert, dass sie nur dann nützlich, edel oder würdig sind. John Coffey ist magisch, weil er seinen Peiniger*innen vergibt und keine Rachegefühle hat – obwohl er in einer Welt lebt, die ihm nichts als Ungerechtigkeit entgegenbringt, und er allen Grund hätte, wütend zu werden. Dahinter verbirgt sich eine tief sitzende *weiße* Angst: Was ist, wenn Schwarze Menschen Rache wollen? Daher imaginieren sie in Geschichten den perfekten magischen Negro, der über alle Ungerechtigkeiten hinwegsieht und dessen alleinige Existenzberechtigung die Unterstützung *weißer* Menschen ist. Die »Magie« des »magischen Negros« ist so keine Superkraft Schwarzer Menschen, sie ist in Wirklichkeit ein Werkzeug für das *Weiß*sein.[81] Tipp: Podcast *Feuer&Brot*, Folge »›Magical Negro‹ im Film – Romantisierte Unterdrückung«.

»White Savior«

Der Film *Hidden Figures* erzählt die wahre Geschichte der drei Schwarzen Mathematikerinnen Katherine Johnson, Dorothy Vaughan und Mary Jackson, die maßgeblich am Apollo-Programm der NASA beteiligt waren. Als Schwarze Tochter einer *weißen* Mathematikerin mag ich den Film. Es gibt allerdings eine Szene, die mich immer wieder die Augen bis in die hinterste Augenhöhle rollen lässt.

Katherine Johnson (gespielt von einer fabelhaften Taraji P. Henson) muss mehrmals täglich mehrere Kilometer laufen, um die einzige Toilette für Schwarze Menschen zu erreichen, da es in dem Sektor, in dem sie arbeitet, nur Toiletten für *weiße* Menschen gibt. Als ihr Chef Al Harrison (gespielt von Kevin Costner) dies reichlich spät mitbekommt, gibt es eine sehr dramatische Szene, in der Harrison vor versammelter Mannschaft das Schild »whites only« an der Toilette in seinem Department herunterschlägt. Begleitet mit den Worten: »Here at NASA, we all pee the same color.«

So anrührend diese Szene ist: Der Charakter, den Kevin Costner in diesem Moment spielt, nennt sich »White Savior«. Dabei handelt es sich um einen *weißen* Charakter, der das Problem einer Schwarzen Person löst, ohne sie in diese Lösung einzubeziehen.

Die Trope des *weißen* Retters wird seit den Anfängen des Filmemachens verwendet, aber wirklich populär wurde sie während der Bürgerrechtsära. Abseits des Bildschirms führten Schwarze Aktivist*innen einen selbstbestimmten Kampf für ihre Rechte in den USA an, aber die Filmemachenden nutzten *weiße* Charaktere, um diese eigentlich nicht*weißen* Geschichten zu erzählen.

Oft finden wir diese Trope in Filmen, die den Anspruch haben, Rassismus zu thematisieren, aber dies immer aus dem alten kolonialen Narrativ heraus, bei dem es *weiße* Menschen braucht, um die Welt zu retten. Auch die Welt von Schwarzen Menschen. Dadurch rückt die *weiße* Perspektive wieder unweigerlich ins Zentrum.

Die Funktion des *weißen* Charakters, der sich auf die Seite der Schwarzen Person oder Person of Color schlägt, ist auch, *weiße* Menschen in ihrer White Fragility zu beruhigen. Eine *weiße* Person, in die die *weißen* Zuschauer*innen sich hineinfühlen und durch die sie alle ambivalenten Gefühle beiseiteschieben können. So müssen sie sich nicht selbstkritisch mit der eigenen Position und der eigenen rassistischen Geschichte auseinandersetzen.

Versteh mich nicht falsch: Solidarität und Allyship sind wichtig. Diese gab es und gibt es. Und ich halte es auch für essentiell, diese in Filmen und Serien zu zeigen. Aber es ist keine Solidarität auf Augenhöhe, wenn Schwarze Menschen dabei entmündigt werden oder an die Peripherie der *weißen* Zentralperspektive gedrängt werden.

»White Washing/White Saviorism«

Es gibt auch Filme, deren gesamte Geschichte auf White Saviorism fußt. Oft sind das Geschichten, die angeblich wahr sind. In diesen Filmen gibt es immer eine BIPoC-Person oder eine BIPoC-Gruppe, die unterdrückt wird, in schlimmen Konfliktsituationen lebt oder auf andere Art und Weise »arm dran« ist. »Dann tritt diese *weiße* Person (der Savior) in das Milieu ein und ist durch ihre Rolle als Lehrer, Mentor, Anwalt, militärischer Held, aufstrebender

Schriftsteller oder Möchtegernkrieger der Ureinwohner in der Lage, die Person oder die Gemeinschaft der BIPoCs am Ende des Films physisch zu retten – oder zumindest moralisch zu erlösen. Beispiele für dieses Genre sind Filme wie *Glory* (1989), *Dangerous Minds* (1995), *Amistad* (1997), *Finding Forrester* (2000), *The Last Samurai* (2003), *Freedom Writers* (2007), *Gran Torino* (2008), *Avatar* (2009), *Blind Side* (2009), *The Help* (2011), *Green Book* (2018).«[82]

Interessant ist, dass in Geschichten, in denen es sich um wahre historisch aufgearbeitete Begebenheiten handelt, nicht selten *weiße* Savior-Figuren und Savior-Momente erfunden werden. So ist die oben beschriebene Szene in *Hidden Figures*, in der Kevin Costner alias Al Harrison heroisch das Schild abschlägt, gar nicht passiert. Katherine Johnson selbst sagte in einem Interview, dass sie einfach in die Toilette für *weiße* Frauen gegangen sei.[83]

In dem Film *Green Book* aus 2018 geht es eigentlich um Doktor Don Shirley, einen Schwarzen homosexuellen Pianisten und Komponisten, der promoviert war in Musik, Psychologie und liturgischer Kunst. Der Fokus des Films liegt allerdings auf seinem Fahrer, Tony Vallelonga, der ihn auf seiner Tour durch den US-amerikanischen Süden begleitet. Tony – eigentlich selbst ziemlich rassistisch – wird im Laufe der Geschichte zum Freund und vor allem zum Retter von Doktor Shirley. Tony rettet Shirley aber nicht nur vor körperlichem Schaden, sondern auch vor einem Leben voller Unglück, indem er ihn ganz am Ende in seinem Haus willkommen heißt.

Nach Erscheinen des Films äußerte sich die wahre Familie von Doktor Shirley sehr kritisch. Tony sei lediglich ein Angestellter gewesen, der seine Arbeit erledigt habe, nicht Doktor Shirleys *allround savior*, wie es der Film beschreibt.[84]

Warum braucht es *weiße* Helfer*innen, um eine Geschichte zu validieren? Warum ist es wichtig, ein Narrativ weiterhin zu stützen, in dem BIPoC gezeigt werden, die abhängig von der Hilfe *weißer* Menschen sind? Was wir stattdessen brauchen, sind Schwarze vielschichtige und komplexe Charaktere. Menschen, die eigene Geschichten mitbringen, die eine eigene Agenda haben und selbstbestimmte Rollen einnehmen.

Um deine persönliche Analyse zu unterstützen, habe ich dir hier einen Fragebogen für eine rassismuskritische Literatur- und Filmanalyse eingefügt. Spiel die Fragen einmal gedanklich durch, wenn du einen Film oder eine Serie schaust oder ein Buch liest. Denk dran: Übung macht den*die Meister*in!

Fragebogen für eine rassismuskritische Literatur-/Filmanalyse

Autor*in:

- Ist der*die Autor*in Schwarz, Person of Color, indigen oder *weiß?*
- Was weißt du über den*die Autor*in?
- Wie viel weiß die Autor*in über Rassismus? Gibt es Hinweise darauf, wie viel die Person sich mit Rassismus auseinandergesetzt hat?
- Wenn ja, woher weißt du das? Wenn nein, wie kommst du darauf?

Perspektive

- Aus wessen Perspektive (gesellschaftlich gesehen) ist das Buch/die Geschichte geschrieben?
- Wer (gesellschaftlich gesehen) spricht, und über wen (gesellschaftlich gesehen) wird gesprochen? Also wer (gesellschaftlich gesehen) hat eine eigene Stimme, um die eigene Geschichte zu erzählen?
- Sind die Protagonist*innen *weiß*, BIPoC?
- Wer/welche gesellschaftliche Gruppe ist komplex dargestellt – mit einer Vielzahl an Gefühlen und Gedanken, mit eigenen Ideen, eigenen Beiträgen zur Geschichte?
- Gibt es Protagonist*innen, die eher stereotyp dargestellt werden? Wenn ja, woran merkst du das? Wenn nein, woran machst du das fest?

Sprache

- Werden in dem Buch/dem Text rassistische Begriffe reproduziert?
- Werden Selbstbezeichnungen wie Schwarz, Person of Color, BIPoC benutzt?

- Wird von *weißen* Menschen gesprochen, oder gibt es lediglich Bezeichnungen für »die Anderen«?
- Wenn ja, gibt es zu den Begriffen eine Positionierung seitens des*der Autor*in?
- Werden in dem Buch rassistische Begriffe erklärt?
- Gibt es eine Stellungnahme in Bezug auf die Verwendung der rassistischen Begriffe? Also positioniert sich der*die Autor*in dazu und erklärt, warum der Begriff an dieser Stelle benutzt wurde?
- Gibt es eine Triggerwarnung?

Publikum

- Für wen/welche gesellschaftliche Gruppe ist diese Geschichte geschrieben? Für *weiße* Menschen, für Schwarze Menschen und People of Color? Für alle?
- Wer/welche gesellschaftliche Gruppe fühlt sich repräsentiert, wenn er*sie die Geschichte liest?
- Wer/welche gesellschaftliche Gruppe findet sich und seine*ihre Lebenswelt wieder in der Geschichte?
- Wer/welche gesellschaftliche Gruppe kann an die Inhalte anknüpfen, weil sie Teil des eigenen Lebens sind?
- Wer/welche gesellschaftliche Gruppe fühlt sich eher gut und wer eher schlecht nach dem Lesen der Geschichte/dem Anschauen des Films?
- Wer/welche gesellschaftliche Gruppe fühlt sich nach der Geschichte gestärkt?
- Wer/welche gesellschaftliche Gruppe fühlt sich nach der Geschichte traurig, hat Angst oder schämt sich?
- Wer lernt etwas (Neues) durch die Geschichte? Findet dieses Lernen auf Kosten von anderen statt?
- Wer lernt etwas über sich selbst oder die eigene gesellschaftliche Gruppe durch die Geschichte?

Bilder

- Wer/welche gesellschaftliche Gruppe wird in den Bildern dargestellt?
- Wer richtet den Blick auf wen? Wer ist hinter der Kamera? Ist die Person von Rassismus betroffen oder nicht?
- Wie wird mit Bildern von Gewalt (vor allem rassistischer, sexistischer, diskriminierender Gewalt) umgegangen?
- Wie werden Bilder über Armut dargestellt?

Zusätzliche Fragen für die Analyse von Dokumentarfilmen/Reiseberichten/Fotobänden

- Wer/welche gesellschaftliche Gruppe berichtet über wen/welche gesellschaftliche Gruppe?
- Welche Motivation gibt es, den Film zu machen? Was ist das Ziel? Wer soll über was informiert werden?
- Wie respektvoll werden Menschen in prekären Situationen gezeigt?
- Wurden alle Menschen, die dargestellt werden, gefragt, ob sie abgebildet werden wollen? Wenn ja, wo wird das ersichtlich?
- Werden alle Menschen dafür entlohnt/bezahlt, die dort abgebildet wurden?
- Wer/welche gesellschaftliche Gruppe ist der*die Expert*in in dem Film?
- Gibt es eine Art »Betroffenheitsporn«, also werden Armut, Gewalt, schwierige Lebensumstände voyeuristisch dargestellt?
- Wenn über Armut in afrikanischen oder karibischen Ländern berichtet wird, werden dann auch koloniale Zusammenhänge und globale Gründe für die Armut beleuchtet?

Am Theater

In den letzten Jahren haben wir viele Theaterhäuser begleitet und beraten. Es ist eine Arbeit, die wir sehr gern machen. Ich mag die Stimmung am Theater. Schauspieler*innen sind in den Workshops oft sehr engagiert dabei. Sie haben Spaß daran, sich in interaktiven Übungen auszuprobieren. Auch erlebe ich eine große Offenheit gegenüber selbstreflektorischen Prozessen.

Im Herbst 2020 war ich in die Münchner Kammerspiele eingeladen. Dort hielt ich eine Rede, die ich zum Einstieg in das Thema Theater mit dir teilen möchte:

Als Teenager habe ich eine Zeit lang mit dem Gedanken gespielt, Schauspielerin zu werden. Ich schloss mich der Jugendtheatergruppe eines Stadttheaters an. Ich hatte großen Spaß daran, zu improvisieren, Texte zu lernen und zu interpretieren, in unterschiedlichste Charaktere hineinzuschlüpfen. Der Regisseur war ein weißer *Mann um die dreißig. Nennen wir ihn hier Martin. Er schaute uns vierzehnjährigen Mädchen einmal zu oft in den Ausschnitt und ließ uns zum »Aufwärmen« in der Improvisation »Orgasmen nachahmen«. Als erstes Stück ließ er uns* Lysistrata *spielen, eine griechische Komödie, in der die Frauen die Männer durch Sexentzug in den Waffenstillstand zwingen wollen.*

Als die zweite Produktion begann, teilte Martin mir voller Begeisterung die mir zugedachte neue Rolle mit. Seit Tagen war ich gespannt und voller Vorfreude. Ich erhoffte mir eine Hauptrolle, einen komplexen, interessanten und vielschichtigen Charakter. Erwartungsvoll schaute ich ihn an: »Du spielst den

Sarotti-Mohr!«, begann er. »Du stehst dann einfach die ganze Zeit auf der Bühne, so am Rand und mit einem Tablett in der Hand. Und du brauchst gar nichts sagen, du nickst einfach nur. Das wird total gut, so richtig provokativ. Wir nennen die Dinge beim Namen!«

Ich weiß noch, wie in mir etwas einfror. Ich fühlte auf einmal nichts mehr. Ich drehte mich weg. Er sollte meine aufkommenden Tränen nicht sehen.

Ich ging dann, trotz meiner mehr als gemischten Gefühle, zur ersten Probe für das neue Stück. Ich stand also am Bühnenrand, in der Hand ein silbernes Tablett. Neben mir – auf der Bühne – fand die Handlung statt. Die anderen in der Gruppe – übrigens alles weiße *junge Menschen – spielten unterschiedliche mehr oder weniger komplexe Rollen, mit mehr oder weniger Text. Aber, daran erinnere ich mich noch, alle hatten einen Namen. Alle waren Individuen. Ich stand abseits mit meinem Tablett. Martin lief, aufgeregt Anweisungen brüllend, hin und her: »Tupoka, mach den Kopf runter. Zeige dich ergeben. Und immer nur ganz devot nicken!«*

Kurz danach trat ich aus der Theatergruppe aus. Irgendwie fand ich die Kraft, Martin zu sagen, dass ich diese entwürdigende Rolle nicht spielen würde. Nicht spielen könne. Gestraft wurde ich mit Wut und Ächtung. Ich hätte die Gruppe, schlimmer noch, die Kunst verraten.

Fast forward 25 Jahre. Ich bin keine Schauspielerin geworden. Das lag auch an Martin, dem cholerischen Regisseur. Aber nicht nur. Interessant ist, dass bis heute die Scham und das Gefühl der Entwürdigung in mir hochkommen, wenn ich an diese Probe denke. Was blieb, waren ein Gefühl der Ohnmacht und Fragen. Was war da passiert? Wie kam ein Regisseur auf so eine absurde Rolle für mich? Warum fühlte ich mich so entwürdigt und verra-

ten, obwohl ich doch angeblich die Verräterin war? Und schließlich: Warum ist Rassismus Kunst?

Ich habe immer noch so viele Fragen, wenn es um das Thema Theater und Rassismus geht und ich die Argumente derer höre, die sich nicht bewegen wollen. Eine davon ist: Warum wird das Argument der Kunstfreiheit immer wieder hervorgeholt, wenn es um Rassismus oder andere Machtverhältnisse geht?

Hier meine Gedanken dazu: Ich könnte argumentieren, dass es überhaupt nicht neu ist, Rassismus (oder auch Sexismus) auf der Bühne zu reproduzieren. Im Gegenteil. Seit der Jim-Crow-Ära[85] *ist er ein fester Bestandteil des Theaters. Geschichten aus der machtvollen, oft männlichen heteronormativen* weißen *Perspektive zu erzählen, ist ehrlich gesagt komplett überholt. Gähn. Ich kenne diese Perspektive, wurde in ihr gebadet, seit ich denken kann. Mir wurde vorgegaukelt, dass sie die einzig wahre ist, die maßgebende und maßgebliche. Ich wurde überhäuft mit der Sichtweise der* weißen *Hetero-Männer, das sei ihre Welt, sie hätten die Deutungshoheit, sie seien die Ratio, die Moral, der Mittelpunkt. Menschen wie ich kamen nicht vor, wurden nicht mitgedacht und wenn, dann nur als Statist*innen ihrer eigenen Geschichte. Wir waren die Objekte, die ihnen den Subjektstatus verliehen. Menschen wie ich waren ihre Anderen, die ihnen das Wir verliehen. Wir waren die Abweichung, das Exotische, Dämonische, das ihre vermeintliche Norm stärken sollte. Sie produzierten Stücke, in denen Rassismus auf voyeuristisch-pornografische Art und Weise für ein* weißes *Publikum reproduziert wird. Stücke, in denen rassistische und sexistische Gewalt so dargestellt werden, dass ein ebenfalls männliches* weißes *Publikum betroffen, aber gleichzeitig beinahe lustvoll das Geschehen begutachtet. Am Ende gerät das* weiße *Equilibrium keine Sekunde lang ins Wanken, Mann torkelt nach Hause, betrunken von der eigenen reaffirmierten Deutungshoheit. Power is restored.*

Das war und ist schmerzhaft. Es kostet immense Kraft, unter dem weißen *männlichen Blick und den zentnerschweren Geschichten hervorzukriechen, aufzustehen und die eigene Menschlichkeit wieder zu spüren. Ja, es ist entwürdigend. Aber weißt du, was es nicht ist? Neu. Interessant. Spannend. Provokativ. Cutting edge.*

In einem Artikel darüber, wer wen auf der Bühne repräsentieren darf, schreibt ein weißer *Regisseur, dass Theater alles dürfen muss. Dass es verwerflich sei, wenn Stücke Shitstorms ernten, weil sie Rassismus reproduzieren, dass Theaterkunst sich keiner Diktatur unterwerfen darf.*

Für mich sind solche Argumente ein kläglicher Aufschrei einer nach außen scheinbar sehr machtvollen Perspektive, mit sehr fragilem Kern. Warum fragil, fragst du empört? Nun ja, für wen die Forderung nach Verantwortungsübernahme in Bezug auf eigenes Verhalten und Kritik an mangelnder Selbstreflexion gleichbedeutend ist mit Diktatur und Sprechverboten, dessen Kern muss hauchdünn, fast zerbrechlich sein.

Darf ich etwas vorschlagen, das wirklich interessant wäre? Weiße *männliche »Norm« sichtbar zu machen und selbstkritisch zu beleuchten. Wait, what?? Yes, I went there. Spannend wäre es, auf der Bühne Geschichten zu erzählen, die eine selbstkritische Auseinandersetzung mit der eigenen rassistischen Geschichte und mit kolonialen Realitäten heute abbilden würden. Provokativ wäre es, Stücke so zu erzählen, dass alle Menschen im Publikum mitgedacht würden. Cutting edge wäre es, wenn Rassismus auf der Bühne so thematisiert würde, dass* weiße *Menschen im Publikum begännen, eigene verinnerlichte Denkmuster zu hinterfragen und Schwarze Menschen und People of Color anschließend nicht retraumatisiert, sondern empowered nach Hause gehen würden.*

Ich habe noch mehr: Bedeutsam wäre es, den vielen existie-

renden Geschichten von marginalisierten Positionen Raum, Ressourcen und viel mehr Bühnen zu geben.

*Wirklich neu wäre es, Schwarzen und PoC-Schauspieler*innen, -Regisseur*innen, -Bühnenbildner*innen, -Dramaturg*innen, generell -Kunstschaffenden Gelegenheiten zu bieten, ihre vielen unterschiedlichen und vieldimensionalen Perspektiven und Fähigkeiten zu präsentieren.*

Revolutionär und machtvoll wäre es, wenn Kunstfreiheit bedeuten würde, machtvolle Normen ehrlich und selbstkritisch zu hinterfragen. Wenn die Bretter, die die Welt bedeuten, auch Empowerment, Selbstermächtigung und Wertschätzung für alle Menschen bedeuten würden.

Ich fordere dich heraus. Lass uns Geschichten schreiben, in denen wir von einer Welt erzählen, in der Freiheit nicht die Unterdrückung der Machtlosen ist, sondern wahre Freiheit für alle.

Was für Möglichkeiten haben das Theater und Menschen am Theater, rassismuskritische Perspektiven zu leben? Dies ist natürlich eine Wissenschaft für sich. Will heißen, es gibt keine einfachen Antworten. Aber lass uns hier einen Einstieg mit den Fragen wagen, die wir in der Begleitung von Theatern am meisten diskutieren:

Wie kann Rassismus auf der Bühne thematisiert werden, ohne dabei Rassismus zu reproduzieren?

Oft fragen sich Theater, wie sie Szenen, die Rassismus thematisieren, darstellen können, ohne dabei Rassismus plakativ zu reproduzieren. Ein Stichwort, das an dieser Stelle immer fällt, ist Framing, zu Deutsch: Einen Rahmen setzen. Damit meine ich, dass es für die Zuschauenden klar werden muss, warum und aus welcher Position heraus in bestimmten Kontexten zu welchen stilistischen Mitteln oder welchen Wörtern gegriffen wird, womit die Nutzung von rassistischen Begriffen oder Bildern in einen nachvollziehbaren Kontext gesetzt wird.

2019 haben wir die Produktion des Theaterstücks *Huckleberry Finn* am Bremer Staatstheater begleitet. In der Geschichte gibt es Jim, den »Sklaven«. Er hat keinen Nachnamen und keine wirkliche Agenda. Obwohl er sehr präsent ist in der Geschichte, nimmt er eine sehr passive Rolle ein.

Der Schwarze Schauspieler des Ensembles – Simon Zigah – hatte die Rolle des Jim erhalten. Gemeinsam mit ihm und dem gesamten Ensemble haben wir – auf seine Initiative hin – daran gearbeitet, seine Rolle weniger passiv darzustellen und einen nachvollziehbaren Kontext für die rassistischen Inhalte zu setzen.

Sprachlich haben wir das Wort »Sklaven« in »versklavte Menschen« umgewandelt. Es mag nebensächlich erscheinen, ist es aber nicht. Ein Sklave fällt nicht einfach vom Himmel. Er hat sich nicht selbst in diese Position begeben. Dahinter steht ein Prozess, in dem Menschen Menschen zu Sklaven machen, sie versklaven. Um dies nicht aus dem Blick zu verlieren und Menschen sprachlich aus dieser Passivkonstruktion herauszuholen, haben wir die Bezeichnung geändert.

Anstatt das Stück direkt beginnen zu lassen, sah das Framing dann so aus: Zu Beginn tritt Simon auf die Bühne und richtet sich an das Publikum.

»Hi, mein Name ist Simon. Ich spiele heute in der Geschichte den Jim. Jim ist ein versklavter Mensch in der Geschichte. Wisst ihr, was Versklavung, auch Maafa genannt, bedeutet?«

Es gibt zahlreiche Theaterstücke, in denen Rassismus extrem überzeichnet und gewaltvoll dargestellt wird. Das Ganze hat oft fast etwas Voyeuristisches. Oft ist die Argumentation der Theatermachenden: Wir wollen aufrütteln, Bomben schmeißen. Die Frage ist nur: Wer wird aufgerüttelt, und wen treffen diese Bomben?

Das klassische Theaterpublikum besteht aus gut meinenden *weißen* Mittelklasse-Menschen, die Rassismus verkehrt finden und sich selbst für antirassistisch halten. Diese extremen Darstellungen von Rassismus rütteln sie nicht auf. Klar sind sie empört und schockiert darüber, wie rassistisch andere sein können. Sie schütteln die Köpfe darüber, wie schlimm diese Welt ist. Der innere Dialog besteht aus Ablehnung und gleichzeitiger Selbstversicherung darüber, dass man selbst so etwas nie tun würde. Es zementiert das eigene Selbstverständnis, komplett rassismusfrei zu sein. Aus rassismuskritischer Perspektive heraus wäre es doch aber viel wirksamer, wenn Menschen im Publikum in die Reflexion über eigene verinnerlichte Denkmuster und Verhaltensweisen kommen würden. Die Bombe trifft die Menschen im Publikum, die negativ von Rassismus betroffen sind. Wieder ein Ort, der nicht sicher ist. Wieder ein Ort der Entwürdigung, Erniedrigung, des Schmerzes oder des paternalistischen Mitleids.

Für ein besseres Verständnis versuche ich an dieser Stelle oft einen gedanklichen Transfer zu Sexismus: Wie kann sexuelle Gewalt auf der Bühne dargestellt werden, ohne dass Menschen im Publikum, die sexuelle Gewalt erlebt haben, retraumatisiert werden – ohne den männlichen Voyeurismus zu befriedigen –, aber gleichzeitig ein Denkprozess innerhalb des Publikums angeregt werden, in dem Männer erkennen, wie auch sie in ein patriarchales System verstrickt sind?

Wenn die Reproduktion von Rassismen unumgänglich ist oder gar bewusst gewählt wird, halte ich eine entsprechende Triggerwarnung vorab für unerlässlich. Sie kann zum Beispiel ins Programmheft gedruckt und/oder auf der Website formuliert werden. So weiß ich als Schwarze*r Zuschauer*in, dass ich mich innerlich vorbereiten muss. Ich kann selbstermächtigt entscheiden, ob ich mich dem heute aussetzen möchte oder nicht. Und zu guter Letzt weiß ich, dass die Theatermachenden mich als Teil des Publikums mitgedacht haben.

Besetzungspolitik

»Dürfen jetzt nur noch Schwarze Menschen Schwarze Menschen spielen? Und nur Asiat*innen Asiat*innen?«

Ist es nicht interessant, dass *weiße* Menschen es gewohnt sind, in alle Rollen, alle Kulturen nach Belieben reinzuschlüpfen, aber Schwarze Menschen auf der anderen Seite festschreiben und begrenzen?

So gibt es zahlreiche historische oder fiktive Personen, die in Wahrheit oder in der Buchvorlage Schwarz, Indigen oder of Color waren,[86] in Filmen oder im Theater aber mit großer Selbstverständlichkeit von *weißen* Menschen dargestellt wurden. Wenn es aber darum geht, dass ein Schwarzer Schauspieler James Bond (eine erfundene Figur) oder ein Schwarzes Mädchen Arielle, die Meerjungfrau spielt, gibt es einen riesen Shitstorm.[87]

Rassismus und *weiße* Vorherrschaft legitimiert *weiße*

Menschen darin, sich »die Anderen« anzueignen, sich in sie zu verwandeln, und verdrängt dabei BIPoC. Sich das zu vergegenwärtigen, ist grundlegend für den Einstieg in die Besetzungsfrage. Ich halte es für wichtig, mehrgleisig zu fahren, was die Diversifizierung von Theatern betrifft.

Einerseits geht es darum, Barrieren abzubauen, die angehende BIPoC-Schauspieltalente davon abhalten, in Schauspielschulen zu gehen. Weiterhin muss die Einstellungspraxis von BIPoC-Schauspieler*innen überdacht werden. Der jahrelange Glaube von »Es gibt keine Rollen für BIPoC« muss schnellstens aus den Köpfen ausgemistet werden. *Weiße* Menschen können alles spielen, und BIPoC sind per se bereits ein Charakter? Diese Vorstellung ist Produkt einer rassistischen Welt und extrem hinderlich.

Eine einzige BIPoC hat immer eine schwierige Position im Ensemble, welche eine Tokenfunktion haben kann. Diese eine Person steht unter dem Druck, alle BIPoC zu repräsentieren und dementsprechend auch zu spielen. Ein Ensemble sollte daher mindestens drei BIPoC-Schauspieler*innen haben, gern mehr. Damit diese die Möglichkeit haben, als Individuen zu fungieren. Ebenso wird dadurch die Politisierung der Besetzung abnehmen.

Wenn Theater rassismuskritisch sein wollen, sind Yellowfacing und Blackfacing – also sich als *weiße* Person gelb oder braun/schwarz anzumalen, tabu. Beides hat eine lange rassistische Historie und kann nicht losgelöst davon betrachtet werden. Schauspielensembles, aber auch Intendanzen, Regie und Dramaturgie, Maske und Bühnenbild brauchen rassismuskritische Fortbildungen und ein hausinternes fundiertes Gespräch über Rassismuskritik. Vielleicht kann die Frage eher lauten: Wie können wir unsere Kreativität und künstlerische Freiheit nutzen, um empowernde und diskriminierungskritische Inhalte zu produzieren? Denn künstlerische Freiheit entlässt aus meiner Sicht nicht aus gesellschaftlicher Verantwortung, sondern birgt in sich sogar ebendiesen Auftrag.

Fragen für dich

Abschließend möchte ich dir hier noch einige Fragen[88] mitgeben, die deinen selbstreflektorischen Prozess unterstützen sollen. Du kannst immer wieder zu diesen Fragen zurückkommen und sie ehrlich für dich selbst beantworten.

- Bildest du dich im Hinblick auf unterschiedliche Formen von Diskriminierung fort?
- Welche rassismuskritischen Bücher und Artikel hast du in letzter Zeit gelesen?
- Aus welcher Perspektive wurden diese Bücher/Artikel geschrieben?
- Was war der letzte Podcast oder das letzte Hörbuch zu dem Thema, das du gehört hast?
- Reflektierst du regelmäßig deine Sprache im Sinne des »Was möchte ich sagen, und wofür kann ich Verantwortung übernehmen«?
- Hältst du dich auf dem Laufenden, was Sprachentwicklung im rassismuskritischen Kontext betrifft?
- Tauschst du dich mit anderen Verbündeten aus?
- Reflektierst du regelmäßig ehrlich deine Gedanken und rassistischen Denkmuster?
- Achtest du darauf, wie viel Raum du einnimmst und wie sehr du dich und deine Perspektive zentrierst?
- Wie reagierst du in rassistischen Situationen?
- Wie gehst du mit den Emotionen im Kontext von Rassismus um?
- Achtest du darauf, Situationen, in denen Rassismus eine Rolle gespielt hat, in Ruhe zu verarbeiten, nachzuvollziehen und zu verstehen?
- Wie gehst du mit Abwehrgefühlen um, wenn sie aufkommen?

Schlusswort

Zu Beginn eines jeden Workshops sage ich zu den Teilnehmenden: Wenn ihr am Ende des Tages mit mehr Fragen rausgeht, als ihr reingekommen seid, war es ein guter Workshop. Oft ernte ich dafür irritierte Blicke. Die Menschen sehnen sich nach Klarheit und Eindeutigkeit. Danach, dass jemand sagt, was richtig ist und was falsch. Die Menschen möchten hören: Du bist ab jetzt rassismusfrei. Ich verstehe dieses Bedürfnis. Wenn du das Buch bis hierhin aufmerksam gelesen hast, wirst du allerdings wissen, dass weder ich noch dieses Buch dir diese Absolution erteilen können. So verführerisch es erscheinen mag, möchte ich dich sogar vor Büchern oder Menschen, die solche Versprechen an anderer Stelle äußern, warnen. Mehr noch: Wenn Parteien, Menschen oder Bücher, die auf große komplexe Fragen zu Identität, Gerechtigkeit, Macht und Machtschieflagen einfache Antworten versprechen, dann ergreife die Flucht. Und zwar schnell.

Wir müssen uns damit abfinden, dass es auf komplexe Fragen keine einfachen Antworten geben kann. Aber vielleicht können wir auch mehr als uns dem ergeben. Vielleicht können wir aktiv eine Freude daran und Motivation dafür entwickeln, eine neue gerechtere Welt zu gestalten. Wie wäre es, wenn wir in eine Aufbruchsstimmung in Vorfreude auf diese Welt kämen, und dies mit möglichst vielen Menschen gemeinsam?

Dazu gehört auch, dass wir Dinge hinter uns lassen. Dass wir trauern und Abschied nehmen. Dass wir reflektieren und verstehen. Und dass wir dann Schritt für Schritt nach vorne gehen. Weitergehen. Auch wenn es holprig, steinig oder rutschig wird. Auch wenn wir ausrutschen oder stolpern. Das braucht Kraft und Energie. Und es bedeutet, dass wir uns mit dem Unbequemen anfreunden müssen. Denn alles ist besser als stehen bleiben. In einer Welt, in der Menschen systematisch unterdrückt, übersehen oder ausgegrenzt werden.

Mit diesem Buch wollte ich dich aufrütteln und zugleich motivieren. Ich habe dir Perspektivwechsel vorgeschlagen, dir Denkanstöße mitgegeben und aus meinem Leben erzählt.

Aber du weißt, dass *Weiß*sein dir die Entscheidung darüber überlässt, ob du dich mit Rassismus beschäftigen möchtest oder nicht. Diese Schieflage werde ich auch am Ende dieses Buches nicht auflösen können. Kein Buch kann das leisten. Wir beide müssen damit leben, dass – sobald du dieses Buch zuschlägst – du dich in einer Welt befindest, in der du zu jedem Zeitpunkt die Möglichkeit hast, in Happyland zu verweilen. Wegzuschauen. Nichts zu tun. Und dies, egal wie eindringlich meine Worte hier sind, egal wie viel Wissen ich dir mitgebe, egal wie viele Anekdoten ich erzähle und egal wie viel Pathos in meinen Worten mitschwingt. Die Realität ist und bleibt: Auf die BIPoC dieser Welt wartet die nächste rassistische Mikro- oder Makroaggression bereits an der nächsten Ecke. Die Frage, die du dir stellen musst, ist: Wird diese Aggression von dir ausgehen? Oder bist du die Person, die aktiv mit daran arbeitet, dass die Räume, zu denen du Zutritt hast, weniger rassistisch werden?

Die Wahl ist und bleibt bei dir.

Aber lass mich ein letztes Mal an dich und deine mit

dieser Wahlmöglichkeit einhergehende Verantwortung appellieren:

Triff die Wahl, Verbündete*r im Kampf gegen Rassismus zu sein, so wie du sie getroffen hast, als du dieses Buch aufgeschlagen hast, auch morgen. Und übermorgen. Und überübermorgen. Und den Tag, die Woche, den Monat und das Jahr danach. Immer und immer wieder.

Denn ihr als *weiße* Menschen seid auch unsere Eltern. Ihr seid unsere Freund*innen. Unsere Partner*innen. Unsere Kolleg*innen. Unsere Vorgesetzten und die Erzieher*innen und Lehrer*innen, denen wir unsere Kinder anvertrauen.

Triff diese Wahl, weil du diese Verantwortung spürst und sie ernst nimmst. Triff sie auch, weil du weißt, dass das Konstrukt Rassismus auch dich einengt.

Ich werde mit den Worten der Autorin und Aktivistin Audre Lorde enden, die sagte:

»Ich bin nicht frei, solange irgendeine Frau unfrei ist, auch wenn ihre Fesseln ganz anders sind als meine eigenen. Und ich bin nicht frei, solange noch eine Person of Color angekettet bleibt. Und auch ihr werdet es bis dahin nicht sein.«

Quellen

Literatur

Ataman, Ferda, *Ich bin von hier. Hört auf zu fragen!*, S. Fischer 2019.

Cooper, Brittney, *Eloquent Rage. A Black Feminist Discovers Her Superpower,* St. Martin's Press 2018.

DeGruy, Joy, *Post Traumatic Slave Syndrome. America's Legacy of Enduring Injury and Healing,* Joy DeGruy Publications Inc. 2017.

Du Bois, W. E. B., *W. E. B. Du Bois on Sociology and the Black Community,* hg. v. Dan S. Green, Heritage of Sociology Series 2013.

Earle, Thomas F. und Kate J. P. Lowe (Hg.), *Black Africans in Renaissance Europe,* Cambridge University Press 2005.

Fajembola, Olaolu und Tebogo Nimindé-Dundadengar, *Gib mir mal die Hautfarbe. Mit Kindern über Rassismus sprechen,* Beltz 2021.

Hasters, Alice, *Was weiße Menschen nicht über Rassismus hören wollen aber wissen sollten,* hanserblau 2019.

Jewell, Tiffany, *Das Buch vom Antirassismus. 20 Lektionen, um Rassismus zu verstehen und zu bekämpfen. Mutmach-Buch für Jugendliche und Kinder ab 10 Jahren,* Zuckersüß 2020.

Kendi, Ibram X., *How to Be an Antiracist,* btb 2020.

Menakem, Resmaa, *My Grandmother's Hands,* Penguin Books 2017.

Roig, Emilia, *Why We Matter,* Aufbau 2021.

Stokowski, Margarete, *Untenrum frei,* Rowohlt Taschenbuch 2020.

Internet

Alle Websites zuletzt abgerufen im November 2021

»About the Weary Weaponizing of White Women Tears«, *Awesomely Luvvie,* 17.04.2018, https://www.awesomelyluvvie.com/2018/04/weaponizing-white-women-tears.html.

»Afro-Germans«, *Wikipedia,* https://en.wikipedia.org/wiki/Afro-Germans.

Annamma, Subini Ancy, »Conceptualizing color-evasiveness: Using dis/ability critical race theory to expand a color-blind racial ideology in education and society«, *Taylor & Francis Online,* 11.11.2016, https://www.tandfonline.com/doi/full/10.1080/13613324.2016.1248837.

Arends, Brett, »Black children are more likely to be disciplined than white kids for the same behavior«, *MarketWatch,* 16.10.2019, https://www.marketwatch.com/story/black-children-are-more-likely-to-be-disciplined-than-white-kids-for-the-same-behavior-2019-10-16.

Asare, Janice Gassam, »Tone policing is a little-known microaggression that's common in the workplace – here's how to identify it«, *Business Insider,* 17.08.2020, https://www.businessinsider.com/how-to-identify-and-help-stop-tone-policing-in-workplace-2020-8?r=DE&IR=T.

»Bevölkerung mit Migrationshintergrund«, *Bundeszentrale für politische Bildung,* 20.09.2020, https://www.bpb.de/nachschlagen/zahlen-und-fakten/soziale-situation-in-deutschland/61646/migrationshintergrund-i.

»Bevölkerung und Erwerbstätigkeit: Bevölkerung mit Migrationshintergrund – Ergebnisse des Mikrozensus 2019«, *Statistisches Bundesamt,* 24.11.2020, https://www.destatis.de/DE/Themen/Gesellschaft-Umwelt/Bevoelkerung/Migration-Integration/Publikationen/Downloads-Migration/migrationshintergrund-2010220197004.pdf?__blob=publicationFile.

»Black Children Are Six Times More Likely to Be Shot to Death by Police«, *Equal Justice Initiative,* 12.02.2020, https://eji.org/news/black-children-are-six-times-more-likely-to-be-shot-to-death-by-police/.

Black Lives Matter, https://blacklivesmatter.com.

Bönkost, Jule, »*Weiße* Privilegien in der Schule«, Juli 2018, https://diskriminierungsfreie-bildung.de/wp-content/uploads/2020/04/Weisse_Privilegien_in_der_Schule.pdf.

Brown, Brandon Keith im Gespräch mit Maja Ellmenreich, »Die klassische Musik unterteilt nach Rasse und Klasse«, *Deutschlandfunk,* 05.06.2020, https://www.deutschlandfunk.de/rassismus-in-der-kultur-die-klassische-musik-unterteilt.691.de.html?dram:article_id=478087.

Cusic, Sydney, »The Magical Negro Trope in Literature and Film«, *NYU Gallatin, Confluence,* 20.02.2021, https://confluence.gallatin.nyu.edu/context/interdisciplinary-seminar/the-magical-negro-trope-in-literature-and-film.

Diversity Arts Culture, Berliner Projektbüro für Diversitätsentwicklung, https://diversity-arts-culture.berlin/en.

Fleischhauer, Jan, »Schuldig durch Geburt: Wer weiß ist, kann nur Rassist sein«, *Focus Online,* 04.07.2020, https://www.focus.de/politik/deutschland/schwarzer-kanal/die-focus-kolumne-von-jan-fleischhauer-schuldig-durch-geburt-wer-weiss-ist-kann-nur-rassist-sein_id_12173171.html.

»Frauen im Film. Ihr habt nichts zu sagen«, *SPIEGEL Kultur,* 09.04.2016, https://www.spiegel.de/kultur/kino/frauen-in-disney-filmen-warum-so-still-mulan-a-1086335.html.

»Freiwilligenarbeit Afrika«, *Wegweiser Freiwilligenarbeit,* http://www.wegweiser-freiwilligenarbeit.com/einsatzorte/freiwilligenarbeit-afrika/.

Garcia, Sandra E., »Where Did BIPOC Come From?«, *The New York Times,* https://www.nytimes.com/article/what-is-BIPoC.html.

»Gender Pay Gap 2019: Frauen verdienten 20 % weniger als Männer«, *Statistisches Bundesamt,* 16.03.2020, https://www.destatis.de/DE/Presse/Pressemitteilungen/2020/03/PD20_097_621.html.

Gerbner, Katherine, »Most people think ›whiteness‹ is innate. They're wrong: It was created to keep black people from voting«, *The Washington Post,* 27.04.2018, https://www.washingtonpost.com/news/made-by-history/wp/2018/04/27/most-people-think-whiteness-is-innate-theyre-wrong-it-was-created-to-keep-black-people-from-voting/.

Goff, Phillip Atiba und Matthew Christian Jackson, »The Essence of Innocence: Consequences of Dehumanizing Black Children«, 2014, https://www.apa.org/pubs/journals/releases/psp-a0035663.pdf.

»*Green Book* (film)«, Wikipedia, https://en.wikipedia.org/wiki/Green_Book_(film).

Greenwood, Brad N. u. a., »Physician-patient racial concordance and disparities in birthing mortality for newborns«, *PNAS – Proceedings of the National Academy*

of Science of the United States of America, 01.09.2020, https://www.pnas.org/content/117/35/21194.
»Hidden Figures«, Wikipedia, https://en.wikipedia.org/wiki/Hidden_Figures.
Holland, Brynn, »The ›Father of Modern Gynecology‹ Performed Shocking Experiments on Enslaved Women«, *History Stories,* 29.08.2017, https://www.history.com/news/the-father-of-modern-gynecology-performed-shocking-experiments-on-slaves.
Howard, Adam, »The ›Magical Negro‹ Trope Makes a Comeback in Two New Movies«, *NBC News,* 01.09.2016, https://www.nbcnews.com/news/nbcblk/magical-negro-meme-makes-comeback-two-new-movies-n641296.
»Interne Prüfung: Rassistischer Werbespot wird zum Thema im VW-Vorstand«, *Handelsblatt,* 05.06.2020, https://www.handelsblatt.com/unternehmen/industrie/interne-pruefung-rassistischer-werbespot-wird-zum-thema-im-vw-vorstand/25891486.html.
»Kerner in Niamey. Wunder kosten im Niger 1 Euro pro Tag«, *Ein Herz für Kinder,* https://www.ein-herz-fuer-kinder.de/projekte/armes-afrika.
»Kita gegen Indianer-Kostüme: Politiker mischen sich ein,«, *Berliner Morgenpost,* 09.03.2019, https://www.morgenpost.de/vermischtes/article216598017/Hamburg-Kita-will-keine-Indianerkostueme-Leiterin-wehrt-sich-gegen-Goebbels-Vergleiche.html.
La Jeunesse, Marilyn, »10 movies that have been accused of whitewashing«, *Insider,* 25.09.2018, https://www.insider.com/movies-accused-of-whitewashing-2018-9#the-only-person-of-color-cast-in-2010s-the-last-airbender-played-the-villain-5.

Lankes, Catherine, »How George Floyd's death reignited a worldwide movement«, *DW,* 17.03.2021, https://www.dw.com/en/how-george-floyds-death-reignited-a-worldwide-movement/a-56781938.
»List of George Floyd protests outside the United States«, *Wikipedia,* https://en.wikipedia.org/wiki/List_of_George_Floyd_protests_outside_the_United_States.
»List of Magical Negro occurrences in fiction«, Wikipedia, https://en.wikipedia.org/wiki/List_of_Magical_Negro_occurrences_in_fiction.
»Maafa«, *Wikipedia,* https://de.wikipedia.org/wiki/Maafa.
»Mit kolonialen Grüßen … Berichte und Erzählungen von Auslandsaufenthalten rassismuskritisch betrachtet«, *glokal,* August 2013, https://www.glokal.org/wp-content/uploads/2013/09/BroschuereMitkolonialenGruessen2013.pdf.
»Nachrichten zum Thema Rechtsextremismus«, *Tagesschau.de,* https://www.tagesschau.de/inland/rechtsextreme-straftaten-103.html.
»Narr«, Wikipedia, https://de.wikipedia.org/wiki/Narr.
Ntim, Abina, »Warum Selbstwirksamkeit für BIPoC so wichtig ist – Stephanie Cuff und Mashanti Alina Hodzode von ›MyUrbanology‹«, *femtastics,* 12.09.2020, https://femtastics.com/stories/stephanie-cuff-mashanti-alina-hodzode-myurbanology/.
Park, Enno, »›Und was ist mit …?‹ Perfider Trick aus der Mottenkiste der Rhetorik«, *Deutschlandfunk Kultur,* 27.04.2017, https://www.deutschlandfunkkultur.de/und-was-ist-mit-perfider-trick-aus-der-mottenkiste-der.1005.de.html?dram:article_id=384660.

»Porajmos«, Wikipedia, https://www.romarchive.eu/en/voices-of-the-victims/genocide-holocaust-porajmos-samudaripen/.

Qamar, Alisha, »Black Lives Matter – Rassismus im Gesundheitswesen«, *Thieme*, 12.08.2020, https://www.thieme.de/viamedici/medi-mashup-einblicke-30991/a/black-lives-matter-rassismus-im-gesumdheitswesen-36436.htm.

»Rassismus an Schulen. ›Aus den eigenen Fehlern lernen‹«, *Mediendienst Integration*, 13.11.2020, https://mediendienst-integration.de/artikel/aus-den-eigenen-fehlern-lernen.html.

»Rassismus in der Kita: Expertinnen warnen vor schweren Folgen«, *Der Tagesspiegel*, 30.01.2020, https://www.tagesspiegel.de/politik/rassismus-in-der-kita-expertinnen-warnen-vor-schweren-folgen/25476606.html.

»Rassismusvorwürfe gegen Kabarettistin Lisa Eckhart: ›Es gibt teilweise ein boshaftes Missverstehen‹«, *Der Tagesspiegel*, 12.08.2020, https://www.tagesspiegel.de/kultur/rassismusvorwuerfe-gegen-kabarettistin-lisa-eckhart-es-gibt-teilweise-ein-boshaftes-missverstehen/26086936.html.

Rechte und rassistische Umtriebe bei der Polizei. Lauter Einzelfälle, *Netzpolitik.org*, https://netzpolitik.org/2021/rechte-und-rassistische-umtriebe-bei-der-polizei-lauter-einzelfaelle/.

»Schwarze Komponisten, bei denen man neu hinhören sollte«, Deutsche Welle, https://www.dw.com/de/schwarze-komponisten-bei-denen-man-neu-hinhören-sollte/a-54042098.

»Sexuelle Belästigung: Fast jede zweite Frau betroffen«, *ZEIT Online,* 28.10.2017, https://www.zeit.de/gesellschaft/zeitgeschehen/2017-10/sexuelle-belaestigung-frauen-umfrage?utm_referrer=https%3A%2F%2Fwww.google.com.

Siebert, Daniela, »Ausnahmezustand an Berliner Schule / Verstecktes Geld, zu viele Lehrer und Rassismus«, *Deutschlandfunk,* 09.10.2018, https://www.deutschlandfunk.de/ausnahmezustand-an-berliner-schule-verstecktes-geld-zu.680.de.html?dram:article_id=430069.

Stevenson, Howard C. Jr., »Racial Socialization in African American Families: The Art of Balancing Intolerance and Survival«, *The Family Journal,* 01.07.1994, https://journals.sagepub.com/doi/10.1177/1066480794023002.

Stewart, Danté, »Black Rage in an Anti-Black World is a Spiritual Virtue«, *Sojourners,* 29.05.2020, https://sojo.net/articles/black-rage-anti-black-world-spiritual-virtue.

Stokowski, Margarete, »Wie kann ich als Mann Feminist sein?«, *SPIEGEL Online,* 16.04.2019, https://www.spiegel.de/kultur/gesellschaft/wie-koennen-maenner-feministen-sein-kolumne-a-1263070.html.

»Stopp Racial Profiling: Sicherheit für alle – ein Menschenrecht!«, *ISD-Bund e.V.,* https://isdonline.de/stopp-racial-profiling-sicherheit-fuer-alle-ein-menschenrecht/.

Taylor Goodwin, Morgan, »Racial Battle Fatigue: What is it and What are the Symptoms?«, *Medium,* 07.12.2018, Racial Battle Fatigue: What is it and What are the Symptoms? https://medium.com/racial-battle-fatigue/

racial-battle-fatigue-what-is-it-and-what-are-the-symptoms-84f79f49ee1e.

The Black Music Coalition, The Show Must Be Paused, UK, and on behalf of Black executives from Warner Music Group, Sony Music, Universal Music Group, BMG, Live Nation UK, Spotify and MMF, https://cdn.website-editor.net/dfbb27e50a8e40978e98d785c65820c7/files/uploaded/%2523BlackOutTuesday%2520-%2520What%2520Happens%2520Next.pdf.

»*The Green Mile* (Film)«, Wikipedia, https://de.wikipedia.org/wiki/The_Green_Mile_(Film).

The Invention of the White Race, Verso, https://www.versobooks.com/series_collections/33-the-invention-of-the-white-race.

Tobisch, Anita u.a, »Werden Kinder mit Migrationshintergrund durch Lehrkräfte benachteiligt?«, *The Inquisitive Mind,* März 2020, https://de.in-mind.org/article/werden-kinder-mit-migrationshintergrund-durch-lehrkraefte-benachteiligt.

»Todesopfer rechter Gewalt«, *Amadeu Antonio Stiftung,* https://www.amadeu-antonio-stiftung.de/todesopfer-rechter-gewalt/.

»Todesopfer rechtsextremer Gewalt in der Bundesrepublik Deutschland«, *Wikipedia,* https://de.wikipedia.org/wiki/Todesopfer_rechtsextremer_Gewalt_in_der_Bundesrepublik_Deutschland.

»True Fruits Smoothies«, *Facebook,* https://www.facebook.com/true.fruits.no.tricks/posts/liebe-freunde-liebe-vermeintlich-diskriminierte-liebe-dummeuns-erreichen-zurzeit/10156203725490914/.

Unterberg, Swantje, »Das Rassismusproblem an Schulen«, *SPIEGEL Panorama,* 15.06.2020, https://www.

spiegel.de/panorama/bildung/diskriminierung-an-schulen-sind-lehrerinnen-und-lehrer-rassistisch-a-27fb2d2e-a2e8-4e3d-986f-087540955ac1.
Unterberg, Swantje, »Deutschpflicht an Grundschule in Baden-Württemberg. Eltern wehren sich gegen Strafarbeit für Drittklässlerin«, *SPIEGEL Panorama*, 04.08.2020, https://www.spiegel.de/panorama/bildung/deutschpflicht-an-grundschule-eltern-wehren-sich-gegen-strafarbeit-fuer-drittklaesslerin-a-c235f4e0-e8f4-47a3-b890-b13b3275e23e
Van der Valk, Adrienne und Anya Malley, »What's My Complicity? Talking White Fragility With Robin DiAngelo«, Learning for Justice, Sommer 2019, https://www.tolerance.org/magazine/summer-2019/whats-my-complicity-talking-white-fragility-with-robin-diangelo.
»White savior narrative in film«, Wikipedia, https://en.wikipedia.org/wiki/White_savior_narrative_in_film.
Zoronjić, Selma, »Nein Dieter Bohlen, du sollst Kinder nicht damit nerven, woher sie ›ursprünglich‹ kommen«, *SPIEGEL Panorama,* 19.02.2019, https://www.spiegel.de/panorama/dieter-bohlen-beim-supertalent-warum-die-frage-woher-jemand-urspruenglich-kommt-nervt-a-779c52bf-63e4-4b2f-906d-2998a2ab883c.
»18 Responses People Had To The New Black Ariel«, *Bored Panda,* 2019, https://www.boredpanda.com/people-reactions-disneys-black-ariel/?utm_source=google&utm_medium=organic&utm_campaign=organic.

Filme

Glory (1989)
Dangerous Minds (1995)
Amistad (1997)
Finding Forrester (2000)
The Last Samurai (2003)
Freedom Writers (2007)
Gran Torino (2008)
Avatar (2009)
The Blind Side (2009)
The Help (2011)
Green Book (2018)
Ein Dorf sieht schwarz (2017)

Serien

Gilmore Girls (2000)

Anmerkungen

1 https://blacklivesmatter.com

2 https://en.wikipedia.org/wiki/List_of_George_Floyd_protests_outside_the_United_States

3 https://www.amadeu-antonio-stiftung.de/todesopfer-rechter-gewalt/

4 https://www.tagesschau.de/inland/rechtsextreme-straftaten-103.html

5 Margarete Stokowski, *Untenrum frei,* Vorwort, 15. Aufl., Rowohlt Taschenbuch 2020

6 https://www.facebook.com/true.fruits.no.tricks/posts/liebe-freunde-liebe-vermeintlich-diskriminierte-liebe-dummeuns-erreichen-zurzeit/10156203725490914/

7 https://www.goodreads.com/quotes/8784483-the-problem-is-that-white-people-see-racism-as-conscious

8 https://www.nytimes.com/article/what-is-BIPoC.html

9 https://www.focus.de/politik/deutschland/schwarzer-kanal/die-focus-kolumne-von-jan-fleischhauer-schuldig-durch-geburt-wer-weiss-ist-kann-nur-rassist-sein_id_12173171.html

10 https://www.destatis.de/DE/Presse/Pressemitteilungen/2020/03/PD20_097_621.html

11 https://www.zeit.de/gesellschaft/zeitgeschehen/2017-10/sexuelle-belaestigung-frauen-umfrage?utm_referrer=https%3A%2F%2Fwww.google.com

12 Es gibt zum Beispiel auch Antisemitismus, Antislawismus oder Migrantismus. Alles gesellschaftliche Diskriminierungsformen mit langer und grausamer Geschichte, die als Struktur und als Narrativ wirken. Auch diese gehen mit Rassifizierung einher, die vor allem im Nationalsozialismus ihre grausame Spitze erreichte und bis heute wirkt. In diesem Buch fokussiere ich mich auf die Rassentheorien im Kontext der Maafa/der Kolonialzeit und deren Folgen, da dies in meinem Kompetenz- und Erfahrungsbereich liegt. Ich finde es sehr wichtig, durch entsprechende Expert*innen auch zu den oben genannten Diskriminierungsformen möglichst viel zu lernen.

13 https://www.washingtonpost.com/news/made-by-history/wp/2018/04/27/most-people-think-whiteness-is-innate-theyre-wrong-it-was-created-to-keep-black-people-from-voting/

14 https://www.versobooks.com/series_collections/33-the-invention-of-the-white-race

15 https://www.tolerance.org/magazine/summer-2019/whats-my-complicity-talking-white-fragility-with-robin-diangelo

16 Kommentar auf Amazon unter *exit RACISM,* leicht paraphrasiert.

17 https://www.spiegel.de/panorama/dieter-bohlen-beim-supertalent-warum-die-frage-woher-jemand-urspruenglich-kommt-nervt-a-779c52bf-63e4-4b2f-906d-2998a2ab883c

18 Begriff von Simone Dede Ayivi

19 Earle, Thomas F. und Lowe, Kate J. P. (Ed.), *Black Africans in Renaissance Europe,* Cambridge University Press 2005

20 https://www.bpb.de/nachschlagen/zahlen-und-fakten/soziale-situation-in-deutschland/61646/migrationshintergrund-i

21 Wir haben in Deutschland keinen Census wie zum Beispiel in den USA. Die Organisation EOTO e.V. hat aber in ihrer Umfrage bezüglich dem Afrozensus eine Schätzung vorgenommen und kommt auf 1 Millionen Menschen afrikanischer Herkunft. Wobei damit Menschen 1. , 2. Generation und darüber hinaus gemeint sind.

22 https://www.destatis.de/DE/Themen/Gesellschaft-Umwelt/Bevoelkerung/Migration-Integration/Publikationen/Downloads-Migration/migrationshintergrund-2010220197004.pdf?__blob=publicationFile

23 Oder auch ihr Buch lesen: *Ich bin von hier. Hört auf zu fragen!,* https://www.fischerverlage.de/buch/ferda-ataman-ich-bin-von-hier-hoert-auf-zu-fragen-9783103974607

24 https://www.deutschlandfunkkultur.de/und-was-ist-mit-perfider-trick-aus-der-mottenkiste-der.1005.de.html?dram:article_id=384660

25 https://www.awesomelyluvvie.com/2018/04/weaponizing-white-women-tears.html

26 https://www.businessinsider.com/how-to-identify-and-help-stop-tone-policing-in-workplace-2020-8?r=DE&IR=T

27 https://sojo.net/articles/black-rage-anti-black-world-spiritual-virtue

28 https://sojo.net/articles/black-rage-anti-black-world-spiritual-virtue

29 http://www.wegweiser-freiwilligenarbeit.com/einsatzorte/freiwilligenarbeit-afrika/

30 Ogette, Tupoka, *exit RACISM*. Rassismuskritisch denken lernen, Unrast 2019, S. 50.

31 https://www.ein-herz-fuer-kinder.de/projekte/armes-afrika

32 https://www.glokal.org/wp-content/uploads/2013/09/BroschuereMitkolonialenGruessen2013.pdf

33 https://www.3sat.de/kultur/kulturdoku/ich-bin-kein-kostuem-100.html

34 Cooper, Brittney, *Eloquent Rage. A Black Feminist Discovers Her Superpower*, St. Martins Press, New York 2020, S. 177.

35 https://www.morgenpost.de/vermischtes/article216598017/Hamburg-Kita-will-keine-Indianerkostueme-Leiterin-wehrt-sich-gegen-Goebbels-Vergleiche.html

36 https://www.spiegel.de/kultur/gesellschaft/wie-koennen-maenner-feministen-sein-kolumne-a-1263070.html

37 https://www.zeit.de/campus/2020/01/alltagsrassismus-generationsunterschied-grossmutter-vorurteile-sorgen

38 https://www.beltz.de/sachbuch_ratgeber/buecher/produkt_produktdetails/46463-gib_mir_mal_die_hautfarbe.html

39 https://www.kindergartenpaedagogik.de/fachartikel/bildungsbereiche-erziehungsfelder/soziale-und-emotionale-erziehung-persoenlichkeitsbildung/1989

40 Stevenson, 1994, https://journals.sagepub.com/doi/10.1177/1066480794023002

41 https://medium.com/racial-battle-fatigue/racial-battle-fatigue-what-is-it-and-what-are-the-symptoms-84f79f49ee1e

42 https://www.bpb.de/gesellschaft/migration/kurzdossiers/308350/racial-profiling-institutioneller-rassismus-und-interventionsmoeglichkeiten

43 https://www.bpb.de/gesellschaft/migration/kurzdossiers/308350/racial-profiling-institutioneller-rassismus-und-interventionsmoeglichkeiten

44 https://eji.org/news/black-children-are-six-times-more-likely-to-be-shot-to-death-by-police/

45 https://netzpolitik.org/2021/rechte-und-rassistische-umtriebe-bei-der-polizei-lauter-einzelfaelle/

46 https://isdonline.de/stopp-racial-profiling-sicherheit-fuer-alle-ein-menschenrecht/

47 https://diversity-arts-culture.berlin/en

48 https://www.tagesspiegel.de/politik/rassismus-in-der-kita-expertinnen-warnen-vor-schweren-folgen/25476606.html

49 https://www.spiegel.de/panorama/bildung/diskriminierung-an-schulen-sind-lehrerinnen-und-lehrer-rassistisch-a-27fb2d2e-a2e8-4e3d-986f-087540955ac1

50 Zusammen mit der Wissenschaftlerin, Trainerin und Autorin Josephine Apraku

51 https://diskriminierungsfreie-bildung.de

52 https://diskriminierungsfreie-bildung.de/wp-content/uploads/2020/04/Weisse_Privilegien_in_der_Schule.pdf

53 Alle Privilegien findest du im pdf: https://diskriminierungsfreie-bildung.de/wp-content/uploads/2020/04/Weisse_Privilegien_in_der_Schule.pdf

54 https://mediendienst-integration.de/artikel/aus-den-eigenen-fehlern-lernen.html

55 https://mediendienst-integration.de/artikel/aus-den-eigenen-fehlern-lernen.html

56 https://diskriminierungsfreie-bildung.de/wp-content/uploads/2020/04/Weisse_Privilegien_in_der_Schule.pdf

57 Goff, Phillip Atiba und Matthew Christian Jackson, »The Essence of Innocence: Consequences of Dehumanizing Black Children«, 2014, https://www.apa.org/pubs/journals/releases/psp-a0035663.pdf

58 https://de.in-mind.org/article/werden-kinder-mit-migrationshintergrund-durch-lehrkraefte-benachteiligt (in der Quelle wird nicht explizit von Schwarzen Kindern gesprochen. Das liegt daran, dass wir in Deutschland aufgrund des Holocaust keine Daten anhand von Rassifizierung erheben. Anders als zum Beispiel der Census in den USA. Dementsprechend fehlen auch entsprechende Studien. Meine Aussage fußt daher auch und vor allem auf den Berichten Schwarzer Menschen in meinem Umfeld, Eltern Schwarzer Kinder, den Berichten Schwarzer Menschen auf Twitter und meinen eigenen Erfahrungen.)

59 https://www.marketwatch.com/story/black-children-are-more-likely-to-be-disciplined-than-white-kids-for-the-same-behavior-2019-10-16

60 https://www.spiegel.de/panorama/bildung/deutschpflicht-an-grundschule-eltern-wehren-sich-gegen-strafarbeit-fuer-drittklaesslerin-a-c235f4e0-e8f4-47a3-b890-b13b3275e23e

61 https://www.cosmopolitanschool.de/de/grundschule/sprachen/

62 http://ftp.iza.org/dp10630.pdf

63 https://www.history.com/news/the-father-of-modern-gynecology-performed-shocking-experiments-on-slaves

64 https://www.thieme.de/viamedici/medi-mashup-einblicke-30991/a/black-lives-matter-rassismus-im-gesumdheitswesen-36436.htm

65 https://www.pnas.org/content/113/16/4296

66 https://femtastics.com/stories/stephanie-cuff-mashanti-alina-hodzode-myurbanology/

67 https://www.deutschlandfunk.de/ausnahmezustand-an-berliner-schule-verstecktes-geld-zu.680.de.html?dram:article_id=430069

68 https://www.handelsblatt.com/unternehmen/industrie/interne-pruefung-rassistischer-werbespot-wird-zum-thema-im-vw-vorstand/25891486.html?ticket=ST-4547098-tbLhZSDg0WTIL3SHGdal-ap3

69 https://de.wikipedia.org/wiki/Narr

70 https://www.tagesspiegel.de/kultur/rassismusvorwuerfe-gegen-kabarettistin-lisa-eckhart-es-gibt-teilweise-ein-boshaftes-missverstehen/26086936.html

71 https://www.welt.de/kultur/medien/article213362056/Lisa-Eckhart-sieht-ein-teilweise-boshaftes-Missverstehen.html

72 https://www.tagesspiegel.de/kultur/rassismusvorwuerfe-gegen-kabarettistin-lisa-eckhart-es-gibt-teilweise-ein-boshaftes-missverstehen/26086936.html

73 https://www.dw.com/de/schwarze-komponisten-bei-denen-man-neu-hinhören-sollte/a-54042098

74 https://www.deutschlandfunk.de/rassismus-in-der-kultur-die-klassische-musik-unterteilt.691.de.html?dram:article_id=478087

75 https://cdn.website-editor.net/dfbb27e50a8e40978e98d785c65820c7/files/uploaded/%2523BlackOutTuesday%2520-%2520What%2520Happens%2520Next.pdf

76 https://cdn.website-editor.net/dfbb27e50a8e40978e98d785c65820c7/files/uploaded/%2523BlackOutTuesday%2520-%2520What%2520Happens%2520Next.pdf

77 https://www.spiegel.de/kultur/kino/frauen-in-disney-filmen-warum-so-still-mulan-a-1086335.html

78 https://www.nbcnews.com/news/nbcblk/magical-negro-meme-makes-comeback-two-new-movies-n641296

79 https://de.wikipedia.org/wiki/The_Green_Mile_(Film)

80 https://en.wikipedia.org/wiki/List_of_Magical_Negro_occurrences_in_fiction

81 https://confluence.gallatin.nyu.edu/context/interdisciplinary-seminar/the-magical-negro-trope-in-literature-and-film

82 https://en.wikipedia.org/wiki/White_savior_narrative_in_film

83 https://en.wikipedia.org/wiki/Hidden_Figures

84 https://en.wikipedia.org/wiki/Green_Book_(film)

85 Jim Crow war in den USA im 19. Jahrhundert die Bezeichnung für das Stereotyp eines tanzenden, singenden Schwarzen, der vor allem in den Minstrel Shows ein beliebtes Thema war. Geschaffen wurde die Bühnenfigur vermutlich vor 1832 von dem *weißen* Komiker Thomas D. Rice, der als Blackface auftrat. Der Begriff wurde mit der Zeit im Rahmen der Rassendiskriminierung von Afroamerikanern und anderen Schwarzen kritisch genutzt, vor allem für die Jim-Crow-Gesetze. Heute ist »Jim Crow« zu einer Bezeichnung für das umfassende System zur Aufrechterhaltung einer Rassenhierarchie in allen Bereichen der amerikanischen Gesellschaft geworden. https://de.wikipedia.org/wiki/Jim_Crow

86 https://www.insider.com/movies-accused-of-whitewashing-2018-9#the-only-person-of-color-cast-in-2010s-the-last-airbender-played-the-villain-5

87 https://www.boredpanda.com/people-reactions-disneys-black-ariel/?utm_source=google&utm_medium=organic&utm_campaign=organic

88 Als Anregung für diese Fragen habe ich auch hier den Fragebogen genutzt und erweitert/abgewandelt, den die Beratungsstelle Diversity Arts Culture in Zusammenarbeit mit der Antidiskriminierungstrainerin Anja Schütze für den Kulturbereich entwickelt hat, der sich im Original auf alle Diversitätsmerkmale bezieht und kontinuierlich weiterentwickelt wird.

Die Originalausgabe erschien
unter dem Titel *Und jetzt du. Rassismuskritisch leben*
bei Penguin, München 2022.

MIX
Papier | Fördert gute Waldnutzung
FSC® C083411

Penguin Random House Verlagsgruppe FSC® N001967

3. Auflage

Neumarkter Straße 28, 81673 München
produktsicherheit@penguinrandomhouse.de
(Vorstehende Angaben sind zugleich
Pflichtinformationen nach GPSR.)

Umschlaggestaltung: Favoritbuero, München, und
Patricia Vester, Berlin
Umschlagfoto: China Hopson
Satz: Vornehm Mediengestaltung
Druck und Bindung: CPI books GmbH
Printed in the EU
ISBN 978-3-328-11030-9

www.penguin-verlag.de

Tupoka Ogette

Ein rassismuskritisches Alphabet

128 Seiten, ISBN 978-3-570-16640-6

Das Nachschlagewerk von der anerkannten Vermittlerin für Rassismuskritik

Tupoka Ogette ist DIE deutsche Vermittlerin für Rassismuskritik – auf ihren vielen Plattformen erklärt sie ihrem Publikum täglich, was Rassismus bedeutet und wie wir ihm entgegentreten können. In »Ein rassismuskritisches Alphabet« ordnet sie jedem Buchstaben von A–Z einen Begriff rund um das Thema Rassismus zu, definiert und ordnet ihn anschließend ein. Anhand von Fragen der Autorin können die Leser*innen das Thema vertiefen. Das vierfarbige »Nachschlagewerk« und Workbook basiert auf Tupoka Ogettes Alphabet auf ihrem Instagramkanal und erscheint erstmals überhaupt in Buchform.

20343

cbj

www.cbj-verlag.de